毫无意义

伍迪·艾伦自传

APROPOS OF NOTHING

[美] 伍迪·艾伦 著
btr 译

新 星 出 版 社 NEW STAR PRESS

Woody Allen

献给最亲爱的，宋宜

我把她置于股掌之上，随后发现我的胳膊没了

像霍尔顿一样，我不想去说那些大卫·科波菲尔式的废话，尽管以我的情形而言，说一些我父母的事，也许会让你觉得比阅读我的事更有意思。比如我父亲，出生在布鲁克林，当时那里还都是农场，他是早年布鲁克林道奇队的球童，也当过桌球老千、赌徒，个子小，却是一个穿着花哨衬衫的犹太硬汉，按乔治·拉夫特的样子朝后梳个标志性的油头。没上高中，十六岁加入海军，在法国待在行刑队里时，他们处决了一名美国水兵，因为水兵强奸了一个当地女孩。他还是得过奖牌的神枪手，总喜欢扣动扳机并随身带手枪，直到一百岁时带着满头银发和正常视力去世。一战期间的一个晚上，他的船在欧洲冰冷的海水中被岸上某处的炮弹击中。船沉了。所有人溺死,只有三个家伙游了足足几英里上岸。他是那三个能搞定大西洋的人之一。但我就那样差一点永远没能出生。战争结束。他那赚了点钱的父亲总是宠着他,无耻地偏爱他,胜过他那两位弱智的弟妹。是真的弱智。小时候，他妹妹总让我想起马戏团里的呆瓜。他的弟弟，虚弱，憔悴，看起来像退化了的模样，游荡在弗拉特布什的街道上卖报，直到像一块浅白的华夫饼般溶解。白，白白，消失。于是爸爸的爸爸给他最爱的水手男孩买了一辆真正的高级车，我爸开着它在一战后的欧洲到处转悠。当我爸回到家时，这位老人，我的祖父，已经在自己的银行账户上多加了几个零，抽上了皇冠雪茄。祖父是唯一一个在大型咖啡公司做旅行推销员的犹太人。我父亲为他跑腿，一天，父亲拖着几袋咖啡经过政府大楼时，当时绰号叫“丢包小子”的恶棍正从台阶上走下来。这小子刚上一辆车，某个叫路易·科恩的小卒跳到车边，把四颗子弹射进车窗，我爸就站在那儿呆看着。老人家把这段传奇当作睡前故事给我讲了很多遍，那可比弗洛普茜、默普茜、棉球尾和彼得[1]刺激多了。

与此同时，我父亲的父亲，想把生意做大，他买了一批出租车和一些电影院，包括米德伍德戏院，我的童年花了如此多时间在那儿逃避现实，不过那是后话了。我首先得出生。不幸的是，在这件不起眼的宇宙小概率事件发生前，我爸爸的爸爸，在一阵癫狂的喜悦中，在华尔街下注越来越多，你能够知道结果会怎样。在某个星期四，股市大跳水，而我的祖父，身为豪赌者，瞬间沦为赤贫。出租车没了，电影院没了，咖啡公司老板跳窗了。我的父亲，突然要负担起自己的热量摄入，不得不忙活起来；他开出租车，经营一家桌球馆，用欺诈和赌博开辟一条新的财路。夏天，他受雇去萨拉托加，为阿尔伯特·阿纳斯塔西亚[2]处理可疑的赛马业务。他这段纽约上州的夏日时光是另一系列的睡前故事。他多么热爱那种生活啊。奢华的衣服、丰厚的生活费、性感的女人，随后不知怎么，他遇见了我的母亲。镜头摇起。他最终是怎么和内蒂在一起的，就像暗物质一样是个谜。他俩就像汉

[1] 比翠克丝·波特经典绘本《彼得兔的故事》里四个小兔子的名字。——本书脚注均为编译者所加

[2] 意大利裔美国黑帮头目。

娜·阿伦特和内森·底特律[1]一样不搭，除了希特勒和我的成绩报告单，他们在每个问题上都意见相左。然而，尽管嘴上腥风血雨，他们的婚姻仍然持续了七十年——我怀疑，是出于怨恨。但我仍确信他们以自己的方式相爱，一种也许只有婆罗洲的猎头部落才懂的方式。

为母亲说几句，我必须得说内蒂·彻里是一个优秀的女人：聪明，勤劳，有牺牲精神。她忠诚、有爱、正派，但——这么说吧——外表上不算吸引人。当我多年后说我母亲看起来像格劳乔·马克斯[2]时，人们认为我在开玩笑。她晚年得了老年痴呆症，九十六岁时去世。尽管有妄想症，她自始至终都没有失去反复抱怨的能力，她把它升华为一种艺术形式。爸爸呢，快到九十五岁还充满活力，从来不会有担忧或烦恼干扰他的睡眠。他醒着的时候也没什么多余的想法。他的哲学相当于“如果你失去健康，你就一无所有”，这智慧比西方思想的所有难题都更深邃，简洁得如同一块幸运饼干。他一直保持健康。“没什么会烦到我。”他会吹嘘。“你太笨了，所以什么事都烦不到你。”妈妈会耐心地试图解释。妈妈有五个姐妹，一个比一个相貌平平，我妈可以说是这群人中相貌最平平的。且让我这样说吧：弗洛伊德的俄狄浦斯理论认为我们所有男人潜意识里都想弑父娶母，但到我母亲这儿，这理论碰了壁。

遗憾的是，尽管我母亲是家长中更好的那位，比那个不那么正派的花花公子父亲更负责、更诚实、更明智，我还是更爱父亲。每个人都和我一样。我猜因为他是个可爱的人，更热情，感情更外露，她则咄咄逼人。可她才是让家不至于垮掉的人。她在花店

---

[1] 音乐剧《红男绿女》中的赌场老板角色。

[2] 美国老牌喜剧演员，伍迪·艾伦多年的好友。

做会计。她操持着这个家，烧饭，付账单，确保家里有新鲜奶酪，父亲则在我睡觉时，匆忙掏出他负担不起的二十几块钱，塞进我的口袋。

这些年来，在他少数几次中彩票时，我们都能分上一大笔钱。爸爸每天风雨无阻地玩博彩。在他的生命中，这是最接近宗教仪式的事。而不管他带着一块钱还是一百块钱出门，他都花光了才回家。花在哪儿呢？好吧，买衣服和其他必需品，比如骗人的高尔夫球，滚起来很好笑，他可以用来骗他的同伴。他也把钱花在我和我妹妹莱蒂身上。他用一种慷慨洒脱的方式宠爱我们，像他父亲宠爱他那样。比如：有一段时间，爸爸在包厘街做服务员，上夜班，没工资，只有小费。然而，每天早上我醒来时——当时我正在上高中——床头柜上总有五块钱。我认识的其他小孩每周只能拿到五十美分或一美元零花钱。而我一天有五美元！我用来做什么呢？在外面吃饭，买魔术道具，供我玩扑克或骰子。

你看，我之所以成了业余魔术师，因为我热爱关于魔术的一切。我总是会喜欢上任何需要独处的事，比如练习魔术手法或吹号或写作，因为它使我不必与其他人类打交道。出于无法解释的理由，我不喜欢也不信任人类。我说“毫无理由”，是因为我来自一个充满爱的大家族，人人都对我很好。就好像从基因上看，我天生是个讨厌鬼。同时，我会独自一人坐着，练习纸牌动作和硬币动作，操控整副牌，假洗牌，假切牌，发底牌，藏底牌。不管怎样，对一个天生的讨厌鬼来说，从在帽子里拉出一只兔子，到意识到自己能打牌作弊，是一个小小的飞跃。继承了我父亲的不诚实基因，我很快就能靠扑克牌骗钱，洗劫毫无防备的人，跳过顶牌发第二张牌，花式切牌，然后把所有人的零花钱装进口袋。

不过关于我和我当初的下层阶级生活已经说得够多了。我正在向你们介绍我的父母，但还没讲到妈妈生下她的小坏蛋那一段。我的父亲过着一帆风顺的生活，而我的母亲——她不得不处理日常生存的所有严肃问题——只顾干活，没有玩乐或趣味。她很聪明，但不是那种主要从书本上获取知识的人，她会第一个告诉你，她为自己的“常识”感到骄傲。坦率讲，我觉得她太严格、要求太高了，但这是因为她希望我“有所作为”。她瞥见我五六岁时的智商测试结果，虽然我不会告诉你们得分，但它给我母亲留下深刻印象。有人建议把我送去亨特学院招收尖子生的特别学校，但每天从布鲁克林到曼哈顿的长途车程对母亲和姑姑来说都太辛苦了，她们得轮流带我坐地铁。于是他们把我送回第九十九公立学校，这所学校的老师不太灵光。我讨厌所有学校，要是真去了亨特学院，很可能也会一无所获。我母亲永远在威逼我：既然有这么高的智商，在学校怎么成了十足的白痴？我的学术蠢事一例：高中时我学了两年西班牙语。进入纽约大学后，我就急吼吼地想去上大一西班牙语课——就好像没学过似的。你能相信我最后考试没过吗？

无论如何，我母亲的聪明没有延伸到文化领域，所以不管是她还是我父亲，在学术上从未超越棒球、皮纳克尔纸牌或豪帕龙·卡西迪牛仔电影，从来没有，一次也没有带我去看演出或去博物馆。我到了十七岁才第一次看百老汇演出，绘画则是在逃学时接触到的，当时我需要一个温暖的地方闲逛，而博物馆要么免费，要么不贵。我可以有把握地说，我的父母从来没有看过一场戏，也没有参观过一次画廊或读过一本书。父亲拥有一本书，《纽约黑帮》。这是我成长过程中唯一翻过的书，让我对黑帮、罪犯和犯罪产生了迷恋。我认识黑帮，就像大多数男孩认识球星一样。我也认识棒球运动员，但并不像我对“热血吉普赛”、“行贿点钞手”杰克·古兹克和“滴答”坦嫩鲍姆[1]那样熟识。噢，我还知道电影明星，多亏了我的表姐丽塔，她在墙上贴满《现代银幕》(*Modern Screen*)上的彩色肖像照。我等一下再写她，因为她是我成长过程中真正的亮点之一，值得用特别的篇幅来描述。但除了鲍嘉和贝蒂·格拉布尔，赛·扬有多少胜场，哈克·威尔逊一个赛季里打出了多少个打点，是谁为辛辛那提连续投出两个无安打，我还知道阿贝·瑞勒斯会唱歌但不会飞——还有欧尼·麦登的下场，以及为何冰锥是匹兹堡的菲尔·斯特劳斯的首选武器。[2]

除了《纽约黑帮》，我的所有藏书都是漫画书。我只读漫画书，直到将近二十岁。我的文学英雄不是于连·索黑尔、拉斯柯尔尼科夫或约克纳帕塔法[3]当地的乡巴佬，而是蝙蝠侠、超人、闪电侠、潜水侠纳摩和鹰侠。是的，还有唐老鸭、兔八哥和阿奇·安德鲁。大伙儿，你们正在读一位热爱黑帮的反人类文盲的自传；一个没有教养的孤独的人，他坐在三面镜前，练习一副纸牌，这样就可以藏掉黑桃A，从任何角度都无法被看到，然后骗取一些赌注。是的，最终我折服于塞尚沉重的苹果和毕沙罗雨中的巴黎林荫道，但正如我所说，只是因为我会逃学，在那些下雪的冬日清晨需要庇护。十五岁的我在那儿被吸引住了，面对马蒂斯和夏加尔，面对诺尔德、克尔希纳和施米特-罗特卢夫，面对《格尔尼卡》和墙面大小的、狂乱的杰克逊·波洛克，面对贝克曼的三联画和路易丝·内夫尔

---

[1] 均为黑帮成员。

[2] 鲍嘉和贝蒂·格拉布尔为好莱坞影星，赛·扬、哈克·威尔逊为棒球明星，阿贝·瑞勒斯、欧尼·麦登、菲尔·斯特劳斯为黑帮成员。

[3] 分别为《红与黑》主人公、《罪与罚》主人公和作家威廉·福克纳虚构的地方。

森的深黑色雕塑。然后在MOMA自助餐厅吃午餐，随后在楼下放映室看一场老电影。卡洛·朗白，威廉·鲍威尔，斯宾塞·屈塞。听起来是不是比施瓦布小姐的讨厌小家伙们要求知道印花税法的日期或怀俄明州的首府更有趣？然后是在家说谎，第二天在学校找借口，掩人耳目，躲躲闪闪，伪造通知，罪加一等，父母气愤。“可你的智商这么高啊。”顺便说一句，读者朋友，它并没有那么高，但从我母亲的内心呼喊来看，我可以解释弦理论。你看我的电影就能明白；有些很有娱乐性，但我没有一个想法能创立新的宗教。

另外——我毫不羞耻地承认——我不喜欢读书。不像我妹妹，她爱读书，我是个懒惰的孩子，没有发现读书的乐趣。我为什么要觉得读书有趣呢？广播和电影要刺激得多。它们不太费力，更生动。在学校里，他们从来不懂得如何向你介绍阅读，让你学会享受它。他们选择的书和故事都沉闷，乏味，缺少特色。在那些为青年男女精心挑选的故事里，没有一个比得上塑胶人或惊奇队长。你觉得一个欲火中烧的孩子（再次无视弗洛伊德，我从未有过潜伏期），喜欢看鲍嘉和卡格尼演的黑帮片，喜欢浅薄性感的金发美女，还会去细读一百遍《麦琪的礼物》？于是她卖掉头发给他买表链，他卖掉手表给她买梳子梳头。我从中得出的寓意是用现款消费总是比较安全。我喜欢漫画书，虽然文字稀疏，可后来学校推荐我读莎士比亚，他们设法强行灌输，以至于结束时，只要你活着，就再也不想听到hark、prithee或but soft[1]了。

总之，我直到高中快毕业时才开始阅读，荷尔蒙真正开始发挥作用，我第一次注意到那些留着直长发的年轻女性，她们不涂

[1] 分别为“听”“请”“安静些”，常见于莎士比亚的戏剧作品。

口红，几乎不化妆，穿着黑色高领毛衣、裙子和黑色连裤袜，背着大皮包，里面放着《变形记》，还在空白处做了“是的，太对了”或“参见克尔凯郭尔”之类的批注。不管出于什么非理性的肉欲特质，这些都是俘获我心的人，当我打电话约她们，问她们是否愿意去看电影或棒球比赛，而她们说宁愿去听塞戈维亚[1]或去外百老汇看一场尤奈斯库的戏时，会有一段长时间的尴尬停顿，我会说：“我稍后打给你。”然后慌忙去查塞戈维亚和尤奈斯库是谁。公平地讲，这些女人并不热切等待下一本《美国队长》，甚至下一本米奇·斯皮兰[2]—— 我唯一能引用的诗人。

当我终于约到这些迷人的波西米亚小金橘中的一个时，对我们俩来说都很残酷。对她而言，因为晚上一开始，她就会意识到身边是个文盲白痴，似乎不知道斯蒂芬·迪达勒斯[3]是个什么角色；对我来说也很残酷，因为我开始意识到自己确实是个弱智，如果我希望亲吻那些不涂唇膏的嘴唇，或能再见到她，我将不得不真正深入研究文学，而不仅仅是研究《死吻》(*Kiss Me Deadly*)[4]。我不能单单靠“幸运的卢奇亚诺”或鲁贝·瓦德尔[5]的轶事过活。我得去看一看巴尔扎克、托尔斯泰和艾略特，这样才能接得住对话，而不必因为她突然声称得了黄热病，就把这位年轻女士送回家。与此同时，我的结局就是跑到杜布罗餐厅，对其他在周六晚上三振出局的受害者表示慰问。

---

[1] 应指西班牙古典吉他大师安德烈斯·塞戈维亚。

[2] 美国推理小说家，著有“迈克·汉默”系列。

[3] 詹姆斯·乔伊斯作品《一个青年艺术家的画像》和《尤利西斯》中的主人公，是乔伊斯的文学化身。

[4] 罗伯特·奥尔德里奇 1955 年导演的黑色电影。

[5] 分别为黑帮成员和棒球明星。

但这些惨败将来才会发生。既然你们对我的父母有了一些了解，我来说说我唯一的手足，我的妹妹。然后，我会重新回来并出生，这样故事才能真正开始。

莱蒂比我小八岁。自然，当她即将来到这个世界的时候，我的父母用彻底错误的方式为我做了心理准备。“当你妹妹出生后，你将不再是众人关注的焦点。你不会再得到礼物，礼物都给她了。我们都得把注意力转移到她和她的需求上，所以别指望再成为焦点了。”别的八岁男孩可能会对突然被抛在一边、被新生儿取代的前景感到心烦意乱。但是，哪怕我很爱我的父母，我也知道他们是一对没有育儿天赋的外行，他们的可怕预言愚蠢而空洞，事实证明也是如此。我想这充分展现他们以一种如此明确的方式爱着我，我知道虽然他们表现得像卡珊德拉[1]一样，但他们永远都不会抛弃我，不会停止为我的健康快乐做出奉献，而他们的确没有。

当我在婴儿床里看到我妹妹的那一秒，我就完全被她吸引住了，爱她，并帮助抚养她，保护她免受父母之间摩擦的伤害，这种摩擦会因为一些琐碎问题而成倍升级。我的意思是，谁能相信对鱼饼冻的分歧可以演变成一场荷马式的战斗？我和莱蒂一起玩，和朋友出去玩时也常常带着她。他们都觉得她可爱又聪明，我和她总是相处得很融洽。这让我想起我和格劳乔的一次通信，那些年我和格劳乔的关系很好，这要感谢迪克·卡维特[2]，关于他，我后面再跟你们讲。哈珀[3]去世时，我给格劳乔写过信，他回信说，

---

❶ 希腊神话中具有预言能力的神。

❷ 美国电视名人，脱口秀演员。

❸ 格劳乔·马克斯的哥哥，喜剧演员组合“马克斯五兄弟”之一。

他和哈珀从来没有发生过严重争执，也没有说过对方坏话，我和我的妹妹就一直是这样，如今她负责制作我的电影。

但现在，我已经准备好要出生了。终于，我进入了这个世界。一个我永远不会感到舒服、永远不会理解、永远不会赞同或原谅的世界。艾伦·斯图尔特·康尼斯伯格，生于1935年12月1日。实际上，我是11月30日非常接近午夜时出生的，我的父母把日期推后，这样我可以从第一天开始活。这没有在生活中给我带来任何优势，我宁愿他们给我留下一大笔信托基金。我会提及此事，是出于一种毫无意义的讽刺：我的妹妹在八年后的同一天出生。这个非凡的巧合其实毫无意义。我在布朗克斯的一家医院里出生，虽然父母住在布鲁克林。别问我为什么我妈大老远跑到布朗克斯来生我。也许那家医院供应免费餐吧。总之，我妈没有再从布朗克斯的医院大老远跑回来。相反，她差点死在那里。事实上，有好几个星期都可能有险情，但据她说，不断补充水分帮她渡过难关。我原本要由父亲一个人抚养长大。我原本可能会有一张犯罪记录表，到现在应该和《妥拉》一样长。但事实上，有了爱我的父母，我长大后出奇地神经质。为什么这样，我不知道。

我是我母亲五姐妹的焦点，唯一的男孩，这些可爱嚼舌妇的宠儿，深受溺爱。我从没错过一顿饭，也没缺过衣服和庇护所，从没得过小儿麻痹症之类的重病，那时小儿麻痹症很是猖獗。我不像班上的一个孩子有唐氏综合征，也不像小珍妮那样驼背，或像施瓦茨家的孩子患有脱发症。我健康，受欢迎，有运动天赋，总是团队的首选，会打球，会跑步，但不知为何，我最终变得紧张、恐惧，是个情绪废人，近乎冷血，厌世，幽闭恐惧，孤立，怨愤，绝对悲观。有些人看见杯子半空，有些人认为杯子半满。我总是看见棺材半满。在肉体所承受的1000种痛苦[1]中，我设法避开了大部分，除了第682种——没有否认机制[2]。我母亲说她想不通。她总说我五岁前是个乖巧、可爱、开朗的孩子，随后就变成了一个阴郁、凶恶、不满的烂小孩。

然而我的生活没有创伤，没有发生过可怕的事，让我从拿着鱼竿、穿着裤衩、面带微笑、满脸雀斑的小伙变成一个长期不满的家伙。我自己的猜测是我在五岁左右时就意识到了死亡，并想明白了：哎哟，这不是我报名参加的东西。我从来没有同意成为寿命有限的人。如果你不介意，我想把门票钱要回来。随着年龄增长，我越来越明白的不只是消亡，还有存在的无意义。我遇到了困扰前丹麦王子的相同问题：既然我可以把鼻子弄湿，插进灯座，再也不必面对焦虑、心痛或我母亲的白斩鸡，为什么要去忍受这些投石和箭矢[3]？哈姆雷特选择不这样做，是因为他担心死后会发生什么，但我并不相信有死后的世界，所以既然我对人类状况的评价根本不高，加上它痛苦的荒谬，为什么还要继续下去？最终，我想不出一个合乎逻辑的理由，只能得出结论：作为人类，我们生来就是要抗拒死亡。血液胜过大脑。没有合乎逻辑的理由去苟活，但谁在乎大脑说什么呢——心脏说：你看见穿迷你裙的罗拉了吗？尽管我们抱怨、呻吟、坚持，常常很有说服力地认为，生命是一场毫无意义的、苦难和眼泪的噩梦，但如果有个人突然进入房间，拿着刀要杀死我们，我们会立刻做出反应。我们会抓住他，用尽

---

❶ 语出《哈姆雷特》。

❷ 在精神分析理论中，否认是心理防御机制的重要策略，可以帮助人逃避某些现实，保护人免受内心冲突或外部压力带来的焦虑。

❸ 语出《哈姆雷特》，指不利因素或环境。

每一丝力气让他缴械，以便活下来。(就我个人而言，我会逃跑。)我认为，这是我们最根本的特性。现在你很可能已经明白了，我不仅不是知识分子，而且无聊乏味。

顺便提一句，我经常被人描述为“知识分子”，这令人吃惊。这是像尼斯湖水怪一样虚假的概念，因为我的头脑中没有一个知识分子神经元。对于学术性的东西，我是文盲，也不感兴趣，我从小就是坐在电视机前的鼻涕虫的原型，手里拿着啤酒，橄榄球赛激战正酣，墙上贴着《花花公子》的中页海报，我这个野蛮人，穿着粗花呢衣服，肘部打着牛津大学教授的补丁。我没有深刻的见解，没有崇高的思想，不理解大多数诗歌，除非以“玫瑰是红色的，紫罗兰是蓝色的”[1]开头。然而，我拥有一副黑框眼镜，我认为正是这副眼镜，加上一种从广博的来源中挪用片段的天赋——这些片段对我来说过于深奥，无法理解，但可在我的作品中加以利用，给人一种比我实际知道的更多的欺骗性印象——使这不实之词得以延续。

好吧，我在泡泡中长大，有很多宠爱我的女人，妈妈、我的姑姑，还有两对可爱的祖父母。试着了解一下：爸爸的爸爸，曾经很有钱，他乘船去伦敦只为了看赛马，还在歌剧院有个包厢，现在穷了，天晓得用什么方法赚点小钱。他的妻子，也是个移民，他娶了她，于是他们可以一起来到这个国家。当时她为了躲避俄国的反犹屠杀，而他是为了逃避义务兵役。她是一颗老女人葡萄干，有糖尿病，与配偶及孩子住在一间俗气的陋屋里，屋子里有一架没人弹的立式钢琴。但她爱我，偷偷塞给我钱和黄盒多米诺牌方糖，除了偶

[1] 一首英格兰童谣的开头，雨果曾在《悲惨世界》中引用。

尔探望，不求任何回报，尽管他们很穷，但她一直很慷慨。

我的外公外婆也很爱我。妈妈的妈妈，又胖又聋，整天坐在窗边，每天如此（从她的长相来看，她或许更适合住在荷叶上）。外公活跃阳刚，总去犹太会堂，看看我这样的讨厌鬼是如何报答他的恩情的：我和朋友们得到一枚假的五分镍币。纯铅的。我们不敢试着在糖果店使用，以免沦落到赖克斯岛[1]，所以我自告奋勇地把它悄悄塞给外公，他年纪大了，不会装傻，而且他也没有装，于是我从他打开的钱包里拿出五分钱跟他交换，并不像电影里那样——老家伙暗笑着知道我在搞什么花样，却用狡猾的眼神回应我。不是的。他被骗了，我骗走了他的五分钱，塞给他那枚铅制镍币，然后去买古柏牌花生巧克力了。

最后，是我童年的真正亮色，表姐丽塔。她比我大五岁，金发，胖乎乎的，她的陪伴或许对我的人生产生了最重要的影响。丽塔·维什尼克，父亲也是逃亡的俄罗斯犹太人，原姓维什涅茨基，英语变成了维什尼克。她是个有魅力的女孩，小儿麻痹症患者，稍有些跛脚，她对我很有好感，带着我去各种地方——电影院、海滩、中餐馆、迷你高尔夫、比萨店——她和我打牌，下跳棋，玩大富翁。她把我介绍给她所有的朋友，比我大的男孩女孩，我身上任何早熟的地方似乎都能让他们高兴，于是我与他们相处融洽，对于一个小男孩来说，我变得非常老练，我的童年也向前迈进了一大步。

我也有同龄朋友，但我花很多时间和丽塔以及她那一拨孩子们在一起。他们是聪明的中产阶级犹太小孩，接受教育后去做老师，或成为记者、教授、医生和律师。

---

[1] 皇后区与布朗克斯区之间臭名昭著的监狱岛。

但让我回到电影，这是丽塔的最爱。现在别忘了，我五岁，她十岁。除了在墙上贴满每个好莱坞明星的彩色照片外，她还经常去看电影，也就是每周六中午去看双片连映，通常在米德伍德，而当她和朋友一起去的时候，她总是带上我。我看了好莱坞所有的电影。每一部长片，每一部 B 级片。我知道电影是谁演的，认得出他们，也渐渐认识了小角色，黄金配角，认出了音乐，因为我知道所有的流行音乐，丽塔和我一起坐着听广播，没完没了。听《虚构舞会》《你的流行音乐榜》[1]。在那个年代，收音机从你刚醒来到去睡觉一直开着。音乐，新闻，无论什么音乐。

那时的流行音乐是科尔 · 波特、罗杰斯和哈特、欧文 · 柏林、杰罗姆·科恩、乔治·格什温、班尼·古德曼、比莉·哈乐黛、艾特·肖、汤米·多尔西。所以在当时，我被如此美好的音乐和电影淹没。首先，每周一场双片连映，然后随着一年年过去，我去得越来越多。周六早上走进米德伍德时我如此兴奋，放映厅的灯还亮着，一小群人买好糖果鱼贯而入，同时播放着一些流行唱片，以防已入座的观众抗议，直到灯光暗下来。哈里·詹姆斯唱道——“我会撑过去。”(I'll get by.）红色烛台罩，金铜灯具，红色地毯。最后，灯光熄灭，帘幕拉开，银幕上亮起一个让人垂涎欲滴的标识，如果我可以混合使用隐喻的话，可以说带着巴甫洛夫式的期待。所有的我都看过，每一部喜剧片，任何一部牛仔电影、爱情故事、海盗片、战争片。几十年后，我和迪克·卡维特站在一条街上，那里曾经有个大剧院，现在成了空地，我们都盯着空白的地块，想起我们曾经坐在中间，被带往充满阴谋的外国城市，到达被浪漫的贝都因人包围的沙漠，

[1] 分别为在纽约 WNEW 电台及在 NBC 和 CBS 播放的音乐节目。

在船上，在战壕里，去往宫殿和印第安保留地。很快，那里会有一栋公寓，而瑞克咖啡馆早已拆除。

小时候我最喜欢的电影，我称之为“香槟喜剧”。我喜欢那些发生在顶层豪华公寓里的故事，电梯门打开，就是一间公寓，瓶塞弹出，风流倜傥的人们说着风趣的对白，追求着美丽的女人，她们在房子里闲逛，穿得像如今人们去白金汉宫参加婚礼时那样。

这些公寓很大，通常是复式，有很多白色空间。一进门，客人们几乎总是直接冲向最容易到达的小吧台倒杯酒。每个人都喝个不停，没有人吐。没有人得癌症，顶楼也不漏水，当半夜电话响起时，这些能俯瞰中央公园或第五大道的人，不必像我母亲一样从床上起身，在黑暗中跌跌撞撞地摸索着那黑色仪器，听到的没准是哪个亲戚刚刚咽气的消息。不。赫本或特蕾西或加里·格兰特或玛娜·洛伊只会伸手去拿床头桌上咫尺之遥的电话，那电话通常是白色的，而消息也不是围绕着细胞转移或多年食用烧烤导致的冠状动脉血栓，更可能是一些能解决的难题，比如“什么？什么叫我们不是合法夫妻！？”

想象一下在夫拉特布什街区的酷暑。温度高达 95 华氏度[1]，湿度令人窒息。没有空调，也就是说，除非你走进一家电影院。早上你在小厨房里用咖啡杯吃着溏心水煮蛋，地上铺着油毡，桌上铺着油布。收音机里播放着《牛奶工让那些瓶子保持安静》或者《苔丝的火炬之歌》。你的父母在进行又一场愚蠢的“讨论”——这词是我母亲说的，“讨论”没有交换火力便停止了。要么是她把酸奶油泼在他的新衬衫上，要么是他把出租车停在家门口让她难堪了。

[1] 约 35 摄氏度。

上帝保佑她别被邻居发现她嫁给了一个出租车司机，而不是最高法院法官。我父亲总是不厌其烦地告诉我，他曾经载过贝比·鲁斯[1]。“给我的小费少得可怜”，是他对“击球苏丹”的全部印象。多年后我想起了这件事，那时我还在蓝天使夜总会表演喜剧，门卫桑尼给我讲了他对比利·罗斯的性格概括，此人是富裕的百老汇大亨，喜欢装大人物。“一个二十五美分佬”，桑尼讥讽道，他已经学会了用小费的体量来划分所有人类。我在这段人生记录中调侃我的父母，但两人都向我传授了知识，几十年来对我很有帮助。来自我父亲的：在报摊上买报纸的时候，千万不要拿最上面那份。来自妈妈的：衣领上带标签的是背面。

炎热的夏日，你把押的瓶子还回市场，每瓶拿回两分钱，消磨了一上午，这样你就可以在米德伍德、时尚或榆木三家离家最近的电影院里消费了。在三千英里之外的欧洲，犹太人正被普通德国人无缘无故地枪杀、关进毒气室，德国人干得津津有味，他们在整个欧洲大陆随便走进谁家就能找到衣架。而你汗流浃背地走在康尼岛大道上，丑陋的街上充斥着二手车场、殡仪馆、五金店，直到激动人心的广告牌出现在眼前。现在烈日当空。手推车发出噪音，汽车在鸣笛，两个男人被困在路怒症的白痴舞步中，正尖叫着开始挥拳相向。矮小瘦弱的那个正跑去拿他的拆轮胎棒。你买了票，走进影院，突然间，炎热和阳光消失了，你置身于凉爽、黑暗的平行现实中。好吧，只是一些影像——但这些影像多棒啊！一位身穿白衣的老太太，照着手电筒引导你入座。你把剩下的钱

[1] 美国传奇棒球明星，绰号“击球苏丹”。

都花在了那些名字花哨、叫珠珠糖或笑笑糖的糖果❶上。现在你抬头看银幕，在科尔·波特或欧文·柏林难以言喻的优美旋律中，出现了曼哈顿的天际线。电影很对我胃口。我不会去看农场里穿着工装裤的人早起挤牛奶的故事，他们的人生目标是在农贸市集上得个奖，或训练他们的马克服一系列艰难困苦，在当地的轻驾马车赛上夺冠。而且，幸运的是没有狗救人的故事，没有鼻音浓重的角色把手指伸进招风耳挖出里面的东西，也不会有男孩钓鱼打瞌睡时，脚趾被系上绳子。

直到现在，如果一部电影的开场镜头是扔旗的特写，而旗子又落在一辆黄色出租车的停车收费表上，我就会留下来。如果落在邮筒上，我就不看了。❷是的，我的角色会醒来，他们的卧室窗帘会拉开，露出纽约市的高楼以及外面每一丝令人兴奋的可能性，而我的演员在床上用餐，用带晨报架的托盘——或者在有亚麻布和银器的桌上吃饭，这家伙的鸡蛋会装在蛋杯里端到桌上，所以他只要敲敲蛋壳就能吃到蛋黄，没有关于集中营的新闻，也许只有头版上一些美丽的女人与另一个家伙在一起，这让弗雷德·阿斯泰尔❸非常生气，因为他爱她。或者，如果是已婚夫妇的早餐，他们在一起多年之后仍然真心关心彼此，她不会老想着他的失败，而他也不会叫她讨厌鬼。电影结束，第二部是侦探惊悚片，某位硬汉私家侦探用一记猛拳解决了生活中的所有问题，并带着一份切片番茄离开了，而这种样子的番茄在我的课堂上或我参加过的

---

❶ 两种常见软糖。电影《出租车司机》中，罗伯特·德尼罗饰演的特拉维斯在影院门口买了笑笑糖（Chuckles），还告诉店员他更喜欢珠珠糖（Jujubes），因为可以吃更久。

❷ 美式橄榄球比赛中，把旗子扔在运动员身上表示该运动员犯规。此处可能指电影开场时的决定时刻，出租车收费表代表故事背景为现代都市，邮筒则代表乡村小镇。

❸ 美国演员，常出演歌舞片，电影片段曾出现在伍迪·艾伦电影《开罗紫玫瑰》。

任何婚礼、葬礼和成人礼上都不存在。顺便说一句，我从来没有参加过葬礼：我一直都在逃避现实。我看到的第一具也是唯一一具尸体是塞隆尼斯·蒙克[1]的，我在去伊莱恩餐厅吃晚饭的路上停下，出于尊重去看他，当时他躺在第三大道的殡仪馆里供人瞻仰。我是带着米亚·法罗一起去的；那是我们最初约会的时候，她有礼貌但很沮丧，她当时本该知道，她是在和错误的梦想家开始一段关系，但所有那些疯狂[2]都是后来的事。

说到这儿，现在双片连映结束了，我离开电影院舒适而黑暗的魔法，重新进入康尼岛大道，进入阳光和车流，回到K大道可怜的公寓里。回到我的大敌，现实的魔掌中。在我的电影《傻瓜大闹科学城》里，作为喜剧场景的一部分，通过某种致幻过程，我想象自己是《欲望号街车》中的白兰芝·杜波依斯。我用女性化的南方口音说话，试图让这段戏好笑，而黛安·基顿扮演了一个完美的白兰度。基顿是那种抱怨"我做不到，我没法模仿马龙·白兰度"的人。就像班上那些告诉你她们考得有多烂的女生，最后成绩出来是全优。自然，她的白兰度比我的白兰芝好，但我的重点是，在现实生活中，我就是白兰芝。白兰芝说："我不要现实，我要魔法。"而我一直鄙视现实，贪恋魔法。我试着做一名魔术师，但发现我只能操纵纸牌和硬币，而不是宇宙。

就这样，因为表姐丽塔的缘故，我接触到了电影、电影明星、有爱国道德规范和神奇结局的好莱坞；当我拒绝每个人试图教给我的东西时——从父母到我的西班牙语老师，当时我已经学了两年西班牙语——好莱坞被我接受了。《现代银幕》。《影戏》。鲍嘉、

---

[1] 美国爵士乐钢琴家和作曲家，1982 年逝世。

[2] 原文为意第绪语 mishigas。

卡格尼、爱德华·罗宾逊、丽塔·海华斯……他们的电影世界是我所学到的东西。那些风流倜傥的、那些肤浅的、那些错误地令人向往的，但我不后悔看了任何一帧。当被问及我电影中的哪个角色最像我时，你只要看看《开罗紫玫瑰》（*The Purple Rose of Cairo*）中的塞西莉亚。

所以我说到哪儿了？哦，我出生了。我肯定是出生了，我之所以那么说，是因为有三次我险些没能出生。第一次是我父亲身为仅有的三名游泳者之一，在船沉没时长距离游上岸。第二次也涉及他，但不那么英勇。他和我母亲、也就是他当时的未婚妻一起参加了家庭聚会。都是我母亲那边的家人。他们是一群正派的、吵吵闹闹的犹太人，生活方式很随意。一个例子说明他们的风格：我们有个亲戚名叫菲尔·沃瑟曼，我很快就会再讲到他，因为他对我后来的事业有很大贡献。但还有另一个亲戚也叫菲尔·沃瑟曼，同样是家里的重要成员，这位总是被称为“另一个菲尔·沃瑟曼”。于是，在每一次关于菲尔·沃瑟曼的谈话中，人们总需要具体说明，大家是这样说的：“我在曼哈顿散步，碰到了另一个菲尔·沃瑟曼。”或者：“我得给另一个菲尔·沃瑟曼买件礼物。”作为一个孩子，我想知道，当他打电话时，他是否会这样开场：“嗨，我是另一个菲尔·沃瑟曼。”而他的妻子会不会说：“这是我的丈夫，另一个菲尔·沃瑟曼。”或者，在他的墓碑上，是否会写着：“这里躺着另一个菲尔·沃瑟曼。”不管这套系统建立得多么草率，它有用。

总之，来讲这次聚会，有个表妹炫耀了她的新钻戒。很多人都对钻戒的大小和美丽惊叹不已，尽管我确信它离希望钻石[1]还

[1] 世界上现存最大的一颗蓝色钻石，重量超过四十五克拉。

相去甚远。可是，一小时后它不见了，恐慌随之而来。没有人能找到这颗珍贵的宝石。我不知道悬案是怎么破解的，但被发现是我父亲偷的。好吧，你可以想象这种惊愕。眼睛大睁，双手以意第绪戏剧的方式抱住头，集体发出一声“哎呀”，同时放下甜酒酒杯，扔下嚼了一半的鸡腿。自然，我母亲崩溃了，当晚婚礼取消。我的出生现在又一次陷入危机。最后还是我父亲的父亲对我母亲的父亲一番花言巧语，才终于化解危机。我父亲的父亲做出承诺，他的呆头贼儿子再也不会做这样的事了，而且他也会脱离非法勾当，不再为黑道下注，改邪归正。就这样，他不知怎的帮我父亲在夫拉特布什大道上买下一家快倒闭的杂货店，经过精心策划和努力工作，我父亲成功地在创纪录的时间里使它的亏损翻了一番。现在，我意识到了父亲没有养家糊口的天赋，这话题多年来引发许多激烈讨论，令我父亲多次愤怒地将所有衣服打包在一个行李箱里，然后再拆开行李箱回去睡觉。

我第三次险些不存在是在出生后不久。起码，我当时活蹦乱跳了。我母亲，我告诉过你，总是被迫工作来贴补我父亲众多无利可图的生意，不得不把我交给女佣。那都是些不认识的年轻女人，由中介公司派遣，常常更换。我母亲会嘱咐她们：鱼肝油放在哪里，我只喝巧克力牛奶，以及不管我长得多可爱，都不要相信这个小杂种。我坐在高凳上，通常在她离开时很不高兴，虽然到现在我也不知道为什么，因为她是那种闷闷不乐的人，并非像碧莉·伯克或斯普林·白灵顿那样有趣的母亲。无论如何，事实证明每天与陌生人单独相处会导致生命危险，一个女佣把我裹在一条毯子里面，解释说她要闷死我有多么简单，然后她会把毯子和死在里面的我扔进垃圾桶。裹在那条毯子里，情况变得暖和、不透气。

幸运的是，我的女仆属于那种不会付诸行动的疯子，而不是那种少吃了一顿镇静剂、最终穿着橙色囚服登上报纸第六版的疯子。

正如我所说，我很幸运，这种幸运伴随着我的一生，直到如今。它的力量怎么看都不过分。人们会指出我的事业不可能全靠运气，但他们没有意识到其中有多少纯属幸运，仅此而已。

所以，当我的出生受到威胁、早年生存岌岌可危时，我还是活着来到了布鲁克林J大道旁的第十四街。我对早年的记忆并不多，除了喝过一杯直接从奶牛乳房里挤出来的牛奶（这本该让我兴奋，但我觉得它温热而恶心），以及在看某部迪士尼电影时挣脱母亲，试图跑到过道尽头去触摸银幕之外，没有其他值得一提的无聊轶事。哦对了，我似乎是个天生的偏执狂。我还记得我的第一个住所，是我父母与阿贝叔叔、母亲的妹妹塞尔阿姨合租的公寓。我记得我以为这个世界上的其他人，包括我父母和叔叔阿姨，都是来自另一个星球的外星人，他们会在某个时刻摘下面具，露出他们真正拥有的怪物面孔，并把我砍成碎片。为什么会有这么可怕的幻想，我不知道。我说过，我的父母和叔叔阿姨对我很好，很爱我。

我们最初住在一个美好的街区，我是在它消失后才真正体会到的。这里是J大道，一条商业街，当时并没有什么大不了，如今在我看来却像个天堂。这里有美妙的糖果店、有卖鲜嫩多汁的肉类的熟食店、玩具店、五金店、美味的中餐馆、台球室、图书馆。还有无数小店，卖衣服和新鲜出炉的蛋糕和面包，当然，还有那位卖泡菜的女士，一个可怕的生物，就像牛头人一样坐在一大桶泡菜边。她是个穿着许多件毛衣的傻大个，层次感十足。为了五分钱，她会把手伸进桶里，找一棵五分钱大小的泡菜给你，几十年来，她每天都把那只手浸在腌汁里，手都成了泡菜。小时候我就在想，要用多少加仑的珍柔乳液才能让它恢复正常。还有米德伍德，我几乎就住在那家电影院里。那时候多好啊，在我这个小破街区里，步行范围内有无数电影院，都是双片连映。更穷些的影院会放映两部电影、五部动画片、一部像《蝙蝠侠》一样的周更系列片，以及一部好笑的短片，如果短片是罗伯特·本奇利演的、而不是《乔·麦克多克斯》[1]的话。

不走运的是，有时会出现风光片，菲茨杰拉德先生会带我们去锡兰和爪哇那样的地方，那些被时间遗忘的土地，不管我们想不想去。有时你会得到一个开门奖[2]，也许是一把纸枪，当你向前扣动它时会发出巨大的响声，但这个才是杀手锏——无论如何，门票的价格是十二美分。那是我小时候。尽管不至于小到还不能去看电影。高级电影院的价格是二十美分，然后是二十五美分，然后是三十五美分。涨到五十五美分时，这个街区就像《战舰波将金号》里的船员一样起义了。有人告诉我，现在一张票可能卖二十美元。你知道我得退回多少个押金瓶才能换来二十美元吗？

每个街角都有电影院，每一天都有值得去看的电影——如果你对《犯罪医生》或《吹哨人》没意见的话。我都喜欢。有一天，我的生活改变了，父亲带我去曼哈顿，享受今天所说的“美好时光”，虽然他很可能是去城里偿还赌金。我当时大约七岁，在此之前只见过布鲁克林。

我们坐地铁，在时报广场下车，然后往上走，出现在百老汇和四十二街。我震惊了。这是孩子视角：一百万人，许多士兵、水兵和海军陆战队员。无尽的电影院在百老汇、在四十二街两侧一

[1] *Joe McDoakes*，1942 至 1956 年间的黑白喜剧短片系列，共有六十三部。

[2] 剧场、舞会等发的门票对号奖。

字排开。舞厅。时髦的女人，或者我是这么认为的。演奏乐器讨饭的人。邦德服装的招牌，骆驼牌香烟的招牌，上面是个吐大烟圈的家伙。一个干瘪的人在朝聚集的人群喊着世界末日将在星期四到来。（这家伙知道些什么吗？）还有就是，没有牵线，那些纸娃娃是怎么在空中跳舞的？在四十二街上有家大笑电影院，外面摆着哈哈镜（我必须说，即使我那时七岁，这都没能逗乐我），然后是吹嘘自家拥有双性人的休伯特跳蚤博物馆，不管那是什么鬼东西。我们在那里停留，只为了让我父亲可以用一支点二二口径的步枪射灭蜡烛，他花了大约五美元买子弹。

我爸爸见一支枪爱一支。他永远无法抗拒射击馆，那时候那里有步枪和实弹。在后来的生活中，他拿到了手枪许可证，他解释说他随身带着珠宝，所以需要持枪。在那些年里，他靠欺诈获得珠宝，很晚才回家，因为他也在餐馆上夜班。他并不需要枪，只拔出过两次手枪：一次是把一个闹事者赶下市内公车；一次是凌晨3点独自在地铁里，面对四个年轻人，他掏出手枪，对着隧道的暗处开了一枪。他们转身就跑。他们并没有攻击他，但他感觉到了他们将要这么做，尽管他知道他们只是个理发店四重奏组合——在这种情况下，把他们吓跑是对的。

就这样，我们沿着百老汇往上走，经过一家又一家电影院和餐馆，麦金尼斯、罗斯、杰克·邓普西、草皮，还有林迪。我们去各种各样的游戏机房，吃法兰克福香肠，喝凤梨可乐达，也许再看场电影。当时我还很小，记不太清，只记得我立刻体验到对于曼哈顿的激情，这些年来，我一有机会就回来。对我来说，最幸福的记忆莫过于逃学，在布鲁克林J大道上车，乘车进城，买一份报纸，躲进自动贩卖机餐厅，狼吞虎咽地吃樱桃派、喝咖啡，读吉米·坎农。那时候，派拉蒙开门了，我就会去看电影和舞台剧，我总是喜欢喜剧。我记得去罗克西夜总会的时候，就见过艾灵顿公爵乐队，而当时电影一结束，正是这支乐队从乐队席升起，演奏《搭乘 A 列车》（“Take the ‘A’ Train”），我的头顶炸开了。从那时起，任何一部以纽约为背景的电影我都看。有多少次我心醉神迷地坐在那儿，看着某个长腿小妞离开曼哈顿的夜店回家，肩上披着一条贵得离谱的皮草，走进第五大道的门厅，按下电梯按钮，上到她的公寓，直到黎明在《突如其来》（“Out of Nowhere”）[1]的舒缓旋律中到来才转身进家门。

每次我回到布鲁克林，我都想住在河对岸的城市。我渴望有一天可以走进一家曼哈顿酒吧，说：“老规矩。”多年后，莫特·萨尔有了个好主意，他想对电影提起集体诉讼，因为电影毁了我们所有人的生活。但我离题了。

回到我们的故事，我还在布鲁克林的 J 大道上，白天穿着太阳衣，终于从婴儿床变成单人床。我确实记得那个小小的仪式。我是如此容易害怕的孩子，从睡新床的第一晚起，我就形成了所谓的“睡姿”，一个朝右侧卧的姿势，能让我在一瞬间坐起来，要是有狼人从衣柜里出现，我就能做出反应。我睡觉时已经做好跳下床的准备，但接着要怎么做呢？问得好。柔术在战争的那些年相当流行，但你必须让狼人先和你握手，然后才能把他摔过肩膀。无论如何，我想说，随着年龄增长，我成熟了，明白了这一切多么愚蠢，睡觉时身边放一根路易斯维尔·斯拉格牌棒球棍要明智得多。

[1] 查理·帕克和迈尔斯·戴维斯演奏的爵士曲。

与曼哈顿时髦生活的逃避主义幻想相吻合——我说时髦，是因为其他男孩看了电影出来后会想成为约翰·韦恩、加里·库珀、艾伦·拉德，我却更认同雷金纳德·加德纳、克利夫顿·韦伯和那些更俗气的角色。哦，特别是鲍勃·霍普，我从来没有错过他在电影和广播中的表演。我喜欢电台。那是天堂的另一个版本，我生病或装病，这样就可以不上学待在家了。装病很难。如果我没发烧，我就得去上学，由于母亲把体温计塞进我的嘴里之后总是坐在那儿，所以几乎不可能找到暖气片或灯泡使水银上升而不被打爆头。但如果生病在家，床是我的据点，旁边放着收音机。听《早餐俱乐部》《海伦·特伦特》《萨尔迪的午餐会》《一天的女王》，洛伦佐·琼斯和他的妻子贝尔[1]，对了，还有安德烈·巴鲁克，他那时与贝阿·韦恩结婚了[2]。最后在傍晚，《少年飞行员》、汤姆·米克斯、《午夜船长》；晚上晚些时候，《答题者》《宝贝史努克》《独行侠》。[3]饭呢，就在床上吃。父亲下班回家时会带十本新的漫画书，花费一块钱。在那个年代，广播是每个人生活的重要组成部分，而回想起来，我发现有趣的是，我的父亲，虽然喜欢打架，但他更喜欢喜剧节目，从不会错过杰克·本尼或查理·麦卡锡，或后期的格劳乔。我本以为他爱听《痞子》《大卫·哈丁》或《反间谍》，但并不是，而是《莱利的生活》和《费伯、麦基和莫利》。

我欣然接受了这一切，但我们的家庭医生从不允许我听《内心圣殿》或任何被认为太恐怖的东西。科恩医生建议我母亲绝对

---

[1] 广播剧《洛伦佐·琼斯》（“Lorenzo Jones”）的夫妇主角，于1937年在NBC开播。

[2] 安德烈·巴鲁克是知名广播员，1940年与歌手贝阿·韦恩结婚，两人合作制作多档音乐电台节目，被称为“音乐先生和太太”。

[3] 这里提及的均指当时流行的电台主播或节目。

不要让我看《科学怪人》或《德古拉》之类的电影，因为我是个紧张的孩子，会做噩梦。我母亲采纳了本地家庭医生的所有育儿建议，他用听诊器听我的心脏，敲打我的胸口，用橡胶锤敲打我的膝盖，听妈妈讲我是个怎样的烂小孩，给我做心理分析，开柯西拉那[1]和几块芥末膏药，所有这些都只需一个电话便上门完成，只要两块钱。我母亲会把他的诊断当成是阿维森纳[2]做的。她向任何医生或任何与医学界有微弱联系的人寻求生理和心理上的医疗建议。她经常咨询面包店楼上的本地牙医，问题不仅限于臼齿和牙龈。她还向当地的药剂师请教。如果你会开处方或卖鸡眼膏药，她就会让你做脑部手术。如果你是一个真正的医生，你就是上帝。她带着对拉比一样的崇敬说出医生的名字。

所以我喜欢生病，喜欢在床上尽情享受收音机、漫画书和鸡汤。在这里我应该提一下，101 华氏度[3]高烧的意外喜悦，有一部分我前面已说到过：我恨、厌恶、鄙视学校。第九十九学校一无是处，老师们愚蠢、有偏见、落后。我说的是 20 世纪 40 年代初的事。战后，来了一些更好的老师。让我来优美地展开一下。工作人员都是蓝头发爱尔兰女人，就像选角导演寻找严厉而粗鲁的修女时会想到的那种。我曾被校长助理里德小姐揪着耳朵拖上一段楼梯，愿她在“特”[4]里腐烂。当我畏畏缩缩时，她就是这么发音的——“虫子对‘特’壤有好处。”我想说，这念作“土壤”，肥婆，然后把她铲到土下面。

---

❶ 一种温和的祛痰药。

❷ 即波斯名医伊本 · 西那，被誉为早期现代医学之父。

❸ 约 38.3 摄氏度。

❹ Serl，有口音的“土”（soil）字。

少数几个男老师是比较放松的自由派犹太人。其中最好的一个被解雇了，因为他的想法太自由。在一项叫“演唱”的活动中，每个班级要选一首歌唱，然后在礼堂表演，他选了一首世纪初的歌，叫“Boops-a-Daisy”，它是这么唱的：“手”（舞者拍手）、“膝盖”（舞者拍膝盖）和“Boops-a-Daisy”（一对对舞者别过身去，一起撞屁股）。好吧，那些婆娘站在那儿惊愕不已，就好像他在礼堂里上演了一场轮奸。人们通常就对《你是伟大的旧旗帜》或《双人自行车》做点“反油”[1]的演绎，但这首歌不是。对这些冷酷的反犹主义者来说，它散发着淫秽的味道。用今天的“三观警察”（Appropriate Police）的话来说就是“不当的”。不用说，这位行为不端的希伯来教书匠在最快的时间里就被赶走。他在政治上明显的左派倾向这一事实，没能取悦校长弗莱彻女士和她那些卑鄙的爪牙。

但问题不仅出在这帮女巫教师身上，整套被管制的常规都有问题，它旨在确保没有人学到任何东西。你必须准时到那儿，在地下室排队，如果天气允许的话，就在院子里排队。你排好队后不能说话——那是什么鬼规定？你齐步走到教室。你坐着，“双脚平放地面，眼睛直视前方”，不可以说话、开玩笑、传纸条，没有任何让人类生存这件可怕难事变得可以忍受的东西。你靠死记硬背来学习，只是从来没有学进去。每周有一次集会时间。首先是“效忠宣誓”，手放在胸口。他们想确定我们没有站在轴心国一边。然后是狗屁祈祷。从来没有得到回应，一次也没有。甚至连“我会稍后就此回复你”也没有。我曾经说过，上帝是沉默的，现在如果我们能让老师们也闭嘴就好了。

[1] 原文为 antiseptic，意为“无菌”的，与下文的 anti-Semites（反犹）几乎谐音，故译作“反油”。

然后是音乐。他们还能挑出更无聊的音乐吗？广播里有科尔·波特、罗杰斯和哈特的歌；有那么多格什温的优美曲子。那些有着优美旋律和激动人心的节奏的歌。《海上情缘》（“Anything Goes”），《端庄淑女》（“Lady Be Good”），《山间绿景》（“Mountain Greenery”）；那么多好歌可以让我们乐在其中，学会真正享受音乐。但是不，我们的第一堂课是朗诵“在佛兰德斯战场，虞美人迎风开放……”❶，我想这是为了让我们有积极向上的心情。然后我们要唱《退场赞美诗》或《与我同在》。那时我想，如果假装癫痫发作，他们就会送我回家了。我只想离开。让我把温度计放在暖气片上吧，或者让我逃学，乘车去曼哈顿，在麦金尼斯餐厅吃掉一些蛤蜊，然后去看埃丝特·威廉斯在边境以南仰泳。我仍然害怕想起因为下雨或下雪而在室内时，在学校地下室排队的情景；湿掉的毛衣发出湿羊毛的臭味，以及被抓到做一些无伤大雅的事，比如与朋友说悄悄话，或在衣柜里偷吻，结果母亲就被叫来学校。

“他总是和女孩们打情骂俏。”一个无菌的嗡嗡声对我母亲说。是的，我喜欢女孩。不然我该喜欢什么，乘法口诀表吗？我应该喜欢你在第一个感恩节时令灵魂麻木的夸夸其谈吗？我应该喜欢拍打黑板擦，打掉粉笔灰吗？这是某些更迟钝的孩子争抢的特权。不，我喜欢女孩。从幼儿园开始，我对“你知道松饼人吗”或抢凳子游戏不感兴趣。我想和芭芭拉·韦斯特莱克一起坐上地铁，乘车去曼哈顿，带她去我在第五大道的顶层豪华公寓，喝干马提尼（不管“干”是什么意思），去露台在月光下吻她。你可以想象，这个想法并未受到第九十九学校的教员、我母亲，甚至芭芭拉·韦

❶ 一战期间加拿大军医约翰·麦克雷为牺牲士兵写的反战诗歌《在佛兰德斯战场》。

斯特莱克本人的赞赏，她当时六岁，不喜欢干马提尼，还在小鹿斑比的母亲被打时歇斯底里地哭了起来。因此，无论如何经常提议去阿斯特酒吧，我都没能醉一次。请注意，我只是说得头头是道。虽然我知道问题的核心，我也不可能独自前往曼哈顿，找到阿斯特酒吧，被允许进门并喝到任何比蛋蜜乳更浓烈的东西。更何况我也很难筹集到五分钱乘地铁，更不用说花一毛钱带上一位女士。

我母亲被叫去见老师的次数多了，她成了熟面孔。所有的孩子们在长大结婚后很久，都会在街上跟她打招呼。他们在那个可怕的仪式中认识了她，当时班里会学习一些无用的东西，比如“描述数字‘零’的正确单词是 aught”。(我对 zero 没意见。) 与此同时，门开了，是我妈。上课停了五分钟，那个天蓝色头发的丑老太婆在大厅里和我妈聊天，说她的儿子是多么无可救药，以及我是如何给朱迪·多尔斯寄了一封情书，建议我们喝鸡尾酒。“他有些不对劲”，我妈说，她立刻站在了所有讨厌我的人一边。是的，我确实有问题。我喜欢女孩。我喜欢女孩的一切。我享受她们的陪伴，我喜欢她们的笑声，我喜欢她们的生理结构，我想和她们一起去鹳鸟俱乐部酒吧，而不是和本地男性洞穴人一起在手工课上做一个歪歪斜斜的领带架。

有些老师会在放学后让孩子们留堂作为惩罚，但罚的总是犹太孩子。为什么呢？因为我们是狡猾的小高利贷者，如果放学后让我们留堂，我们上希伯来学校就会迟到，或完全上不了。他们如今还不知道，这种惩罚对我来说，如果我可以用一个意第绪词语的话，是一种 mitzvah（善举）。我讨厌希伯来学校，就像我讨厌公立学校一样，现在我要来告诉你为什么。首先，我对整个宗教的事情从来都不买账。我觉得这就是个大骗局。我从不认为有上帝；如果真有上帝的话，我也不觉得他会恰好眷顾犹太人。我爱猪肉。讨厌胡须。希伯来语对我来说太难听了。再加上它是从右往左写的。谁要学这个啊？在学校里我已经有足够多麻烦，在那儿还得从左写到右。为什么我要为我的罪斋戒？我的罪是什么？是我本该挂好外套时亲吻了芭芭拉·韦斯特莱克？还是从我外公那儿骗了一枚五分硬币？我说忍忍吧，上帝，还有更糟糕的呢。纳粹把我们送进烤炉。先解决这个吧。不过正如我说过的那样，我不相信上帝。为什么女人要坐在犹太教堂的楼上呢？她们比男人更漂亮，更聪明。那些毛茸茸的狂热分子裹着祈祷披巾站在主层，像摇头娃娃一样上下点头，亲吻着某个想象中的力量，如果这力量真的存在。尽管他们乞求和奉承，他还是用糖尿病和胃食道逆流来报答他们。

它们不值得我花时间，而我的时间是这儿最大的问题。我迫不及待想等到3点钟铃声响起，公立学校放学，这样我就可以上街，到学校操场上打球，但是哦不，我不得不停下这些事，去坐在希伯来课堂上读单词，这些单词的意思从来没人教过我们，还要学习犹太人如何与上帝签订一份特殊契约，但不幸的是没有任何东西被写下来。但我还是去了。父母的压力，我的零花钱，不许听收音机的威胁，更何况还会挨打。我母亲每天至少打我一次。打人是那时候的潮流，虽然我父亲只打过我一次，当时我叫他滚蛋，他轻轻拍了一下我的脸，让我立刻看到了北极光，也让我知道了他有多不爽。但我妈每天都会打我，就像山姆·莱文森[1]的老笑话一样——“也许我不知道你做了什么事罪有应得，但你自己知道。”

[1] 美国知名幽默作家、主持人。

于是，我终于要受犹太教成年礼[1]了，不得不上特别的成年礼课，用希伯来语唱歌——让我告诉你，正如他们在《旧约》中所说，有很多“哀哭切齿”。

我的母亲严格遵守犹太教规。因为她的缘故，我们是一个洁食的家庭。她严格遵守食物教规，不吃猪肉、培根、火腿、龙虾和许多供幸运的异教徒食用的美味佳肴。为了安抚母亲，我爸假装遵守教规，但无法掩饰自己对美味违禁品的嗜好，他狼吞虎咽地吃猪肉和贝类，就像亚述人扑向羊栏[2]。因此，每隔一段时间在餐馆，我就会吃一顿雅威[3]——只有神的朋友们才这样叫他——没有批准的大餐。我还记得八岁时的一顿盛筵，父亲第一次带我去布鲁克林的传奇海鲜餐厅隆迪，我在那儿大吃蛤蜊、牡蛎和贝类，笃信上帝那天不在羊头湾附近。在隆迪餐厅，我第一次用了洗手指的小碗。我从来没有听说过洗指碗这么神奇的东西，使用它是一种彻底令人兴奋的体验。如同拥有你自己的游泳池。我的印象如此深刻，以至于两年后，当我的姑姑带我去那里吃海鲜餐时，我只想着这家店有洗指碗。因此，当我们点的蒸笼蛤与蛤蜊汤一起上桌时，我确信这一定是洗指碗。因为过度兴奋，我的确信胜过了安姑姑模糊的怀疑，于是我们两个坐在那里用蛤蜊汤洗了手。直到饭局结束，真正的洗指碗到来，安姑姑才意识到自己是对的，并亲切地用手袋在我头上敲了好几下，大概有十二或十四下。

好吧，所以我还是个小男孩，热爱电影，热爱女人，热爱体育，讨厌学校，渴望一杯干马提尼。哦，虽然我承认我是个坏学生，

---

[1] 犹太教成人礼一般在男性十三周岁后的第一个安息日举行。

[2] 这是对拜伦诗歌《塞纳克利的毁灭》首句“亚述人涌来，像恶狼扑向羊栏”的戏仿。

[3] Yahweh，《圣经》中对上帝的希伯来称呼，出于敬畏一度只可书写，不可念出。

但有件我一直会做的事，那就是写作。我在会阅读之前就会写作了。直到一年级我才学会如何阅读，但在幼儿园时我就会回家写作了——也就是说，编故事。不需要书写能力的写作。口头的传统。就像民谣。如果说《贝奥武夫》和《兰德尔大人》属于残酷的那种，我讲的故事则发生在闪耀的晚宴派对上，预示着一个永远不会被踏实工作一整天所玷污的未来。

有一段时间，我梦想成为科学家，有人送了我一台显微镜。我将超越这高贵的野心，被米高梅激发的生活方式所诱惑。我一次又一次遭到那些考高分和字迹漂亮的可爱女孩的拒绝。“哦，上帝，不。我母亲永远不会让我出去约会。”“乘地铁去纽约？他们不允许。”以及后来，“对不起，我从不和同龄的男生约会”。

总之，成人礼来了。如今，他们有了主题成人礼。《星球大战》《亚瑟王》《狂野西部》。我的主题是高尔基的《底层》。我的成人礼不是在什么高级场所，而是在我们铁路沿线的家里举行的。叔叔和其他男人站着，尽管大部分人患有心脏病和中风，仍旧每天抽两包烟，他们挤眉弄眼，手里拿着一张十元纸币，自鸣得意地和我握手。了不起。好像在偷偷塞给我一千块似的。我的姑姑，表妹们，丽塔，她的护士姐姐菲利斯，因为职业而像居里夫人那样被尊崇，菲尔·沃瑟曼，当然还有另一个菲尔·沃瑟曼。菲尔（原装的那个）是一个非常有趣的人，他的工作是媒体公关。几年后，当我试着写出最早的那些笑话时，我会拿给他看，他鼓励我把它们寄给百老汇报纸上的各种专栏作家，他们常常刊登由名人署名的笑话。我将听从他的建议，那些站不住脚的俏皮话将为我打开整个世界。

但十三岁时的我还是一个令人讨厌的青少年，一个满嘴说着俏皮话的聪明家伙，对演艺界越来越着迷。说到演艺界，让我描述一下在这小小的阿什肯纳兹[1]晚宴后的娱乐活动，一个年轻的犹太人应该在那里变成一个男人，尽管我仍然是胆小鬼。我父亲当时是个服务员，这只是他无数份工作之一，其他工作还有通过邮寄出售“精美盒装珍珠项链”这一稳赚不赔的计划，只是找不到一个人想要哪怕一颗珍珠，所以我们家被精美盒装项链淹没了好几个月。最后，存货以一美元折价成十五美分的价格清仓。但眼下，他当上了山姆包厘俱乐部的服务员，每天下午6点到凌晨5点在那里劳作。

山姆俱乐部是位于包厘街的一家快乐年代[2]风格酒吧，地板上满是锯末，索菲·塔克式的巨乳女郎在那里穿着浮夸的礼服，戴着大帽子，唱着世纪之交的流行歌曲。梅宝·西德尼就是这样一位花枝招展的歌手，她是女演员西尔维娅·西德尼的姐姐，她的弟弟是乔治·西德尼，成功的好莱坞导演。我对梅宝的血统一无所知，只知道她能唱出《现在谁对不起》和《告诉我你的梦想》，还有其他许多经典曲目。为了给我父亲一个面子，她来参加我的十三岁生日派对，为这一事件注入些许活力，否则就和在河滨教堂安葬我的叔叔阿贝没什么两样。在那些年里，我们家总是受益于父亲在包厘街的工作，那里有大量酒鬼，挤满每一条街道、每家酒吧以及地下廉价旅馆。举例来说：我们需要粉刷房子。在醉汉中，你可以找到任何职业，从木匠到考古学家，从股票经纪人到商船船员，从演员到油漆工。这些人的梦想已经破灭，现在是无望的酒鬼。这些可怜的灵魂只想要一杯酒钱。所以只要花几块

---

❶ 指源于中世纪德国莱茵兰一带的犹太人后裔。

❷ Gay Nineties，指19世纪90年代。

钱，我们的房子就会被一队拿着油漆刷的浪人改造，他们愿意干便宜活——如果他们出现的话。工作可能要花更长时间，因为中途还得喝一轮……但活会干完，一定的。我妈总是给他们吃得不错，但他们必须用一个特别的玻璃杯喝水，杯子给陌生人专用，我相信随后它会被运到马绍尔群岛，我们的政府掩埋有毒废弃物的地方。

包厘街那些可悲的酒鬼还有一门手艺，他们中的很多人会偷东西。他们的目标很明确，就是弄到钱再买一杯威士忌，所以如果有人留下任何东西，都会在几秒钟内消失。约翰香蕉佬（John Bananas），人们有时这样称呼他们，会走进一家酒吧，比如我父亲工作的那家，或者可能在我父亲上街时和他搭讪，出售偷来的商品：一件大衣、一台录音机、一袋牛排。小偷想要的回报只是够喝一杯。我的父亲，总是对生意持开放态度，就会答应。正是用这种方法，我们花了一块五美金就拥有了一台安德伍德打字机，一台搅拌机和一件给我母亲的毛皮大衣，这还只是列举其中几件热门货。我在偷来的打字机上写出了我最初几个一句话笑话（one-liners），在偷来的汉密尔顿海滩牌搅拌机上做出了我的第一杯麦芽威士忌。就这样，梅宝 · 西德尼让我的成人礼变得可以忍受，她为一大群邋遢的希伯来人低沉地演唱了《我的男人》。

正是在上述盛会上，我在所有赃物中收到一本关于魔术的书。这本书的照片里有令人兴奋的设备、中国套盒、闪现鸟笼、台球和丝绸、断头台和无数其他物件，它们激发了我的兴趣。这兴趣逐渐发展成一种痴迷，不久之后，我就把所有业余时间都花在练习魔术上，就像约翰香蕉佬一样，我用乞讨、借来或偷来的每一分钱买魔术道具，而不是波旁酒。我有所有的标准道具：魔术连接环、杯子和球，红色天鹅绒换物袋，易位瓶——你虽然不知道名字但欣赏过很多次的惊人特效。“守财奴之梦”[1]这个名字对你来说毫无意义，但我可以从空中拽出硬币，然后把它们扔进桶底。随着时间推移，我成熟了，不再被那些带有水钻和流苏的俗艳器具及假底柜诱惑。

我开始明白，重要的是魔术书，它们是我最早的读物，甚至第一本我读的就是。我意识到，去买任何人都能买到的设备再学习表演，并不值得我花时间，也不值得在学校省下午餐钱饿肚子。真正重要的是从书本和实践中学习敏捷手法的秘密，不断练习，把硬币藏在手里或偷牌底，剪断和还原绳子，操控丝绸手帕、台球和香烟。而这就是我所练习的：手指的灵巧。我以为我已经很不错了，但当看到如今的手法水平时，我叹为观止。很多艺术家像雅沙·海菲茨或格伦·古尔德那样练习，以同样程度的努力投身于这个费力的奇异艺术领域。我并非其中一员，但这是我的故事，所以让我继续说下去。

既迷恋魔术又已然是影痴的我，渴望住在第五大道，摇着自己的鸡尾酒，并与一位从派拉蒙调来与我分享顶层公寓的美丽女人发展一段时髦的彼此调侃的恋爱关系，但我经历了另一个末日事件。几年前，十一岁的我养成了习惯，坐地铁去河对岸我心爱的城市，用零花钱在曼哈顿游玩一天。对那个年龄的孩子来说，这闻所未闻，但我有足够自由，或者说父母不在乎我是否会被绑架。虽然我一直找不到约会对象，但我的朋友安德鲁有时会一起去。安德鲁也有点喜欢演艺圈，他是个好看的孩子，父母有些钱，他

[1] 一种经典魔术，凭空抓到硬币并投入桶中。

得到的宠爱比我还多，以至于他在二十多岁时，当现实生活朝他露齿一笑，他最终从一扇窗户跳了出去。可怜的安德鲁。为了逃离毒品，他跳出医院打开的窗户。但那时候，这两位早熟的梦想家时不时乘车去时报广场，四处闲逛，挑一部电影看，在罗斯或麦金尼斯餐厅吃饭，然后在城里玩耍，直到把钱花光。我喜欢走在公园大道和第五大道上，然后走进中央公园。这是好莱坞电影里的曼哈顿，我从小就想逃到那儿去。

在一个这样的周六，我们找不到想看的电影，就在报纸上搜索，注意到在布鲁克林的弗拉特布什大道上有一家电影院，叫弗拉特布什戏院。他们正在播放一些我们想看的里兹兄弟或奥尔森和约翰逊的低俗喜剧。我们坐地铁回到布鲁克林，在弗拉特布什大道和丘奇大道上找到了弗拉特布什戏院，发现除了电影之外，还有一场五幕现场综艺。于是电影结束，幕布拉开，舞台上有一支完整的管弦乐队，艾尔·古德曼与鼓手威利·克里格。随后我看了五幕综艺：一位歌手，一位踢踏舞者，杂技演员们，另一位歌手，一位喜剧演员。我受到震撼。我为那些二流演员唱着《索伦托》的每一刻激动不已，或者为《双人茶》的踢踏舞而兴奋。还有那些老掉牙的笑话，以及对卡格尼、盖博、宾·克罗斯比和贝蒂·戴维斯的精准戏仿。我如此喜欢综艺，多年来我每个周末都会回去看，从未错过任何一个星期六，直到剧院关闭，作为正统的剧院重新开放时放映了《三个男人一匹马》（*Three Men on a Horse*）。我最喜欢的是喜剧演员，而不久之后，只要带一支铅笔，在撕碎的好又多牌甘草糖盒内侧记下他们的表演，我就能把每个好莱坞明星的每种习惯动作和模仿表演都做出来，我确信，最终我将会表演某种介于喜剧和魔术之间的东西。

十四岁的时候，表演就会开始，而且是这样开始的：我的舞台首秀是在当地一家社交俱乐部里，一个叫阿贝·斯特恩的好人纯粹出于慷慨，在没有试镜的情况下给我安排了演出，他付给我两美元，这价钱很可能是合理的，考虑到他的预算一定也就只有那么点。我用妹妹当配角，变了几个毫无创意的魔术。她的工作就是坐在观众席上叫喊："我看见他把鸡蛋放在胳膊下了！"当然，我是假装把它放在那儿的。而众人的反应就像暴民一样，要求我举起手臂，好让他们抓住我藏蛋的把柄并羞辱我，但蛋在别的地方。我会抬起手臂，让他们看到胳膊下是空的。我已经把它藏进了魔术袋。还有六个其他的魔术，都像鸡蛋袋一样惊心动魄，当听众开始与嗜睡症作战时，我就离开，并希望老板觉得他的两块钱花得值。我还记得我参加了电视秀《魔术小丑》的试镜，那是星期天早上给小孩看的节目，而我选择试镜的魔术是易位瓶，一种使用两个威士忌瓶的魔术。不用说，我没有得到这份工作。但我注意到，每当我将灾难性的魔术表演强加于观众时，我会不由自主地喋喋不休，在舞台上紧张地走来走去、聒噪不止，总是让观众无法控制地大笑。之后我从未想到过我有某种喜剧演员的潜力，只是觉得自己是个失败的魔术师。为了不浪费所有那些我在镜子前练习魔术手法的时间，我决定运用我的牌技来骗人，骗走他们的钱财，就像马克斯·舒尔曼——一个非常有趣的作家，我只读他和米奇·斯皮兰的书——所说，"发财，睡到中午，然后把他们都搞死"。

听说学校要举行才艺表演，我想也许可以做些模仿秀(impressions)。那时候叫作角色扮演（impersonations)。我不知道它们什么时候神奇地变成了模仿秀。我模仿了卡格尼、盖博、彼得·罗。当我等待试镜时，我看了另一个男孩表演。他作为喜剧演员参加试镜，但用的不是从《读者文摘》或《一千个笑话》上抄来的笑话。他不像那些试图妙语连珠的、古板而让人难堪的老师那样开头，“看起来这两个牙医……”，不，杰里·爱泼斯坦做了一套专业动作，有开场白，有趣的一句话笑话，关于战争电影和黑帮电影的内容。他的表演是真正的表演。放学后，我在第九十九学校附近街道上巨大的雪堆旁朝他悄然走去。(忘了告诉你，那是个冬天，大雪纷飞的冬天。）我们聊天，一拍即合，不单聊喜剧，还谈棒球。我们将为同一个 PAL❶ 棒球队效力。他是一个优秀的左撇子一垒手。我打二垒。

除了把我当成知识分子，这就是人们对我的另一个误解：他们认为，我个子偏小，又戴着那种眼镜，所以我不可能是什么运动员。但他们错了。我快得能赢田径奖牌，是一个非常优秀的棒球运动员，并幻想以此为职业，直到我突然受雇写笑话之后，这种幻想才渐渐消失。我是校园篮球运动员，能接住橄榄球并把它扔出一英里。我不指望你们会相信我的话，但如果你们读者中有人碰到我的街坊老邻居，可以问问他们。当我碰巧遇到他们中的一个时，他们总是会说到我的球技，而出于某种原因，从来不谈我的电影。很多人还会告诉你我在牌桌上的能力。在我三十多岁的时候，我曾经夜以继日地从晚上 9 点左右一直玩到太阳升起，赚的钱足够让我过上好日子，外加买一幅诺尔德的水彩画和一幅柯克西卡的画。我之所以停下来，是因为大卫·梅里克❷说他同样曾是玩家，但有一天意识到这多么浪费时间。这敲响了警钟，于是我不玩了。

❶ PAL，全称 Police Athletic League（警察体育联盟），1914 年由纽约警察发起，旨在为青少年提供体育服务，助力青少年成长。

❷ 美国知名剧场制作人，多次获得托尼奖。

同样，我突然地放弃了棒球。当我年纪大些时，我还在百老汇演艺界联赛中打垒球，我一直不喜欢这项比赛。有一天，当我走向外野位置时，一个年轻球员对我说："艾伦先生，别担心。如果你有什么接不到的球，我会帮你。"我看着他，心想，你在搞笑吗？任何球打到外野，我都可以追上去，签好名，然后接住。几分钟后，一个平飞球从我身边经过，要是早几年，这个球我能在背后接住。我放下手套，走下场，要求被换下，从此再也没有靠近球棒、球和手套。这种羞辱如此强烈；我写下这个故事时都能感受到耻辱。

我也在道奇体育场举行的一场名人对全明星的比赛中受到羞辱。我和一群笨蛋演员——我是说他们是伟大的演员，却是笨蛋球员——与威利·梅斯、威利·麦考维、布格·鲍威尔、吉米·皮尔索尔、罗伯托·克莱门特[1]那样的球员对抗。出于某种原因，赔率制定者觉得他们是热门。我只在对阵唐·德赖斯代尔时完成了一次打击，打出的高飞球被接杀。我那球确实有别于威利·梅斯给我的接杀球。一年后，当我碰到一个和我一起长大、一起打球的孩子时，他说："我在电视上看到你的棒球比赛。我不敢相信你没有打中德赖斯代尔的球。"是啊，我应该把脚挪得更近一点点，真正把这根木头打到球上，上帝保佑我不要在半夜醒来，比赛又回到我身边，我变得悔恨不已，追悔莫及，怒不可遏，自责不已，我本该打到德赖斯代尔的球。我需要再完成一次打击。下一次，我会把脚挪得近一点。我一定能打中这个家伙的球。很快，我就会氧合过度，而房间会旋转起来。天哪，那一天我没能打中德赖斯代尔的球——我需要再完成一次打击——我八十四岁了——会

[1] 他们和下文的唐·德赖斯代尔均为知名棒球球星。

不会太迟了？我在哪里？我们说到哪儿了？

啊——对——回到雪堆。杰里告诉我，他有一个哥哥叫桑迪，是他家族里真正的喜剧演员。桑迪是大学节目主持人，我应该见见他。于是我们就去见了这位早期对我影响很大的人。J 大道和狄金森学院的桑迪·爱泼斯坦。他表演时，看上去和听起来就像一名专业的单口喜剧演员。“对不起，伙计们，我迟到了一会儿，我刚从病床上下来。我女朋友得了麻疹。”虽然这不是王尔德或萧伯纳，但几乎是当时专业喜剧演员的桥段了。他教了我一些桥段、小段子和笑话，公立学校毕业后，我入读了米德伍德高中，教室成为使用这些素材的唯一场所，而我做的事让老师们很恼火。不久，我母亲就成了那儿的常客，尴尬地听我试图向院长解释，我说的那句“她有沙漏般的身材，而我只想在沙里玩耍”是什么意思。那时候人们谨小慎微，到处都是“三观警察”。我在当地一家犹太人俱乐部表演了一些桥段，取得巨大成功，到了高三，我已经梦想成为喜剧演员、魔术师或棒球运动员，但到最后，只成了一个糟糕的学生。我是电影院里的万事通，在银幕上演到激烈或浪漫的时刻丢进一个笑话，听到的人忍不住大笑。我得到的“闭嘴”和笑声一样多。那时，我的朋友杰里买了一台录音机，自豪地向我展示了一番。

“那是什么音乐？”我问。

“是我录的一场爵士音乐会，”他说，“从收音机里录的。《特德·胡辛的演奏台》[1]。”

“太好听了。”我说，把课本扔向垃圾桶的方向。

---

[1] “Ted Husing’s Bandstand”，1946 至 1954 年间的一档音乐节目。

“在法国的一场音乐会。”

“那是谁在演奏？”

“西德尼·贝彻。”

“他是谁？”

“一个新奥尔良的高音萨克斯风乐手。”

这是我听到的第一首新奥尔良爵士乐。为什么它如此深刻地触动了我，我永远不会知道。我就是一个布鲁克林犹太人，从未离开过纽约，有某种大都市口味，非常欣赏格什温、波特、克恩这些极高雅的流行作曲家，那些人则是美国深南部的非洲裔美国人，和我没有什么共同点，然而我很快就迷上了他们。不久后，我不但渴望当漫画家、魔术师和棒球运动员，也想成为一名非裔美国爵士乐手。我买了一支单簧管，学习演奏。还买了一台Victrola唱机。这样我不用上课就能演奏了。我买唱片、关于爵士起源的书和路易斯·阿姆斯特朗的传记。我的三个朋友杰克、杰里、埃利奥特，加上我看起来一定像个奇怪的四人组。当其他孩子都沉浸于当时的商业流行曲时，如帕蒂·佩奇、弗兰基·莱恩、四王牌乐队，我们却坐在录音机前，日复一日、一小时接一小时地演奏爵士乐。

我们听各种爵士乐，但最喜欢的是早期的新奥尔良唱片。邦克·约翰逊、杰利·罗尔·莫顿、路易斯·阿姆斯特朗，当然还有西德尼·贝彻，我崇拜他，学他的样子演奏（如果这都不能让你发笑，那就什么都不能）。我一个人坐在卧室里，跟着贝彻演奏，后来又跟着乔治·刘易斯的录音。他是我的另一个偶像，有了他和约翰尼·多兹，又一个单簧管天才，我感觉终于找到了自己。这种愉悦如此强烈，我决定要把一生都献给爵士。我几乎没有意识到贝彻、阿姆斯特朗、乔治·刘易斯、约翰尼·多兹、杰利·罗尔·莫顿和吉米·努恩都是音乐天才。他们的风格原始，但都在新奥尔良爵士的规范之内，他们的身体里有某种真正的魔力，随着吹奏的每一个音符流泻而出。我，天真的笨蛋，不明白自己没有那种天分，尽管我对音乐充满热情和爱，但注定永远只能成为音乐界的无名小卒，人们听我演奏、容忍我，只是基于我的电影生涯，而非就爵士乐而言有任何价值。

不过，我确实练习了，现在也还在练。我每天练习，相当投入，为了确保自己能练好，我在冰冷的海滩上练，在教堂里练，我的摄制组为我照明，工作结束后在酒店房间里练，午夜上床把被子拉到头上练，以免吵醒其他客人。然而，尽管像我这样听着音乐，读着音乐家鼓舞人心的传记，用不同吹嘴和簧片吹啊吹啊吹，始终在寻找那种能让声音更好听的组合，我还是糟糕透顶。在费德勒和纳达尔之中，我仍然像一个周末玩票的网球选手。很抱歉，我就是没有这样的能力：鉴赏力、音色、节奏、感觉。但我还是在俱乐部和音乐会的舞台上、在欧洲各地的歌剧院、在美国拥挤的礼堂里公开演奏。我在新奥尔良的游行队伍和酒吧里演奏，在爵士传承遗产节和典藏厅里演奏，而这一切都因为我能从电影事业的名声中获利。几年前，多森·雷德[1]，一个聪明的人，在吃饭时问我："你就不羞愧吗？"

夹在对于音乐的爱与作为乐手的局限之间，如果想演奏，我就没法羞耻。我试图向他解释，我曾经只在家里和另外几个音乐人一起演奏。只是为了好玩，就像每周打一次扑克。随后他们提

[1] 美国小说家及剧作家。

议我们去酒吧或餐厅里演奏——那样就会有少量观众。我有多年的夜店经验，并不想再要一些观众，但他们想要，所以我说 OK。开始时规模小，在破败的地方演，结果几十年后，我们的演奏成了曼哈顿卡莱尔酒店的常规节目，而我们在欧洲音乐厅的演出门票总是售罄，观众甚至多达八千人，他们站在雨中听我们表演。回到现在，我还是一个布鲁克林男孩时，迷上了爵士乐，努力吹着单簧管。我给伟大的爵士乐手吉恩 · 塞德里克打了电话，他是曾与"胖子华勒"一起表演的单簧管乐手，我说我就是那个每周坐在前排桌上的年轻人，听过你与康拉德 · 杰尼斯乐队的爵士音乐会。你能考虑教我吹单簧管吗？我本以为会被拒绝，却听到他说，要收你两块钱。于是为了两个小钱，他每周驾车从哈林区到夫拉特布什，而由于我不懂乐谱，他用喇叭编曲，吹出一个乐句，并说："试试这个。"

我试着去吹，但因为没有鉴赏力，也没有任何看得见的天赋，我失败了。他耐心地一周接一周与我一起努力，我的水平提高了——但总在"没有真正的天赋"的范围内。我们成了很好的朋友，他一直不断鼓励我，直到他去世；不过假如你听我演奏，你也许会说他是个纵容者。

我有许多年只伴着唱片一起演奏；与别人一起演奏是在旧金山"饥饿的我"夜总会做喜剧演员的时候。在演出间隙，我会走到街区附近一家叫"地震麦古恩"的酒吧，特克 · 墨菲，伟大的爵士长号手，在那儿带领一支乐队。夜复一夜，我坐在外面听，直到乐队里的一个家伙说，你为什么不进来听？自认是羞涩、可怜的爵士爱好者的我说，没关系，在巷子里不错，我靠着出口的门，试图从里面传出的音乐中捞取一丝快乐。但特克才不管我怎么想。

我是“饥饿的我”的明星喜剧演员，他坚持要我进去欣赏乐队。

我进了门，他打开了我的话匣子，于是知道了我懂不少爵士乐，竟然还是一名单簧管乐手。他不清楚自己将招来什么麻烦，坚持要我带乐器来客串。多次要求之下，有一天晚上我去了，我必须说我掌握了所有的曲调。特克坚持要我尽可能经常去，只要我愿意。乐队里的人都很有礼貌，也很鼓励我，当我吹奏时，他们都很有分寸地拼命鼓掌。当回到纽约，已在特克 · 墨菲乐队演奏过的我，不再满足于独自演奏，于是召集了一些人，每周一次在我们的家里演奏。剩下的就是历史了——但大屠杀也是这样发生的。

多年以后，有一次访问纽约时，我邀请特克来客串我的乐队在麦克酒吧的演出。他来了，而我不禁反思，起初我紧张地在他的乐队里客串，多年后他竟然紧张地在我的乐队里客串，这真是讽刺。随后，我意识到这空洞的小讽刺毫无意义，便转而思考另一个话题。如今，当我上前独奏时，只能想到两位伟大的爵士乐手吉恩 · 塞德里克和特克 · 墨菲会气得从坟墓里跳起来。

就这样，我快十五岁了，有一堆理想，学业失败，当荷尔蒙达到临界点时，我开始了我的爱情生活，或有人称之为“荒诞剧场”。在男性荷尔蒙的海洋中漂流，寻找性，但更准确地说，是寻找丽塔 · 海华斯的性感、琼 · 阿利森的贤惠和伊芙 · 阿登的讽刺智慧的结合。这是在行星地球的任何地方都很难找到的组合，更不用说在当地的十五岁人群中，她们对约会的想法是一部电影、一瓶汽水，然后回家，在离家六条街的地方拿出钥匙，以便在你亲吻她们之前，准备好开门，飞奔进房间。不过我也约会过几个赢家，那些单纯可爱的女孩，聪明，有文化，有修养，有迷人的神经质，被像我这样笨手笨脚的窝囊废弄得无聊透顶，我只会聊公路片或如何打出滑球，而非更复杂的话题。一个女孩让我带她去看《欧·亨利满堂红》[1]。而我唯一知道的欧·亨利[2]是巧克力条。另一个女孩提起《在斯万家那边》，但我在忙着演示米尔顿·伯利用脚外侧走路有多滑稽。这些女孩都读书，会说法语，其中一个还去过欧洲，看过米开朗基罗的大卫像。

“是的，”我会说，急于进入一个我可以把握的话题，“但当‘抱抱’萨卡尔[3]扭动他的下巴时……”这些女人有一些特点，她们天生丽质，似乎总是夸张而漂亮地穿着黑衣服，戴着银色耳环。她们没有商业气息。而且她们的聪明很诱人。她们是政治上的自由派。除了林肯解放奴隶这一事实，我对政治知之甚少。她们能哼唱《勃兰登堡协奏曲》，而且据说她们性观念超前，虽然我永远也不会发现，因为约会对象常常会在晚上中断约会，不令人信服地想起在荷属东印度有个紧急任命，或者必须去喂一只宠物鸸鹋。我曾经应一个小甜妞的要求，带她去格林尼治村。我记得，她拉着我去看泰国木偶表演的《麦克白》。幸运的是，我在谢幕前醒了过来。之后，在烛光下一个舒适的密室里，她兴高采烈地谈论着切斯瓦夫·米沃什和辩证法的歪曲，我则在脑子里脱掉了她的衣服。然后去了某家砖墙砌成的民谣俱乐部，乔希·怀特在那里唱着用铁链拴在一起的囚犯和有个人在“记下人们的名字”（takin' names）的歌，后台正有一个联邦调查局的家伙也在记下恶人的名

[1] 一般译作《锦绣人生》，由美国作家欧·亨利的五篇短篇小说改编而成。

[2] 指一种品牌名为“Oh Henry!”的花生夹心巧克力，作者故意误写成欧·亨利的原名 O. Henry。

[3] 匈牙利演员，外号为“抱抱”，曾出演《卡萨布兰卡》等电影。

字。[1]最后，回到她家，她忙乱地猛冲进屋里，躲开了我猛扑上去的吻，我的鼻子吃到一记闭门羹。

我一直努力保持自己的竞争力，但这个荒原狼[2]是谁？我又是否同意悉尼·胡克[3]的什么观点？我再也没有见过她，可因为我已经爱上她，渐渐意识到我还得补一些课，司汤达和陀思妥耶夫斯基现在将取代菲力猫和小露露[4]。于是我开始读。有些我喜欢，有些我不喜欢。我不是一个怎么读文学都读不够的杂食者。阅读总是在和体育、电影、爵士、纸牌魔术甚至不阅读竞争，因为印刷物看起来太密集了。我至今仍对《魔山》刻毒的间距感到诧异。不过，如果我只知道诸如在《哑女惊魂记》（*The Spiral Staircase*）里谁勒死了所有人或《拉格默普》（“Ragmop”）[5]的歌词这类事，我担心自己永远达不到社交要求。我读小说家、诗人和哲学家；我艰难地读福克纳和卡夫卡，读艾略特，当然还有更费力的乔伊斯，但我喜欢海明威和加缪，因为他们很简单，促使我去感受，但我搞不懂亨利·詹姆斯，尽管我很努力。我喜欢梅尔维尔，喜欢艾米莉·狄金森的诗，我还花时间了解叶芝生平，以便欣赏他的诗。我对菲茨杰拉德评价不高，但喜欢托马斯·曼和屠格涅夫。我喜欢《红与黑》，尤其是当年轻的男主人公一直在想是否应该行动起来去勾搭那个已婚女人。我在《呆头鹅》中写了那一幕的百老汇

---

[1] 乔希·怀特（Josh White）是美国民谣歌手，作品常带有宗教、反种族隔离、国际主义色彩，在 40 年代后期被视为共产主义同情者，遭到联邦调查局的审问和威胁，作品和演出被禁止。“记下人们的名字”指其早期宗教歌曲“There’s A Man Goin’ Round Takin’ Names”，歌唱耶稣再次降临人间后记下好人和恶人的姓名。

[2] 赫尔曼·黑塞同名小说主人公。

[3] Sidney Hook，美国实用主义派哲学家。

[4] 连载漫画《小小露露秀》主人公。

[5] 20 世纪 50 年代流行的布鲁斯流行曲，歌词简单重复，主要是拼写歌名。

喜剧版，并和黛安·基顿一起演。我读了查尔斯·赖特·米尔斯[1]和《姜饼人》，并从诺尔曼·布朗那里学习了“多相变态”[2]。

我随意阅读，仍有很大知识空白，但我除了听爵士乐外，还听古典音乐，去博物馆的次数越来越多，我尽可能自我教育，不是为了学位或什么崇高志向，而是为了在喜欢的女人面前不显得自己是个呆瓜——虽然在大多数方面，我还是一个呆瓜。时至今日，叮砰巷[3]的诗人还是我喜欢的诗人，《荒原》、庞德或奥登都不如科尔·波特那句“给你付赎金还不如去买过季芦笋”[4]让我感动。

我知道伊迪丝·沃顿、亨利·詹姆斯和菲茨杰拉德都写过纽约，但在那个多愁善感的爱尔兰作家吉米·坎农写的体育场景中，我最能识别出这座城市。如果你知道我不了解的事物，我没有读过或看过的作品，你会震惊的。毕竟我是一个导演，一个作家。我从未看过《哈姆雷特》的现场演出。我从未看过任何版本的《我们的小镇》(*Our Town*)。我从未读过《尤利西斯》《堂吉诃德》《洛丽塔》《第二十二条军规》《一九八四》，没有读过弗吉尼亚·伍尔夫，没有读过 E. M. 福斯特，没有读过 D. H. 劳伦斯。没读过勃朗特或狄更斯。另一方面，我是同龄人中少数几个读过约瑟夫·戈培尔小说的人。是的，戈培尔，那个做元首喉舌的瘸腿小开塞露，试着写了一本叫《迈克尔》的小说，你不觉得吗，主人公有那种神经质情人渴望被女孩喜欢的焦虑。

至于电影，我从来没有看过卓别林的《从军记》或《马戏团》

[1] 美国社会学家，著有《权力精英》《白领：美国的中产阶级》《社会学的想象力》等。

[2] 又译“多形性反常”，弗洛伊德心理分析的概念，被美国学者诺尔曼·布朗进一步延伸。

[3] Tin Pan Alley，以美国纽约市第二十八街为中心的音乐出版商和作曲家聚集地。

[4] 1943 年格雷戈里·拉托夫导演的好莱坞歌舞片《倾情百老汇》(*Something to Shout About*)中由科尔·波特演唱的歌“You’d be so Nice to Come Home to”。

或巴斯特·基顿的《航海家》。从未看过《一个明星的诞生》的任何版本。尽管我在米德伍德戏院度过了那些星期六，我从未看过《青山翠谷》《呼啸山庄》《茶花女》《扬帆》《宾虚》或其他许多电影。《卡车斗士》《不速之客》《科学怪人的新娘》也都没看过。我不是贬低这些作品；我在说我的无知，以及为什么戴眼镜并不会让人特别有文化，更别说成为知识分子了。而这些只是我博学漏洞的一小部分例子。直到现在，我还没有看过《迪兹先生进城》和《史密斯先生到华盛顿》。

和书一样，也有一定量的电影是我看过的，特别是长大的时候，我看过不少外国电影。不过，我想你会对我的口味感到惊讶。比如，我喜欢卓别林胜过基顿。大多数影评人和电影学生会不同意，但我觉得卓别林更有趣，虽然基顿是更好的导演。卓别林也比哈罗德·劳埃德有趣，后者表演视觉笑话很出色，但我永远无法对他产生热情。我也从来不是凯瑟琳·赫本的大影迷。虽然她在《长夜漫漫路迢迢》和她最好的作品《夏日痴魂》中表现出色，但我经常觉得她很假。哭泣是她的常用情绪，至于艾琳·邓恩——我喜欢过她。还有珍·亚瑟。斯宾塞·屈塞总是显得那么真实，除了在《帕特和麦克》中。

我从来都不是兰尼·布鲁斯的影迷，我们这代人却为他疯狂。我一点也不认为自己是更好的喜剧演员，远远不是。我对自己的单口喜剧有很审慎的观点，但我还没说到那个人生阶段。我只是指出几个偶像，对我的意义竟然不如对大众的意义大。比如《热情如火》或者《育婴奇谭》——对我来说都不好笑。我也不喜欢《生活多美好》。坦白讲，真想掐死那个可爱的守护天使。对《金玉盟》也从不买账。喜欢希区柯克，但不知为何怎么也看不了《迷魂记》。

狂迷刘别谦，但从不觉得《你逃我也逃》好笑。不过《天堂里的烦恼》令我倾倒，如法贝热彩蛋[1]一般。

我喜欢的音乐剧：《雨中曲》《金粉世界》《相逢在圣路易斯》《篷车队》《窈窕淑女》。从没喜欢过《一个美国人在巴黎》。从不觉得埃迪·布莱肯或劳来与哈代好笑，另外，上帝保佑雷德·斯克尔顿别再演了。当然，马克斯兄弟和 W. C. 菲尔兹绝对是最伟大的。我还喜欢电影《红杏出墙》中的雷克斯·哈里森，以及莱斯利·霍华德和温蒂·希勒演的《卖花女》。我认为《卖花女》是有史以来最好的喜剧，胜过莎士比亚、王尔德或阿里斯托芬的任何喜剧，虽然有时阿里斯托芬让我想起考夫曼和哈特，我是真喜欢他俩。我对《绛帐海堂春》很入迷，尤其是有朱迪·霍利德和布罗德里克·克劳福德出演。另一方面，我从来不觉得《大独裁者》和《凡尔杜先生》有什么好笑的。我当然也不觉得卓别林把那个地球仪气球在空中踢来踢去是一个喜剧天才的例子。但谁会在乎我的想法呢——这就是口味。你可能会觉得那些婀娜多姿的内衣模特美丽性感，而我可能不觉得。哪怕我就这么觉得，我对此也无能为力。关于口味就说到这儿吧。

另一方面，继续上高中。我慢慢意识到，在不远的将来，有一天我将不得不做出一些人生决定。上大学？去哪里读？这是一定要经历的，否则母亲会像俄狄浦斯那样把自己的眼睛挖出来。做什么工作？二垒手？纸牌老千？很明显，我没有音乐天赋。我有胆量上台做一名真正的喜剧演员吗？而且我难道不是独自待在房间里最开心吗？我并不是一个表演者，只是一个成绩不及格的

[1] 由俄国珠宝工匠彼得·卡尔·法贝热制作的精致蛋形工艺品，多由沙皇定制。

神经质的聪明家伙。同时在我周围，都是成绩合格的优秀男孩女孩，他们打牌玩骰子不作弊，扎根于现实，准备挑战生活，参与竞争。这些孩子读书，是因为他们爱书爱学习，他们不会投机取巧地从事疯狂愚蠢的职业，而是旨在成为医生、律师、教师、商人；这儿一个护士，那儿一个心理学家、建筑师。然后就是我，无聊、脾气坏，满脑子都是疯狂的逃避现实的幻想，我这个懦夫读书只是为了跟上那些剪着齐发的可爱龅牙小才女。

是的，我在一点点学习，却是以一种不严谨的随机方式，没有任何做大事的准备。说到愚蠢和脱离现实，我想也许我会成为一个牛仔！ 我真的想过去西部放牛。睡在星空下。对。和狼蛛一起睡在地上。同时，我买了一根套马索，把我们地下室的一个桶当目标，学着练习用绳子套住一头小公牛，但一直没能掌握。如果让我和一头小公牛面对面，我很可能会陷入神游状态，除非我们之间隔着烤土豆[1]。老天，我怕狗。我说的是所有的狗，包括约克夏。你会恨我，但我就是不喜欢宠物。自然，我不喜欢被咬，也讨厌狗毛弄在身上，被舔，或被冲着吠叫。就进化等级而言，我一直认为所有动物都是失败的人类。我也不喜欢金丝雀对我唱歌，或鱼缸里的鱼回头看我。最近，我们的女儿从大学回家时带着一只宠物鼠。她要与朋友去汉普顿玩，就把老鼠留在我们这里过周末。老鼠病了。当时情况紧急，宋宜和我被迫在午夜时分把老鼠送到动物医院急诊室。人们带着受伤的猫狗进进出出，而我坐在那儿，身边是一只哮喘的老鼠。宋宜帮我渡过了难关，但除非你试过凌晨 2 点抱着一只啮齿动物坐在急诊室里，旁边的男人

[1] 牛扒馆里常用烤土豆作为配菜。

带着一只打喷嚏的鹦鹉，你就不算活过。总之，如果不做牛仔，也许我会加入联邦调查局。当然，你必须是个律师或会计师，所以不考虑这个了。但我曾一本正经地想当一名联邦调查局探员，后来才恢复理智。我买了必要的设备，学会了如何取指纹，以及如何识别指纹，从三角点到螺旋形。

从那时开始，我的目标便精神错乱地轻轻跳向当一名私家侦探。我看了《爱人谋杀》《马耳他之鹰》。我读了米奇·斯皮兰。私家侦探的生活相当刺激。破案。辣妹。每小时五十元，外加开销。我打电话给黄页上的几个侦探，看是否有人愿意让我去观望、实习。没有人愿意。但是，我无论如何要避免未来生活变得无聊。不必打卡，不用整天坐在办公桌前平衡账目，或告诉病人嘴张大一些，或告诉顾客，“这双鞋你穿会很好看”。

时间流逝，我的技能前景不妙。也许当个赌徒吧。我买了一些加重的骰子，和真正的骰子一起练习，这样我就可以把它们都朝墙掷去，限制最终点数的范围，至少控制住一个骰子，就能得到我需要的点数。玩了几局，我从容易上当的人那里赢了几块钱，但我梦寐以求的女人痴迷于艺术家和诗人，有文化的美人儿认为里尔克比舒格·雷·罗宾逊[1]更重要。我玩起了写作，有趣的是，我最早的成就不仅无关喜剧，还是骇人听闻的、病态的写作。虽然在课堂上，我们需要写点什么的时候，我都写喜剧，而且当不可避免地被选中朗读时，不仅能让其他孩子大笑，有时还会在老师之间传阅。让我先离题一会儿。

多年前，如你所知，我们一家始于布鲁克林。我们从J大道搬

[1] 美国职业拳击手，前世界冠军，1990年进入国际拳击名人堂。

到了L大道。两个字母之间的大迁移。然后，1944年，我们去长滩过夏天，租了一间平房。那时很便宜，因为长滩完全是原始状态，尚未建设起来。就在长滩的夏日街头，我的叔叔阿贝教我接球，随着时间推移，我的球技越来越好。夏天是幸福的。我在海里或仅几个街区外更平静的海湾里游泳。我和父亲、朋友一起钓鱼。我是在告诉你，我有一个美好的童年。我本不应该变成现在这个样子。后来夏天结束了，战争开始，父亲的收入很少，爸爸妈妈决定在平房里过冬。平房没有暖气，但父亲买了插电式的暖气片，并确保买了会出问题的那种，才能让房子着火，在睡梦中烧死一家人。

我在长滩的公立学校上学，还算不错，因为课程简单多了。放学后，我和朋友们可以走两个街区到海边，整个海滩都是我们的。有些日子，我们会去海湾，在那里放捕蟹器，钓鱼。当地电影院只在晚上或雨天开放。春天的时候，我和朋友们总光着脚。甚至上学也光脚。想象一下——我，应该在第五大道上往杜松子酒里加入恰到好处的苦艾酒，然后拉动窗帘旁那些长长的丝绳召来阿兰·莫布雷[1]，却活得就像哈克·芬或那个脸颊黝黑的赤脚男孩[2]，而不是诺埃尔·科沃德[3]。

我们在长滩住了几季，现在我要岔开一下话题。十岁时，我在学校写了一篇作文，提到了弗洛伊德、本我和力比多，我不知道自己在谈论什么，但有某种奇怪的本能，知道如何把一丁点儿

[1] 英国演员，常扮演管家。

[2] 语出美国诗人约翰·格林利夫·惠蒂尔于1855年发表的名诗《赤脚男孩》（“The Bearfoot Boy”），描绘了一个亲近自然的天真少年。

[3] 英国最伟大的剧作家之一，作品常体现上流社会的生活，本人也以高雅的品味和精致的生活作风而著称。

的知识（在这里只是文字）转换成一个好笑的段子，让读者或观众觉得我知道的比实际上多得多。老师觉得我写的东西非常好笑。他们传阅我写的东西，私底下互相讨论，对我指指点点。这种奇特的天赋一直伴随我的一生，懂得如何使用参考资料已经变成有用的工具。离题结束，如果我没有完全把你弄糊涂，我就回到本书的主题：人类在一个毫无意义的、残暴的宇宙中寻找上帝。

就这样，渐渐到了我在米德伍德高中的最后一个学期，我的成绩很差，那个突如其来的浪漫想法——犯罪生活可能是我所有选项中最有趣的——没有带来任何帮助。然后，一个命定的下午，在我对银幕上的电影说了一连串特别好笑的笑话后，有人说：“你应该把你的这些笑话写下来，它们很有趣。”一句不经意的话，但穿过夫拉特布什街道的噪音，被我听到了。我有我爸搞到的那台偷来的打字机，于是我回到家，坐在它面前。我想了几个笑话，然后在安德伍德打字机上敲了出来。好运不断（运气总是眷顾我），我的母亲，一个心如液氮的严肃女人，幸运地在打我耳光的每日仪式中停了下来，出人意料地说：“你为什么不把那些聪明的俏皮话给菲尔·沃瑟曼（不是另一个菲尔·沃瑟曼——是最早那个，当媒体公关的）看看，征求他的意见呢？他总是混迹在那些百老汇笑星里头。”

我听从了她的建议。菲尔很喜欢我的笑话，他说：“你应该把它们寄给一些报纸专栏作家——沃尔特·温切尔、厄尔·威尔逊、《先驱论坛报》的海·加德纳。他们都是笑话高手。”在这里我必须警告读者，这些一句话笑话并不等同于伏尔泰或拉罗什富科。它们是些关于丈母娘、停车位、所得税的笑话，也许偶尔会有个时事笑话。举例来说（别喷我，我当时才十六岁）：“有一个赌徒的孩子，他在拉斯维加斯上学。他不会把考试分数带回家——而是等下次考试时继续积分。”于是我把其中阿古屋珍珠级别的几篇寄给各位百老汇专栏作家，但石沉大海。生活继续，压力之下，父母快要用竹条刺进我的指甲时，我想我需要疗伤。我和珍妮特 · S 约会，她是班上一个让人欲罢不能的女孩，脸庞如同拉斐尔画笔下的圣母，头发和穿衣如同朱尔斯·费弗[1]的漫画角色，结果却是一场灾难，当时我带她去一场爵士音乐会，才发现她讨厌爵士乐。更别提她还迷上了想成为人类学家的谢尔顿·利普曼，她觉得他如此“惊人地迷人”。尽管我努力向她推销与一个杵臼狂热分子[2]共同生活的魅力，她还是觉得我们没有未来，我又一次心碎了。我从学校回家，练习吹喇叭，坐在我十二美元的 Victrola 唱机上和约翰尼·多兹一起练。

我去打棒球，并迷上了埃伦 · H，她也非常好看，以至于每次和她说话时，我都会渐渐说起乌尔都语，但她正在和迈伦 · 塞弗兰斯基交往，他是一位崭露头角的记者和多才多艺的好人。她对被他带去东村看西奥多的事赞不绝口，西奥多是个充满魅力的舞台说书人，他讲比尔斯[3]和洛夫克拉夫特的故事，可是个穿黑衣、戴银耳环的新偶像。西奥多兄弟，正如他自称的那样，有戏剧天赋，让观众为之着迷。几年后，我选派他出演我第一次拍倒霉蛋的戏《别喝生水》(*Don't Drink the Water*)，但大卫 · 梅里克不得不把他开除，因为他没有技艺，无法从一晚演到下一晚。排练时我和他下棋，他则用恐怖故事让我心惊肉跳。这些故事不是 H. P. 洛夫克拉夫特

---

[1] Jules Feiffer，美国讽刺漫画家。

[2] 指鼓棒和鼓的形状像杵臼，或爵士乐听起来像杵臼。

[3] 指安布罗斯 · 比尔斯，美国记者、讽刺小说家，著有《魔鬼辞典》等。

或安布罗斯·比尔斯那种，不像他的单人秀，而是关于欧洲纳粹冲进他家，把他的亲戚从窗户扔出去摔死的故事。

于是我在家，幻想着埃伦和她那张没有涂口红的完美圆脸，和她装着佩尔·拉格奎斯特[1]的红色平装书《侏儒》的单肩皮挎包，我诅咒着并不存在的上帝，因为当我邀请她约会时遭到了她的暴打，好像我是卡西莫多，她之后完全不理睬我。当天晚上，因为遭拒而心碎的我，在睡觉前接到一位朋友的电话，他说："嘿，你上了尼克·肯尼的专栏。"

尼克·肯尼是《每日镜报》可爱的专栏作家，这是一份平常小报，要不是沃尔特·温切尔给它写专栏，或许早就倒闭了。与沃尔特·温切尔不同（你们都看过《成功的滋味》[2]），肯尼是个和善的软心肠，他会在专栏里写小诗；有一首这样结尾："狗（dog）倒过来拼就是上帝（god）。"所以你明白他这个人了。肯尼的笑话每天都会刊登，于是我从床上一跃而起跑到J大道，买好《每日镜报》，第一次看见自己的名字出现在报纸上。艾伦·康尼斯伯格说——然后是一些愚蠢的笑话，幸好我已经不记得了。我的心跳就像克鲁帕[3]的《爵士鼓布基》一样。你会以为我得了诺贝尔文学奖。我已经在幻想飞往好莱坞，为我最喜欢的喜剧演员鲍勃·霍普写作。与鲍勃一起娱乐部队士兵几年之后，第五大道顶层公寓的首期预付款会随之而来。自然，还有在比弗利山的家。网球场。保时捷。还有那条穆赫兰道怎么样——景色真的很不错，不是吗？特别是当你望向停在那儿的汽车后座时——不，但我想说……终于，我可以让

[1] 瑞典作家，1951年诺贝尔文学奖得主。

[2] 电影 *Sweet Smell of Success*（1957），以刻薄的专栏作家沃尔特·温切尔为原型。

[3] 指吉恩·克鲁帕，爵士鼓手。

父母看看——他们确信我注定要在垃圾箱里找东西吃，或在十大通缉犯名单上——我的生活也许并不局限于去配维塔利斯牌生发水和H制剂牌痔疮膏。第二天早上，洗好澡然后去学校，那个我继续考不及格的地方，那又怎样？我已经为自己规划好了未来。

当我坐在教室里，得意地听着老师喋喋不休地讲着同旁内错角时，我想到有些同学或许会在报纸上看到我的名字。多么尴尬啊。但为什么尴尬？为什么不骄傲呢？这是我永远无法理解的人类性格的难测之处。我只知道我是个害羞的孩子，成为公众人物让我尴尬。

我可以听到心理医生的声音：“你太想出名了，这个愿望让你尴尬。”有可能是这样，但即使是真的，这种知识又有屁用？

同时，仍然有一些写着我名字的笑话在专栏作家中传播，我觉得必须快点改个名字。改名字完全符合我进军演艺圈的白日梦。当时所有演员和一些编剧、导演甚至制片人都改了名字，这一姿态会让我更像他们中的一员。这些年来，很多人都在猜测我为什么要改叫伍迪·艾伦。有人说是因为单簧管乐手伍迪·赫尔曼。我喜欢伍迪·赫尔曼，但从来没有想到过这种联系。你如果也相信有些人有多傻，来听听这种猜测：我在布鲁克林街头打了太多棍球，而球柄是木头（wood）做的。事实是，我随便改的。我想保留原名的一部分，就保留了艾伦这个姓。我想过叫J. C. 艾伦，但觉得自己会被叫作杰。我考虑过梅尔，但梅尔·艾伦是洋基队的著名解说员。最后，我的多动症发作了，随便想出了伍迪。这名字短，和艾伦很搭，而且有一种轻盈而模糊的喜感，不像佐尔坦或路德维西奥之类的。这个名字对我很有用，尽管人们时不时会叫我赫尔曼先生，因为我俩演奏同一种乐器；有一次，布鲁明戴尔百货公司的女售货员从《今夜秀》中认出了我，她紧张地等着我并说道：“就买这些吗，啄木鸟先生（Mr. Woodpecker）？”

我只有很少的时候会后悔改名，觉得本来的名字就挺好的。康尼斯伯格有一种严肃的日耳曼光环。康德就来自康尼斯伯格[1]。如今那儿有一座我的荣誉雕像（除非它被愤怒的公民用绳子拉倒，就像萨达姆·侯赛因的雕像），但他们完全没什么理由向我表达敬意。我不是那儿的人，从没有去过那里，当然也没有做过任何事改善当地人民的生活，但我的名字和那个地方一样，有可能是他们缺少英雄才给我立雕像吧。在那次雕像竞赛中，我得从众多参赛作品中选择一件。我惊讶于它们都那么优秀、精巧，最终选了一个最简单、谦逊的，它由一副眼镜放在一根杆子上组成。它比我描述的更好看。可爱的西班牙城市奥维耶多也有一座我的雕像，刻得真的很像。他们从来没有征求过我的意见，甚至也没通知我。他们就这么在城里竖起了一座我的雕像，真正的铜像，鸽子喜欢栖息的那种。同样，除非有仇恨驱使的暴徒把它拉倒，你还可以在那儿看到它。从它竖立的那一刻起，破坏者就把我雕像戴的眼镜偷走了。眼镜是青铜的，嵌在雕塑上，而雕塑还是全身的，要用喷灯才能把眼镜弄下来。无论他们重做了多少次，总有人偷走我的眼镜。我很想说我在奥维耶多做过一件多么高尚勇敢的事，配得上这份荣誉，但除了在那里参观、拍了一点电影、逛了下街、享受了一下好天气之外（就像伦敦一样，在炎热的夏季，那里却凉爽而灰暗，而且总在变化），我没有做任何值得被塑像的事，没把我的人像吊起来示众就不错了。奥维耶多是个小天堂，

[1] 一译“柯尼斯堡”，即如今俄罗斯加里宁格勒州首府加里宁格勒。柯尼斯堡曾是德国文化中心之一，是哲学家康德的出生地和居住地。

只是被一尊笨蛋铜像不自然的存在破坏了。

于是，伍迪·艾伦时代随着尼克·肯尼开始了，这是一个将会臭名昭著的时代。我又成功地好几次登上尼克·肯尼的专栏，但最风光的一次发生在一个上学的日子，我的笑话第一次出现在厄尔·威尔逊的专栏中。尼克·肯尼的专栏多愁善感而老派，厄尔·威尔逊才代表百老汇的声音。他的故事和八卦是关于娱乐界人士、戏剧和电影明星、歌舞女明星、夜总会和晚餐俱乐部的。“午夜厄尔”是一个专题，当伍迪·艾伦的妙语出现在他的专栏中时，我仿佛成了炫目的百老汇夜生活场景的一部分。在现实中，我在布鲁克林K大道的卧室里，但我做着一个白日梦，梦见自己在托特·肖尔餐厅里妙语连珠，双臂各抱着一个寇帕女郎[1]。不久，我开始把笑话寄给所有专栏作家，并被到处刊登:《新闻报》的鲍勃·西尔维斯特专栏、《纽约世界电讯报》的弗兰克·法雷尔专栏、《纽约邮报》的伦纳德·里昂专栏、《先驱论坛报》的海·加德纳专栏，当然还有厄尔·威尔逊和尼克·肯尼。我陶醉在秘密成就之中，不管学校作业，于是我的分数一落千丈。其他孩子在参观大学了。但在我眼里，我已经成功了，虽然这些妙语没有报酬，我却预见自己买了套顶层公寓，或可能在托卢卡湖与霍普夫妇共进午餐。

在那些日子里，麦迪逊大道上有一家广告公司，大卫·O.阿尔伯联营公司，他们的工作是让一批知名客户得到尽可能多的宣传，设法得到有关他们的报道、电视和媒体采访、杂志封面，以及他们能想到的任何噱头，让他们的名字出现在公众视野中。其

---

[1] 原指在拉斯维加斯沙滩饭店的寇帕厅里表演的歌舞女明星。

中的一种宣传途径是让你的名字不断出现在报纸专栏上，而想要被专栏引用，你就要说一些风趣的话。某人的专栏或许会这样写：“我在寇帕厅里听到……”——然后是一些妙语，关于交通、丈母娘、总统或随便什么可以让人联系到客户的东西。当然，客户本人从不说笑话，即使他的生命依赖于此，他也不可能说。给他写笑话的人很可能根本不在寇帕厅，尽管客户和夜总会都为在报纸上曝光付了钱。把笑话寄给专栏作家的是媒体公关，他们将百老汇璀璨的夜生活神话强加给了格劳乔·马克斯或奥斯卡·莱万特这些说一句话笑话的名人。所以，伍迪·艾伦这个无名之辈，却周复一周到处出现在百老汇报纸专栏中，很难不引起他人注意——发现他的是吉恩·谢弗林，此人是驱动大卫·O. 阿尔伯广告公司发展的主要人物。谢弗林打电话给厄尔·威尔逊问，这家伙是谁？

厄尔·威尔逊说，他是一个布鲁克林孩子，高中放学回家后就坐在打字机前，每隔几天给我们寄一些笑话。接着，我收到了厄尔·威尔逊办公室的讯息，让我给阿尔伯办公室打电话。我照做了，并受邀参加工作面试。他们问我是否有兴趣每天放学后过来，坐在他们不是偷来的打字机前，为他们快速写出一些笑话，让盖伊·隆巴多、阿瑟·默里、简·摩根、萨米·凯[1]那样的人，以及其他不以机智著称的人，可以在我的灵感后署上他们的名字，将这些灵感据为己有？为此，他们将每周付给我四十美元。当时我为一家肉店送肉，为一个裁缝送干洗衣物，每小时赚三十五美分外加小费。

这些是兼职，如果我努力工作，运气好的话，一周可能会赚

[1] 分别为小提琴家、舞蹈家兼商人、歌手和乐队指挥。

三到四美元。我的大笔零用钱已经用完，由于对某些篮球比赛结果的错误猜测，爸爸的流动奖金变少了。我母亲每周工作五天，每天八小时，一周赚四十美元，而我要做的，就是在早上8点到下午1点的上学时间之后，从布鲁克林乘地铁，快速写出一些生动的俏皮话，然后乘车回家。为此，我将每周得到四十美元。我决定不耍花招，不假装需要时间考虑一下。他的话还没说完，我就答应了。于是，我每周工作五天，每天快速写出大约五十个笑话。听起来像壮举，但如果你做到了，那就没什么大不了的。乘地铁大约需要三十五分钟，其间我可以写大约二十个笑话。其余的在办公室里写。因为我太年轻，办公室里的其他同事经常取笑我，工作几周后，我得了腮腺炎，需要请假，这对我的形象没有帮助。但我在那里工作了好几年，他们的客户出现在各种专栏中，滔滔不绝地说着我们都觉得有趣的笑话，但现在回想起来，这些笑话显然相当糟糕。我以七十二分的平均分从高中毕业，并继续工作，随着时间推移还得到一两次加薪。我不想上大学，对演艺生涯充满信心，但为了不让母亲像和尚一样自焚，我决定试试纽约大学。

不管出于什么原因，尽管我的平均分很糟糕，他们还是录取了我。为了在大学里尽可能少干活，我选了限定课程，只要学三门科目。我是电影专业，原因无非是看电影好像既愉快又舒适。我不得不选修西班牙语和英语。像往常一样，我的第一篇英语作文惹了麻烦，老师没让我及格，他在空白处写道："孩子，你需要上一堂基本礼仪课。你是一个乳臭未干的青年，不是一块未琢之玉。"在那些日子里，我的风格总体上是喜剧，深受马克斯·舒尔曼的影响，而显然我不是舒尔曼那种作家。我的专业课，电影，也没及格。部分原因是爱逃学的旧习惯。我会乘车从J大道到纽约大学所在的第八街，车门打开时，我会想——我应该去上课还是逃学？我会延长我内心里的辩论，直到车门关闭，余下的旅途我兴奋不已。就像很久以前一样，我会出现在时报广场，在百老汇、派拉蒙、罗克西、林迪、环形魔术道具店、有美味食物的自动贩卖机餐厅附近消磨一上午。下午1点钟时，我会在麦迪逊大道出现，现场写笑话。当我去上课时，我学习打鼓，保持对爵士乐的痴迷，我会坐在教室里练习脚踏鼓——左右，右左右左，左右，试图保持多合跳节奏的稳定，我从来没有注意到时态的变位或《农夫皮尔斯》[1]。就这样，我的所有课程都没及格。他们决定把我扔出去。我请求给我最后一次机会，以免母亲自焚。他们说，如果我去上暑期学校并表现良好，他们会重新考虑。硬着头皮，我同意了。

在工作中，大卫·阿尔伯以某种方式与鲍勃·霍普的经纪人吉米·萨弗尔有联系或认识。出于好意，他让我为霍普试写一些材料寄过去。回信说：“你这个小孩写的东西很好。（没有那种青春期废话。）可能会在秋天用他为霍普写点东西。”

鲍勃·霍普对我的意义怎么说也不夸张。我从童年起就崇拜他，直到今天看他的电影还不厌倦。不是他所有的电影，得排除后期那些，最早期那些也不够好。我喜欢的是《理发师万岁》（*Monsieur Beaucaire*）、《冒牌卡萨诺瓦》（*Casanova's Big Night*）、《风流傻侠》（*The Great Lover*）之类。是的，这些电影很傻，也不是萧伯纳式的幽默，但霍普本人就是这样一个非常伟大的喜剧人物，他的表演出神入化。通常，当我像古代水手那样抓住陌生人的衣领，对霍普大加赞赏时，他们会说：“你是说那个读着提示卡、为美国大

[1] 14 世纪晚期英格兰诗人威廉·兰格伦写的头韵体长诗。

兵讲环球小姐笑话、思想陈腐的共和党人？”虽然我明白他们的意思，但那不是我所谈论的那个霍普。

我是指《乌托邦之路》(*Road to Utopia*) 或《花花公子》(*Fancy Pants*) 中的那个喜剧演员。同样，我知道，这些电影很傻。霍普可能会被一只大猩猩抓走——但这并不是重点。重点是他的演技、他的性格、他的责任感、他的时机把握、绝妙的一句话笑话。他像杰瑞·刘易斯一样才华横溢，他的电影却很傻，尽管霍普的电影也比杰瑞·刘易斯的好得多。总之，当我听说霍普团队喜欢我的笑话并考虑雇用我时，我兴奋不已。毕竟我是一名大学新生，随着暑期学校艰难进行，我沉浸在济慈和雪莱之中，不同意真理是美、美是真理。我也不喜欢听教授讨论普多夫金的作品或《贪婪》(*Greed*) 的结构，而是一直希望拍出《巴厘岛之路》(*Road to Bali*)。

我又非常短暂地考虑了一下当喜剧演员，我在麦迪逊大道的一位办公室同事迈克·梅里克曾是喜剧演员，我觉得他的黑框眼镜很好看，他把他的单口喜剧规范活页旧书借给我看。我在当地的一家社交俱乐部再次上台表演，并让他们笑个不停，从观众那儿得到笑声让人很兴奋。但迈克·梅里克向我解释说：“这活儿不容易。你得比做其他任何事更有欲望。”我没有。写作更吸引我。我喜欢匿名，我约会的许多女孩都为厄普代克和梅勒疯狂，而不是巴迪·哈克特或肥佬杰·E. 伦纳德[1]。我的目标略略转移了。我会写一段时间笑话，也许，为霍普，也许为伯利[2]或杰克·本尼，如果我能让他们意识到我的存在。但也许我应该写一些更深

[1] 均为美国喜剧演员。

[2] 指米尔顿·伯利，美国喜剧演员。

刻的东西，而不仅仅是一句话笑话。差不多就在那时，我的亲戚建议我和一位非常远的姻亲阿贝·伯罗斯谈谈。伯罗斯是著名喜剧作家和导演，主要著作包括与人合著的《红男绿女》（*Guys and Dolls*）等。也许嫁到我家族的一个阿姨和他有迂回的关系。我一直搞不清楚这个血缘关系。我问那位阿姨，她说帮不了我，除了说他住在贝雷斯福德，那个时髦的西区合作公寓。“我怎样才能联系到他？”我羞涩地问道。我母亲——比巴顿将军更具侵略性——说：“你不必联系他。你知道他住在哪里。直接去他家就好。”

明知不可取，我还是穿成了赴皇室婚礼的样子，出发去贝雷斯福德。我告诉看门人，我是来见阿贝·伯罗斯的。就告诉他我是内蒂的儿子。

就在我等着他去叫人的时候，阿贝穿着深色西装、戴着洪堡帽走了出来。门卫指着我说，他是来找你的。我告诉他我是谁的亲戚，一种很微弱的关系，也许像是十度分离[1]。

正要出门赴约的伯罗斯回过头来，拉着我并肩上楼，甩开他的洪堡帽，接着和我聊了一个小时，给我吃东西，对我的笑话表现出很大的兴趣。这家伙那么和善，那么正派，那么棒。我好几次回到那间公寓。他喜欢读我的笑话。他也批评了他觉得我没写到点子上的那些笑话。他为我给《菲尔·西尔沃斯秀》的优秀喜剧作家纳特·希肯写了一封信。虽然没有回音，但他努力了。在我们的一次聊天中，我告诉他，我的野心是成为一名电视编剧，他说：“你不会想做一辈子电视编剧的。”我说，那写电影呢？他说不，写戏剧。但不是所有的剧作家都想写电影吗？不是的，所有

[1] 这是对“六度分离”的戏仿，该理论认为，最多通过六个人就能认识任何一个陌生人。

的电视编剧都想写戏剧。

我把注意力转向剧场，当时我一生中还只看过一部戏的一部分。我说“部分”，并不是说我看完一幕就离开了。我看了整部戏的大约一半。这是多年前的事，当时我渴慕学校里一个叫罗克珊的美丽金发美女。我意识到如此这般尤物，可以迷住加里·格兰特或泰隆·鲍华，但绝不会对一个本质上更接近爱德华·艾沃瑞特·霍顿❶的小伙有任何兴趣。我伤心地做着白日梦，直到有一天，我灵光一闪。我听说罗克珊非常想看《人生曲》(*The Fourposter*)，一部由休姆·克罗宁和杰西卡·坦迪这两位出色的演员主演的双人戏。狡猾的我鼓起勇气给她打电话，问她周六晚是否有空，我正好有两张《人生曲》的票，她会有兴趣看吗？

可以感觉到另一端的沉默，她正被迫在极度想看演出和不得不与祖克❷一起看之间做出选择。最后，她选择了接受。这时候，对百老汇没有任何经验的我，不知道有些演出票会卖完，你可能会买不到票。我从售票处的人那里知道了这一点，他说可以几个月后再接待我。惊恐之余，我给一个朋友打了电话，他建议我去找票务代理人。我照做了，得知我可以花二十美元买到两张包厢座。我没有二十美元，也想不出如何得到这笔钱，除了去抢劫一家加油站。最后我向父亲要了这笔钱。这是一大笔钱，尤其是对两张戏票而言，于是我不忍心告诉他为何急需二十大洋的尴尬真相，他什么也没问，但像往常一样帮我搞定了，弄来两张十元纸币。周六晚上到了，我去接那个女孩。迷人的是，她假装对我滔滔不绝自我吹嘘的轶事感兴趣，在这些轶事里，我就像瑞特·巴

❶ 美国知名演员，常出演古怪的配角。

❷ Zook，DC 漫画里的虚构角色，一个身材矮小的外星人。

特勒[1]。我们去看演出。我们被领进包厢，包厢在二楼最右边舞台上方。就像林肯被谋杀的那种地方，只是位置不如他的好，半边舞台我们看不见。

于是我第一次看百老汇演出，就只看到了舞台右侧的演员。经纪人说包厢座时，我想到了洋基体育场或埃比兹球场，那儿的包厢座位很棒。我们看完了演出，罗克珊表现得很有礼貌。她没有抱怨，但当我们离开时，她婉拒了喝酒，并突然被一种神秘疾病缠身。我不记得了；我想她说她感染了噬肉菌。离她的公寓不远时，她已经给她哥哥打了电话，说六分钟后到家。他在敞开的门前等她进门，使我没有任何机会向她示爱。我想，如果我直接与她吻别，那将会多么好笑。总之，多年后，当阿贝·伯罗斯问我是否喜欢戏剧时，因为我只看了半场演出，我语塞了。但我把他的话记在心里，我不应该满足于做电视编剧，也不应该一辈子做编剧，带着新的执念，在之后的好几年里，我读了每一出戏的剧本，去看百老汇的每一场首演。但是这让我好高骛远了。

我还在为大卫·O. 阿尔伯写一句话笑话，为小报提供笑料。如果我能为鲍勃·霍普写东西，那也就够了。但在未来，我要成为一名剧作家，奇怪的是，不是像我一直以来的偶像乔治·S. 考夫曼那样，而要像尤金·奥尼尔或田纳西·威廉斯。当然，现在我的暑期学校成绩不理想，我被叫到教务小组面前。他们可不是来朝凤的百鸟。更像是来啃食尸体的群鬼。这是没有幽默感的四人组，他们在那儿告诉你，你被淘汰了。我有礼貌地听着他们对我的指控，从旷课到什么都不及格。他们问我的人生目标是什么。

[1] 小说《飘》里的人物，一个玩世不恭、迷人、爱嘲笑人的花花公子。

我说，在我灵魂的铁匠铺里，锻造我的种族未被创造出的良知，并看看它是否可以用塑料批量生产。他们相互对视并建议我去看心理医生。我说我的工作很专业，与每个人都相处得很好，为什么我需要心理医生？他们解释说，我在演艺界混，那儿人人都是疯子。我认为看心理医生不算最糟的想法，因为尽管我对创作感兴趣，喜剧作家生涯的开头也前途光明，加上我在成长过程中得到的所有爱，我仍然经历了某种中等的焦虑感——就像你被活埋时一样。我不快乐；我忧郁、恐惧、愤怒，不要问我为什么。也许它在我的血脉中，也许在我意识到弗雷德·阿斯泰尔的电影不是纪录片时，这种精神状态就发作了。

被开除后不久，有人极力推荐了一位心理医生，名叫彼得·布洛斯，我开始每周见他一次，尽管他人很好，对我却没有多少帮助。他最终建议我每周看四次精神分析师，我躺在沙发上，被鼓励说出想到的一切，包括描述我的梦。我这样做了八年，聪明地避免了任何进展。我终于战胜了他，有一天他挥舞着白旗走了进来。在我一生中，还看过三位心理医生。首先是一个非常好的、叫卢·林的男人，我每周与他面谈两次。他很聪明，但我轻易骗过了他，仍然安全地未被治愈。随后我看了一位非常聪明的女医生，大概有十五年。那段治疗效果更好，帮助我渡过了生命中的一些磨难，但我的性格没有真正变得更好。最后，一位备受推崇的医生试着为我面对面治疗，又做了一段时间沙发上的心理分析，然后回到面对面治疗，我仍然能够抵抗任何有意义的进展。

就这样，我接受了多年治疗，我的结论是：是的，它帮助了我，但没有我希望的那么多，也并非以我想象的方式。我在深层问题上的进展为零；我在十七岁和二十岁时的恐惧、冲突和弱点，现在仍然存在。在问题不那么根深蒂固的少数领域，在需要一点帮助和推动的地方，也许我得到了一些宽慰。（我能去洗土耳其浴，而且不必包下整间浴室。）对我来说，价值在于有个人在身边，分担我的痛苦；就像与专业选手一起打网球。对我来说，一个很大的好处是有利于自我欺骗。在最黑暗的时候，感觉到自己不只是躺在那儿休眠，像一条被动的鼻涕虫被宇宙的非理性或甚至被自己制造的海啸袭击，这感觉很不错。重要的是相信你正在做一些事。这个世界和其中的人可能会用靴子踩在你的喉咙上，把你踩死，但你正在改变这一切，你正在采取英雄般的行动。你在自由联想。你记起那些梦。或许还在把它们写下来。至少每周一次，你要与一位受过训练的专家讨论这个问题，并一起理解那些导致你悲伤、恐惧、愤怒、绝望和自杀的可怕情绪。

解决这些问题只是幻觉，你将永远是那个受折磨的可怜虫，没法向面包师要蜗牛卷面包（schnecken），因为说出这个词让你尴尬——这一事实并不要紧。你正在做一些事情来帮助自己，这个幻觉帮助了你。你不知为何感觉好了一点，不那么绝望了。你把希望寄托在一个永远不会来的戈多身上，但想到他可能会带着答案出现，就能帮助你度过笼罩你的噩梦。和宗教一样，幻觉帮人渡过难关。作为艺术界人士，我很羡慕那些相信自己创作的作品将永存并被广泛讨论的人，他们从这一信念中获得安慰，就像天主教徒的死后世界一样，艺术家的“遗产”使他不朽。这里潜在的问题在于，所有讨论遗产和艺术家作品有多伟大的人都活着，正在点烟熏牛肉，而艺术家则在皇后区的某个骨灰盒里或地下。所有站在莎士比亚墓前赞美他的人，对这位吟游诗人来说都没有任何意义，而那一天会到来，一个遥远的日子，但可以肯定的是它一定会到来——那时所有莎士比亚戏剧——尽管有精彩的情节和高贵的抑扬格五音步诗行，以及修拉[1]的每一个点，都会随着宇宙中的每个原子一起消失。事实上，宇宙将不复存在，没有地方可以让你制作帽楦了。毕竟，我们是物理学的一个意外。而且是一个尴尬的意外。不是智能设计的产物，而是，不如这么说：一个愚钝外行的作品。

总之，他们把我逐出纽约大学的暑期学校，但我当时已经是一个有工作的喜剧作家了。我不仅为大卫·O. 阿尔伯联营公司工作，而且被阿贝·伯罗斯推荐给彼得·林德·海斯，他有一个广播节目，我受雇为他写作。阿瑟·戈弗雷也雇我为他的广播节目写了一段时间。与此同时，我也与戏剧机构打交道，威廉·莫里斯公司的优秀经纪人索尔·莱昂把我介绍给了出色的喜剧演员赫伯·希里纳，后者做的是所谓的“联播”——同时在广播和电视上表演。他是一名非常好的喜剧演员，乡村版的威尔·罗杰斯，但比罗杰斯更好。他很会讲笑话，他喜欢我的笑话并雇用了我。一个叫罗伊·卡默曼的写作者是他的首席作者，罗伊是个好人，也是一位优秀的喜剧作家。我是个新手，当我为他写第一个节目时——或者说真正贡献了一些笑话时——我把一个约会对象带去了节目播出的电视演播室，这样我就可以扮演大人物，希望能为我通向闺房之旅铺路。总之，我到了演播室，排在几百个人后面，等着进去看。突然，赫伯·希里纳的经纪人看到我在那儿，说道：“你到底在排什么队啊？”

我说：“这个节目是我写的。”

---

[1] 指乔治·修拉，法国点彩派画家。

他说："对，但你不用排队进门啊，你从后台进。"

"我可以？"

"来吧。"他把我和我的约会对象带到舞台入口，我们在贵宾室里观看，我扮了一次大人物。之后我带着女伴去林迪餐厅。又要排队。有人已经告诉我要给门卫小费，所以我用两张纸钞打点了他，并立刻得到照顾。一个盛大的夜晚，直至到她家门口的那一刻，她拿着钥匙，对我做了一个篮球运动员所谓的上篮假动作。她往上冲，我上当并跳了起来，好像要挡住她的跳投，她就从我身边溜了进去。

我十八岁了，赚的钱是父母收入加起来的三倍。我有机会帮衬家里，尤其是父亲，他一直赌，一直输，一直欠庄家的钱。我不懈追求成功的下一步，一个住在社区附近公寓房、名叫哈维·梅尔泽的人听说了我——社区里的天才少年——他过来跟我谈，想做我的经纪人。我对演艺界商业端的理解比对霍奇猜想[1]的领会稍差一些。他说他的叔叔是好莱坞威廉·莫里斯公司的一个大人物，他有门路可以进入某个叫作"编剧发展计划"的玩意，这是美国全国广播公司（NBC）为发展和培训有前途的作家而设立的一个计划。显然，据说有些人已经准备参加了，传言"在酝酿中"。这个出于好意的想法是为戏剧、更为喜剧寻找有潜力的编剧，让他们拿稳定的薪水，每周一百七十五美元，让他们写作，在资深编剧手下的节目里实习，取得成果，再由 NBC 兑现成果。我很赞成这样做，因为我在阿尔伯的工资相比之下很微薄，我写的广播节目随着主持人的受欢迎程度而起伏不定。每周一百七十五美元的

[1] 代数几何的一个重大的悬而未决的问题。

稳定收入听起来不错，还会被安排进一些大牌节目中。我忘了提一个小事：赫伯·希里纳，我的大恩人，与他可爱的妻子在一场车祸中去世。你不可能遇到比他们两个更好的人，而且我还可以想到更多如果在某处当场身亡就会马上使世界变得更美好的人，这两个可爱的、不该死的人却被杀了。

于是我同意让哈维做我的经纪人，他像一个不那么健壮的汤米·多尔西，只是脸部肌肉会各种抽搐，果然，他敲定了让我加入 NBC 的编剧发展计划。为了奖励他，我与他签了七年合同。这是他众多错误中的一个——一份我本不应该签的、太过贪婪的协议。首先，七年时间太长了。他在利用我的天真。不仅如此，不像代理人通常拿一成，他说他是经纪人，这是不一样的，所以赚更多。他说，三成。好吧，嘿，看看，我还是个青少年。我到底懂点啥呀？不仅如此，还有一种叫作滑动比例的东西，通常艺术家的收入越多，经纪人拿的百分比就越小。艺术家赚得越多，经纪人需要打点的东西就越少。在我签署的交易中，滑动比例的方向是错的。因此，我赚得越多，哈维的分成也越高。七年来，发生了很多事情，我察觉到了。但我从未试图毁约；我光荣履行了整个七年合约。让我来说明一下我在那个年纪是个怎样的乡巴佬。我一生中还从未见过任何人戴假发。有一天，我遇到一个戴假发的喜剧演员。他想付给我一百块钱，让我做一次表演。我们交谈时，我注意到他的发际线边上有一圈薄布。我不敢相信看到的东西，以为它正在生长，我觉得他应该待在马戏团，而不是来讲单口喜剧。

现在来说说编剧发展计划。我们大约有八个人，NBC 细细审查了我们的试镜材料及个性，认为我们值得投资。然而，尽管审查仔细，但他们没有做出明智选择，不得不承认，他们将意识到他们的投资只有微薄的回报。这群人中的大多数最终从事的职业与 NBC 预想的大相径庭。其中最吓人的那位，最后去为理查德·尼克松写“温暖人心的演讲词”。除了他之外，其余都是好人，但出于这种或那种原因而没有成为戏剧家或电视喜剧作家。这个项目的领导，或照媒体的说法，牧羊人，是莱斯·科洛德尼，威廉·莫里斯公司的前经纪人，他很风趣，但他没有教学计划，不知道如何开始把这群不善言辞的梦想家转变为专业喜剧作家。我拿了钱，用这笔补贴来学习如何写作，练习写素描喜剧[1]和笑话，通过努力工作自学。我被录用后，就像其他人一样被晾在一边，但多年来母亲的威吓让我充满雄心壮志，我明智地利用了这段时间和这些钱。我们会在 NBC 碰头，坐在房间里，年轻的喜剧演员会现身向我们展示他们的作品，然后我们会挑选一些人，那些大概正在成长的作家和喜剧演员，为他们写文章。大多数情况下，我们看见的是平庸的人。但年轻的唐·亚当斯、年轻的乔纳森·温特斯、年轻的凯·巴拉德[2]也来了。当然，他们很少或根本不需要我们的帮助。真正有才能的人创造他们自己的表演而从来不用我们。我只为唐·亚当斯写了一个笑话。乔纳森·温特斯不需要任何人的任何帮助，他就是一个天才。

那时，我遇到了哈琳，我很快就会娶的女孩。那是在另一个社交俱乐部。我在他们的一次活动中担任司仪。我讲了迈克·梅里克活页宝典里的笑话，我决定演奏高音萨克斯来取悦观众（多年后，一位音乐评论家将我在音乐会上的演奏描述为“令人痛苦”）。

---

[1] Sketch，又译作“情景喜剧”或“美式小品”，一般为三到五分钟，节奏较快，追求密集的反转和笑点。

[2] 均为美国知名喜剧人物，与 NBC 有过合作。

作为新奥尔良爵士迷，我选了《贾达》和《夜城舞厅》。有人告诉我，詹姆斯·麦迪逊高中的一位高年级学生会弹钢琴。我们设法见面了。她漂亮，她聪明，她家境优渥，有漂亮的房子和一艘船，她弹古典音乐并上表演课。简而言之，她对我来说过于优秀了，而且在我们结婚后也会证明这一点。

我们一起练了两首曲子并开始约会。我必须说，对于一个读大学的孩子来说，我带她去了非常浪漫、高级的地方。外百老汇的演出，去鸟园[1]看迈尔斯·戴维斯和约翰·柯川。曼哈顿的烛光餐厅。我勉力坚持做一个有魅力的人和情人，除了她的家人带我乘船出游那回。我一直为人乐观，想显得令人印象深刻，但一出海，就在我咕噜咕噜喝着啤酒，吟诵着“嘿嘿，把人吹倒”的副歌时，我脸色发绿，倒在甲板上，呻吟着乞求安乐死。当我躺在那儿描述一个莫比乌斯环，也就是我即将创吉尼斯世界纪录的晕船症时，我发誓再也不踏上船了，而直到十多年后，我才又一次上船。我试图给人留下深刻印象，或者我应该说，试图看起来不像个傻瓜（我是个傻瓜，而且经常不遗余力地掩饰），所以在拍摄《傻瓜入狱记》（*Take the Money and Run*）时，我在非常漂亮的珍妮特·玛戈林的怂恿下登上一艘帆船。结果是老样子。在吹嘘了一番我的海上经历并叫船员“同志们”之后，我很快就躺在甲板上，准备用珍妮特换取康帕嗪[2]了。因为我们只是在旧金山湾，离岸边不远，所以我恳求用直升机把我空运到医院，但没有人理睬。航行归来，我踉踉跄跄地走下船，脸色苍白，摇摇欲坠，我找了个蹩脚的借口，把我的崩溃归咎于最近的中耳炎，那是我在苏丹得的病，我在那

[1] Birdland，纽约著名爵士乐俱乐部。

[2] 一种抗精神分裂的药物，也可用于严重的恶心和呕吐。

儿教努巴人表演《福禄沟街》(*Floogle Street*)和《谁在一垒》(*Who's on First*)[1]。

哈琳与我都和父母住在一起，我每天晚上都会找她。我们做了约会情侣会做的一切事。顺便说一下，那时我有了一辆车。我花六百块买了一辆1951年的普利茅斯敞篷车。我曾对汽车将如何改变我的生活抱有极大的幻想。它将解放我；我可以随时开车过桥去曼哈顿，飞驰去长滩参观怀旧的老地方，在春日早晨去康涅狄格与大自然融为一体。我不知道我到底在想什么；我讨厌自然，而比起自然，我更讨厌成为一名车主。就像我对所有的机械物件一样，我和汽车也立刻成了死敌。我不是小工具爱好者。我没有手表，不打伞，没有相机或录音机，直到今天还需要妻子来帮我调电视。我没有电脑，从来没有接近过文字处理器，没有换过保险丝，没有给任何人发过电子邮件，也没有洗过碗。我是那种糊涂老头，需要把电视上的所有按钮用胶带封住，使其无法使用，这样我就能只操作开关和音量按钮了。

十六岁时，我给自己买了一台新的打字机，一台便携式奥林匹亚。我写过的所有东西都是用它打的，我的剧本、戏剧、故事、随笔（《纽约客》上那些好笑的文章就是这么叫的）。直到今天，我还不会换色带。我的妻子为我换，但在我还是单身的那些年，有一个熟人帮我，每当我的色带需要更换时，我就请他来吃饭。饭后，我会随口提起打字机的话题，说它多么令人激动，并暗示给我的打字机换色带可能会很有趣。我们去到书房，我会放一些音乐。我记得他最喜欢在换色带时听哈恰图良的《马刀舞曲》[2]。强

---

[1] 皆为喜剧组合“亚伯特与卡斯提洛”（Abbott and Costello）的经典喜剧桥段。

[2] 该曲是出征前的战斗舞蹈，节奏强烈快速。

烈的曲调令他兴奋，而我会塞给他一条新色带，说：“让我们看看，你的手艺是否依旧。”他接受了挑战，疯狂地帮我换好色带，最后动作夸张地向我深深鞠躬致意，而我则假装对他灵巧的手艺惊叹不已。在那之后，他浑身是汗，喘着粗气，但至少我可以继续打出那些优秀的俏皮话，直到页面上的字母再次变得模糊不清，我才不得不请他回来吃肉卷。

我说到哪儿了？哦对，所以汽车在我手里就像把洲际弹道导弹交给三岁小孩。我开得太快了。我突然转向，在没有拐角的地方拐弯。我不会倒车停车。我失控地疾驰。我对堵车没有耐心，想离开普利茅斯，把它永远留在拥堵的街上。我没完没了地开来开去，找不到停车位，然后又挤不进去。我撞坏了许多泊停车辆的前灯和尾灯，试图停在它们之间，然后又惊慌失措地全速驶离犯罪现场。我不断迷路。我没有方向感。有一次，在日出高速上开车，哈琳说她的父母不在，我们可以去她家用她的卧室。这想法让我欲火焚身，我迅速调头，撞倒了一根电线杆。凌晨 3 点，我在西区高速上爆了胎。还好善良的陌生人救了我。如果那个好心在黑夜中停下并指导我如何换轮胎又根本不认识的人不那么有耐心，或者说是“十二宫杀手”的话，我就不会在这里了。

是的，正如所有女孩的母亲担心的那样，这是一间移动的酒店房间，但每次我开始拥吻，窗外就会出现一个手电筒，某个警察要求我把车开走。许多司机对我大喊大叫，当我不小心在大西洋大道侧面撞上另一辆车时，一个为黑帮老大当保镖兼司机的愤怒野兽冲到我的窗前，我脑海中立刻显现我将成为烛光守夜祈祷的悼念主角。迅速地，我把车窗摇起，把他的手夹在里面。他像维苏威火山一样爆发，把车窗像沙丁鱼罐头那样压了回去。如果不是有一群人出面，我最终可能会在三十七个单独的玻璃密封罐里。然而，我还是开车了，因为我认识的每个人似乎都能驾驭一辆车，我为什么不能？但我从来没能驾驭它，不久之后就放弃了。多年后，我试着开了一两次车，结果还是老样子，最终我永远放弃了。

我卖掉普利茅斯的那一刻，就像切除了一个肿瘤。

所以哈琳和我做了一切，有一天我们更进一步，决定结婚。那时我们是孩子；没有其他事情可做。我们看了所有的电影和表演，去博物馆，打迷你高尔夫，在奥西尼餐厅喝卡布奇诺，还在法尔岛❶待了一天。还有什么可做呢？所以我们订了婚。我在全国广播公司编剧发展项目的稳定工资以及我向夜总会喜剧演员出售特殊材料所赚的钱，使我有钱成为一名已婚男人。特殊材料（special material）是喜剧写作的一个分支，它不为人知，公众也没有机会真正欣赏。喜剧演员的数量有数以百万，或在我入行的时候肯定有这么多。他们在夜总会或电视上表演，或在私人场合表演，他们都需要材料：笑话（jokes）、段子❷（bits）、桥段❸（routine），所有用来说的东西。他们中的大多数人都不太出色，这一点从他们需要其他人把话——有趣的话——放进他们嘴里这一事实中可以看出。如果让他们自己来，他们都无法用笑气引诱一个狂躁的胖子轻笑。当然，真正有天赋的人，像迈克·尼科尔斯和伊莲·梅或莫特·萨赫尔或乔纳森·温特斯，他们不需要任何人。他们不需要买笑话；他们自己创作材料，因为他们确实很有趣。

❶ 也称“火岛”，纽约长岛南岸的一个狭长外岛。

❷ Bit 指单个段子，很多段子组成一个 set（整段喜剧表演）。

❸ 指可重复表演的成熟段落。

像鲍勃·霍普和杰克·本尼这样的早年偶像也创造出了自身强大的喜剧人格，等到他们成为超级明星的时候，他们会雇用写作者来投喂他们自己早先建立的角色。因此，我和各种同事一样写特别材料，通过为各种各样平庸但渴求出名的人提供服务并将搞笑的虫子存入他们焦急张开的喙中来保持手感。我总是坐在某个夜总会里，听缺乏想象力的喜剧演员悲哀的抱怨，他不明白自己为什么会在底层熄火，“我需要一种态度。我没有态度。艾伦·金有一种态度。我必须要有态度。”他需要的东西，没有写作者能给他。我们能做的，只是向喜剧演员贩卖一些笑话或桥段，他们会背下来，以不同程度的技巧表演，但没什么能长久。观众回家时总是一无所获——表演者中没有真实的人类，当然也没有有趣的人类。只是买了些一句话笑话的外向者，在那儿得到笑声和掌声，然后想知道为什么他没有“成功”。

“我需要的是不言而喻的常识，”一个可怜的人对我说，他在用药物治疗化学物质失衡时，生造出一个笨拙的新词，“观众认同常识。”我推测他指的是洞察，即通过容易识别的经验，让笑话与屋子里的观众产生共振。不过，特殊材料领域为我们这些即将成为作家的人提供了日常零食，尽管它可能会变得很棘手。事情有时会这样：喜剧演员和作家见面。喜剧演员需要新的桥段。作家抛出了一些想法。喜剧演员喜欢其中一个。喜剧演员向作家支付预付款。作家写出喜剧段子。喜剧演员试了一下。段子不成功。喜剧演员责怪作家的写作。作家指责喜剧演员的表演。怨愤增加。喜剧演员失去了存款，最终一无所获。几百块钱都花出去了。谩骂随之而来，威胁要打官司或打断两条腿，取决于喜剧演员的悔过能力。

正是在这个时候，我得到NBC的消息，他们要让新晋作家飞到洛杉矶，因为有个大节目《高露洁喜剧时间》正每况愈下，也许我们可以帮忙拯救它，并在过程中学到一些东西。我从未离开过家，与哈琳的恋爱也从未中断，最重要的是我从没坐过飞机。在那年代，飞机有螺旋桨，旅程不能直达，而最糟糕的是，要在天上飞。另一方面，去一个我仅仅通过听鲍勃·霍普的独白才知道的城市好像令人兴奋。好莱坞和藤街、穆赫兰道、拉布雷亚沥青坑，我们所有在电台或后来在电视上喜欢霍普的人，都是通过他的笑话才知道这些地方的，就像电台每周日晚上把我们带到杰克·本尼在比弗利山庄的家一样。我甚至有可能见到霍普或本尼。兴奋之余，我想当然地认为，等妈妈在我的衣服上绣好名牌，我就可以走了。但随着出发日期临近，我开始感到有点恐慌，当我在机场看到其他作家在自动售货机上购买飞行险时（你投币，然后出来一份保单，这样如果你的飞机坠毁，指定受益人就可以收款），我的脸色变得苍白。我担心的不是死于坠机，而是坠落在某个荒山野岭中，失联数周，没有食物，而其他作家会投票吃掉我，我是最年轻的，因而最鲜嫩。

幸运的是，我们没有坠机，我成功抵达了洛杉矶，没有沦为任何人的主菜，买保单的人则失去了他们的二十五美分。在机场停留，吃了一个英国麦芬和一杯新鲜雾霾❶之后，我上了一辆等候着的豪华轿车，很快就住进了好莱坞大道的一家酒店。比空难更可怕的消息是，我将与一个名叫米尔特·罗森的人同住一间房间，他是一位更年长的、发福的喜剧作家，将在那儿与另半打作家老

❶ 20世纪40至50年代，洛杉矶雾霾严重，一些好莱坞明星想出了“雾霾罐头”的点子，以唤起人们的环保意识。

炮一起为拯救《高露洁喜剧时间》而奋斗。我不仅要与别人共用卫生间——哦，上帝，这可能发生在我身上吗——而且床还是一张双人床。我吓坏了，踉踉跄跄地走来走去，想自己掏钱付一个房间。但我可以这样做吗？或者我应该假装发生家庭危机，返回纽约？但我是一个有真正机会的喜剧作家。我在好莱坞。这里是一切发生的地方——电影，带游泳池的房子，鲍嘉和白考尔，离《乱世佳人》只有几个街区，鲍勃·霍普住在这里，还有日落大道。这是你努力追求成功的地方。我留了下来。我与人共用了一个卫生间和一张床。（布鲁诺·贝特尔海姆曾写过，在集中营里，人们如何很快就适应了可怕的条件，而如果没有酷刑或死亡的威胁，即使长年累月分析，这结果也相当可疑。当然，他思考的并不是与米尔特·罗森同床共枕。）

结果我发现米尔特是一个好人，相当聪明和有趣，而且我喜欢他，五十年后——在这整段时间里没有收到他的一点消息——我发现他生病了并需要帮助，我送了一笔钱，他很惊讶我还记得他。不过，我还是觉得与一个有 XY 染色体的胖乎乎的陌生人同宿挺恶心的。在干活之前，我们有几天时间休息以便安顿下来，当时我在好莱坞闲逛，爱上了棕榈树和日落，为自己有机会成为从小就迷恋的历史的一部分而感到温暖。我喝着当地的橙汁，吃着甜面包卷（我们称之为丹麦面包），有一天，我和几个作家走进一间房间，被介绍给了首席作家，他被带到城里来，以挽狂澜于既倒，并希望能从我们身上挖掘出一些潜力。他的名字叫丹尼·西蒙，我早就从电视编剧的演职人员字幕中知道他了。他和他的弟弟多克，曾是轰动一时的喜剧创作团队，我们所有业内人士都知道他们的良好声誉。我们看过他们的节目，比如《红纽扣秀》，他们是当之无愧的热门人物。兄弟俩刚刚解散了团队，因为多克·西蒙，他的本名是尼尔，想开始剧作家的生涯。

丹尼评估了我们这些笨蛋，并要求看我们写的材料样本。我们交上去几页材料，他说会带回家读并与我们一起讨论。我显然是那里最年轻的一个，当接过我的材料夹时，他礼貌但略带怀疑。我回家后没有感到气馁，也没有受到鼓励，但希望能参与其中并做出贡献。还有其他资深作家在那里工作。我说资深——指他们比我更资深，已经成名，但并不是老家伙。诺曼·利尔和他的搭档埃德·西蒙斯是一个团队。科尔曼·雅各比和阿尼·罗森也是如此。艾拉·沃勒克也去那儿试图提供帮助，还有各种各样的喜剧演员努力支持这个节目，从新生代的乔纳森·温特斯到歌舞杂耍老演员乔·弗里斯科。我单独吃饭，然后睡觉，整晚都睁着一只眼，以防米尔特·罗森滚到我这边的床上。我准备好发出一声刺耳的尖叫。第二天，丹尼·西蒙把我叫到他的办公室，我的生活彻底改变了。

他接着告诉我，我的笑话有多棒，并说即使我从未学过写素描喜剧、戏剧或其他东西，我的笑话已经好到我可以单靠它们谋生。不用说，这对我是一种鼓励。他想和我一起工作，自从他弟弟离开后，他一直在寻找工作伙伴，也许我就是那个人。我们开始合作写素描喜剧。让我给你描述一下。丹尼是一个非常有强迫性、要求很高的家伙，在多克之后，他与每个合作伙伴都争吵过。与丹尼同级别的作家无法容忍他一丝不苟的要求，他不断重写，一整天钻研一页纸，把每句铺垫和每个笑点都写得完美，而且不会中断故事的流畅性，然后他重读这一页，把它毁掉，吞下又一粒当时流行的镇静剂“眠而通”，然后重新开始。合作者会反抗，但他对他们毫不留情，有多少人能够追随尼尔·西蒙这样的喜剧作家的脚步？

另一方面，我是个人微言轻的孩子，什么都不懂，以丹尼和多克·西蒙为偶像，永远无法想象会与丹尼意见相左，毕竟我又懂些什么呢，所以他为自己找到了一位理想的合作者。他喜欢我的笑话，认为我人非常有趣。我猜想他享受这种被人仰望的感觉，他还教了我一些关键的东西。比如说：优秀的铺垫造就优秀的笑点。永远不要只是为了抵达所等待的一个优秀笑点，就让角色说出不自然的东西。他教我，如果笑话以任何方式停止或减慢了叙述，那就抛弃它们，哪怕它们是我最好的笑话；写素描喜剧时，总是从开头开始，直接写到结尾，永远不要不按顺序写一幕场景，永远不要在你感觉不舒服的时候写，因为材料会反映出你缺乏能量和健康。绝不要有竞争意识。永远支持你的同时代人去取得成功，因为每个人都能得到空间。最重要的是，他教我要相信自己的判断。无论谁试图告诉我什么有趣，什么不有趣，或者我应该做什么，我都应该跟着自己的判断走。当然，除非那个人是他，因为他自认为是一个有天赋的老师，懂得许多别人试图解释和分析却一无所获的主题，从弗洛伊德到亨利·柏格森到马克斯·伊斯特曼。他的确是一位伟大的老师。谈到喜剧时，他使我拥有一种自信的品质，这种稳固的视角对我帮助很大。

在夏季剧场——我将会谈到这个话题——第一周我写了一个素描喜剧，将在周六晚的演出中与现场观众见面。排练了几天后迎来一次集体排练，所有撰稿人自然都来到现场，观看自己的材料被演出并做些微调。我懒得去，因为我很自信。当有个女孩问“你在哪里？”时，我说我不需要去。我希望我的喜剧按原样表演，它不需要微调。然后她说：“所有作品在排练中都做了评估，你的已经完蛋了。”我并不是想表现得冷漠，而是毫无疑问地流露出不应有的傲慢，平静地说：“我不担心。”演出进行时，一些节目讲得结结巴巴失败了，我的却引来大笑。我按丹尼教我的方法坚持了立场，我的短剧是全场最受欢迎的节目之一。

因此，我开始学习如何成为一名作家，而这意味着早上9点就坐到打字机前，进行艰苦甚至痛苦的工作，一直重写到下午6点。后来和我一起写作的其他伟大的喜剧作家并不那样工作，但这是我的基础，我很高兴我上了一所艰苦的学校。我与一些更年长的作家交了朋友，他们喜欢我，因为我虽然有一些天赋，但会表现出极大的尊重（我这么觉得），而他们都不争强好胜，只有帮助和鼓励。在那儿的时候，我被好莱坞的浪漫所吸引。我们当时已经搬到好莱坞夏威夷酒店，住进有厨房和卧室的迷人套房，我一个人住一间房。酒店有一个带游泳池的院子，所有作家和喜剧演员都在那里游荡，还有日落和温暖惬意的夜晚，更不用说还有每日津贴。

我想与哈琳分享，所以建议她飞过来和我结婚。她当时刚刚高中毕业，只有十七岁。我二十岁。她和父母讨论了这个问题，他们说只要她愿意就行。她的父母都是可爱的人，比我的父母胜出一大截，相比之下，我父母的生活要高出十分贝。罗森夫妇生活得很好，他们并不总是在争吵，他们有修养，旅行，有一个漂亮的家。跟他们相比，我的父母是住在山洞里的人，把我当做克罗马侬人[1]养大，而哈琳的父母本不该让他们的女儿嫁给我。的确，

[1] 智人中的一支，生存于旧石器时代晚期。

我在我的领域里看上去有前途，作为一个人却没有表现出什么前途。我仍然很笨（就像开车，你永远不会变），未开化，神经质，对婚姻全然没有做好准备，是一个情绪混乱的人，从十六岁起就靠诺埃尔·科沃德所说的“娱乐天赋”前进。

哈琳真的飞过来了，当我们结婚时，“我愿意”这句话在我听来就像在一个空洞的回音室里说的，就像奥逊·威尔斯用唇语在说“玫瑰花蕾”[1]。然而，婚礼是在某个拉比的客厅里举行的（对她父母的让步），我可以想象一扇地窖门在我的生命中关闭。一扇教堂地下室的门。是的，我爱哈琳，但我不知道爱意味着什么，该期待什么，不该期待什么，需要什么。接下来的事情对我们两个人来说都是一场噩梦，但这是我的错。她没有经验，但她有准备，更像大人，有更好的个人才智。我失败得太惨了，并在这过程中让她的生活变得很痛苦。我将为你描绘这幅图景，这是一幅悲惨的图景。我们都挺了过来，但让我带你回顾一下那些早婚的痛苦。两个非常年轻的人，她即将开始上大学，我的收入足以供养我们，编剧发展计划开始崩坏，它的阵容随着窝囊废们被淘汰而变小。当《高露洁喜剧时间》悄然垮台后，我们回到纽约。

我们租了一家公寓。在公园大道和第六十一街。自然而然地，我立刻被上东区吸引；因为所有那些顶层公寓电影。只是我们没有住在顶层。这是一套非常小的一室户公寓，我的意思是一个房间。这个小长方形每月花掉我一百二十五美元，我们俩都没有经验，我们没想到：住在一座多住户的褐石公寓的第一间，与大楼前门相邻，所有门铃都在一块控制板上，每次有人进入并按铃时，回铃声，

[1] 电影《公民凯恩》结尾主角临终前的台词，其含义成为影史著名的谜题。

一种响亮的电流蜂鸣声，就会像一台喜运来发动机一样回响在我们的公寓中。在我们的小房间里，有一张沙发床、一个餐桌、配四把椅子、一个书柜、一台电视机、一架钢琴、一把面对沙发床的舒适椅、几盏灯和一个摆着大录音机的架子。我的打字机放在餐桌上，那是我工作的地方。

我很想说我们就像挤在菲伯·麦吉[1]的衣柜里，贫穷但快乐，但在那些日子里，我们是否有乐趣呢？我们没有。从好的方面看，我供养哈琳上完了大学。她上的是亨特大学，就在六个街区外，我每天早上陪她走去学校，然后再一头扎进工作。她不在的时候，我很高兴，因为我们没有一件事能达成一致，没有一个人能做出哪怕一次让步，我们像卡斯泰拉姆战争[2]中的职业杀手一样吵架。我喜怒无常，不开心，对她非常友善的父母很凶，这毫无理由，只因为我是头令人讨厌的猪。我无法忍受妻子的朋友。我总是闷闷不乐，这让她很生气。我开始经常感到恶心，通常在夜深人静时。我将之归结于一种致命的疾病或者她的厨艺，但每年的体检都说明我健康状况良好，而且即使我们在外面吃饭，半夜也会恶心。当我回想起来，那是多么危险。凌晨3点，我带着难以忍受的恶心感起床。我们打电话给急救中心，他们派来一位整夜值班的匿名外派医生。一个陌生人进来。他给我注射。恶心感减轻了。我睡了。这种情况经常发生。直到我开始做精神分析，作为结束我无休止痛苦的最后一根稻草，恶心才被诊断为心理性的，在做心理分析后不久，这种发作就完全治愈了。如果除此之外沙发精神分析对我没有任何其他作用（的确没有），那或许也是值得的。

---

[1] 广播喜剧节目《菲伯·麦吉和莫利》里的虚构人物。

[2] 1930至1931年间的纽约黑帮之战。

在这个时间段的某天，有人寄来一封信。我感觉到这可能是从未实现过的、来自鲍勃·霍普的工作邀约。一封来历不明的信是令人兴奋的事，我迫不及待地打开它。结果，这是一份征兵通知。好吧，你可以想象我有多么惊讶和兴奋。终于有机会住在男兵营里，和二十几个陌生男人一起洗澡，与叫阿拉巴马和得克萨斯的家伙共用一间浴室，而我将被叫作布鲁克林。5 点 30 分迅速起床，整日操练，听从一个理着寸头、大脑只有一个普朗克长度的粗鲁家伙的命令。还有食物！终于从纽约西冷牛排、龙虾、二十一餐厅的汉堡和我在鲁本餐厅的特餐中解放出来。将不再有左宗棠鸡，而是麦克阿瑟将军鸡。或者，他们军队放在一块木瓦上端上来的那叫啥？❶自然，我渴望看到战斗。当我的登陆艇摇晃着上岸，我顶着敌人的一排机枪登上沙滩时，我渴望能坐着一边抽筋一边晕船。伤口，医院，哈罗德·拉塞尔❷。这是我成为英雄、获得荣誉勋章、为服役而自豪的机会。

我迅速联系了我认识的每一位医生，恳求他们给我写证明书，声称我的身体有缺陷。检查当天，我带着能装满一辆独轮车的借口出现，宣布自己是一个残废的样本，并被要求卧床休息。扁平足、哮喘、视力不佳、胆囊炎、过敏症、脊柱弯曲、食道疝气、肩旋转肌腱撕裂、肩周炎、眩晕、爱丽丝梦游仙境综合征。所有这些都被检查医生盖上了“无证据”的印章。我与检查医生最后一次面谈时，带着从我的心理医生到最近一位出租车司机为我开具的

❶ 指 Shit on a Shingle（木瓦上的狗屎），是美国士兵对一道军队常见食物的戏称，“木瓦”指吐司，“狗屎”指淋在吐司上的肉酱。

❷ Harold Russell，加拿大裔美国二战老兵，业余演员，1947 年凭电影《黄金时代》获奥斯卡最佳男配角奖和荣誉奖。

心理病态证明书。情况看上去像我肯定会得1A。检查医生让我伸出手来。我照做了，它很稳，没有抖。然后他问："你总是咬指甲吗？"我不算一个咬指甲特别多的人，但我承认这是我的一个习惯。他细查了我的指尖，突然给我盖了一个4F。❶因为我是一个咬指甲的人，所以被军队拒绝了。这是史无前例的吗？对于那些本来将在我营房里的其他士兵来说，他们多么幸运。现在他们不必在一个抱着小布熊抽泣着入睡的人身边睡觉了。自此之后，在我妻子的坚持下，我放弃了咬指甲，用更容易被社会接受的秽语症取代了这个令人厌恶的习惯。

不快乐婚姻的阴森日子继续。冬天过去，除了一声震耳欲聋的撞击声在半夜把我们吵醒之外，没有发生什么大事。那可怕的声音来自隔壁公园大道525号的一个男人，他跳楼自杀了，摔在他的楼和我们的楼之间的小巷里。希望你永远不会听到自杀者撞击人行道的声音，但相信我，它比你想象的要响得多。

夏天来了，现在我要花点时间谈一谈塔米蒙特。这是宾夕法尼亚州的一个避暑胜地，那儿有一家剧院和一个剧团，每周都会上演非常专业的歌舞喜剧❷。服装、舞者、歌手、小品、表演节目。原创剧《从前有一张床垫》就是由夏季剧院的人在那里完成的。马克斯·利伯曼、丹尼和多克·西蒙、席德·西泽、梅尔·布鲁克斯、乔·雷顿、丹尼·凯耶。他们都是老手。有大量崭露头角的人才、喜剧作家、歌曲作家、导演、服装和布景设计师，他们

---

❶ 美国对兵役登记人员启用五级分类方法：1A为最优先级，表示该人员可无限制地服役；4F表示因其身体、精神或道德标准而被认定为不具备在武装部队服役的资格。

❷ Revue，一种结合了音乐、舞蹈和小品的多幕式流行戏剧，在1916年至1932年间十分流行，着重讽刺和淫秽情节。

都是从那儿起步并壮大事业的。那里有一个完整的管弦乐队，有优秀的音乐家和出色的编曲者。丹尼·西蒙力劝我像他和多克那样去那里度过几个夏天。他觉得每周要完成一两个短剧——这些短剧将立即进入排练，并在周六和周日晚上演出——的持续压力，无论好坏，都是毕生受益的学习经历。看着材料在现场表演，看到观众的反应；十周内的每一周都是生死攸关的状况。而锦上添花的是，随着夏天过去，我将积累可表演的短剧，然后可以在百老汇歌舞喜剧中上演。

自从我搬到纽约后，总有人试图在百老汇制作歌舞喜剧。《新面孔》（*New Faces*）曾大受欢迎，城中每一位行李箱里有一首歌或一个滑稽短剧的人都想搞个歌舞喜剧。急切而有才华的年轻人会在上西区的一间或另一间公寓里与狂热的制片人会面，在钢琴上咚咚地弹奏出讽刺歌曲和情歌，而喜剧作家会在其他人的欢呼声中朗读他们的短剧，并立下血誓要让歌舞喜剧上演。老天在上，这一次我们能成功！我认识一个来自得克萨斯州的支持者，一个来自佛罗里达州的支持者，一个为美国戏剧而疯狂的阿根廷人。几乎没有一个人能做成。少数几个能上演的往往都死得很惨。我为一个名为《从 A 到 Z》（*From A to Z*）的命途多舛的作品提供了三个短剧，由赫米奥妮·金戈尔德主演。这三个短剧都让塔米蒙特的观众崩溃。第一个短剧关于两个人去参加一个派对，而所有女孩都是格劳乔·马克斯的复制品。这个短剧没能逗乐百老汇的商业评论家，但为《纽约客》撰稿的肯·泰南认为它很搞笑。第二个是一个叫《心理战》的玩意，在战场上发生冲突的士兵们在心理上作战。“你太矮了——你太矮了而且你妈从来没有爱过你。”你懂的。演得相当好。第三个讲述了一位在卡纳维拉尔角的将军打电话给纽约市长，让他做好准备，因为他们正在测试的一枚核导弹发生了误射，正朝他的城市飞去。“市长先生，这就是我打电话的原因，别太胆小……”

格劳乔的短剧和《心理战》在城外成功开演。那部向纽约发射导弹的短剧，让塔米蒙特的观众惊慌失措，却没能让任何一位观众笑出来。不知道为什么。我唯一能想到的是，这场表演是在康涅狄格州和费城预演，也许观众不觉得这种困境好笑，因为纽约不是他们的城市。你认为人们应该会喜欢的东西，人们却不觉得好笑，而你永远不知道为什么。这不是一门精密科学。

于是哈琳和我在塔米蒙特度过那个夏天，我在那里写了一些短剧，演出效果很好。另一位短剧作家是大卫·帕尼奇，一个古怪而聪明的人，我深受他的影响。他比我大十岁，才华横溢，博学多才，可以像丢勒或达利那样精确地绘画。他写诗，他读一切，他用钢琴弹布吉伍吉。他讨厌现代爵士乐，但他曾生活在所有伟大的现代爵士乐巨匠之间，蒙克、迈尔斯，还与查理·帕克的妻子有过一段恋情。他是一位有天赋的雕刻家，在查理·明格斯的贝斯上雕刻了著名的图案。进入他在罗斯福岛的公寓，就像进入了一艘宇宙飞船：超现代，墙上挂着他自己的画，总是病态的主题，就像他的诗歌。他在哈林区当老师挣钱，对黑人相当持种族主义立场，但他的学生都喜欢他，他带他们去博物馆和餐馆，总是由他掏钱，还带他们去他家。他无礼地模仿他们。他曾被关进精神病院，穿着拘束衣，他跟我讲述了当他们对他使用电击治疗时有多么可怕，那是当时常用的粗暴做法。他曾花时间走在乔治·华盛顿大桥上，考虑跳下去。他曾爬到他的公寓屋顶，朝楼下的人们吐口水。他在纽约唯一的远亲把他送进精神病院。起初他同意，然后当服务人员带他走到一条长长的走廊上时，他恐慌了。他变得很暴躁。拘束衣，休克治疗。所有这些都是因为一个女人，他与她发生了一段他认为完美的恋情，而在相处一段时间后，她为了一个女人甩了他。

在大麻尚未于中产阶级间泛滥的时代，他便经常吸毒。卖他毒品的是哈林区一个叫黑兹尔的黑人妇女。在那些日子里，他冒着很大的风险，可能入狱并失去他的教师执照。他是个吸毒者，而不是贩毒者，但嗑药使他容易笑，他还是我的忠实听众。他让我看到S. J. 佩雷尔曼是多么伟大，比其他所有有趣的头脑都要好，时至今日我依旧相信这个真理。他使我提高了词汇量。我们经常谈论女人。他崇拜她们，但不喜欢她们。我是一个婚姻不幸福的年轻人，试图让婚姻成功。“算了吧，”他劝我说，并深吸一口大麻，当时我们一起坐在塔米蒙特营地的湖边，在那些傍晚亲密交谈，“然后甩掉那个让你难堪的无能的经纪人。他是个鱼贩子。更何况他还在抢你钱。”哈维没有办公室，只有一个答录机。他会去所有经纪人的办公室问：“有工作吗？”今天有没有什么破烂、骨头或瓶子？然后，他会用他们的电话。不过，我得到第一份工作靠的是哈维，所以我会履行完合同。

“你的妻子呢？”大卫会问我。“你结婚太早了。分手吧，及时止损。你努力想让婚姻成功，这对她没有任何好处。”“我不知道，”我说。我真的不知道。婚姻当然有一个作用；它使我们俩离开了父母的家，并把我们推向世界。我是一个在工作的纽约人。她念亨特大学的哲学专业。她教我哲学，而我对它产生了兴趣。我们一起读书并从哥伦比亚大学聘请了一名学生，每周来一次，讨论不同的伟大作品。但我们关于自由意志和单子[1]的争论，虽然激烈，却从未像我们在婚姻中的争论那样具有战斗性。当在一次哲学讨论中，哈琳证明了我不存在，我就知道我有麻烦了。

我在塔米蒙特的第一年取得了巨大成功，于是他们希望我第二年再去。我和史蒂文·维诺弗讨论了这个问题，他是一位有天赋的作词家，后来英年早逝，他认为我不该回去，除非他们让我导演我自己的短剧。我在塔米蒙特的第一年遇到了另一位伟大的作词家。他当时不在那里工作，但在一个周六夜晚来看演出。他只比我大六岁，人们预言他将大有作为。他叫斯蒂芬·桑德海姆[2]，在第一次见面后，我再也没有遇见他，直到多年后与米亚·法罗在他家吃饭，米亚·法罗是他的好朋友。

在塔米蒙特的第二年，我导演了我的短剧，在那儿获得又一年的成功。那年夏天，我和另一位参与我们每周演出的作词人弗雷德·埃布混在一起。我们在塔米蒙特一起度过很多欢乐时光，在注定失败的《从 A 到 Z》试演时，我们在黑暗的阳台上分享了许多伤心事，对于竭力维持一出失败节目的种种问题，我们互相安慰。弗雷德将与他的伙伴约翰·坎德一起，继续创作《纽约，纽约》《歌厅》《芝加哥》。我不想扯太远，但还是得说下几年后拉里·吉尔巴特在波士顿或费城给我打的那通电话，当时他正在艰难地与《战时丈夫》纠缠，他在电话里给我复述了他对制作人罗伯特·怀特海德说的、现在已成经典的俏皮话："不要绞死艾希曼，

[1] 莱布尼茨提出的一种单质的形而上学粒子。

[2] 美国著名作曲家、剧作家，曾获得奥斯卡、托尼奖、格莱美和普利策等奖项。

把他和这部音乐剧一起送出城。”❶

我在塔米蒙特度过了一些美好时光，又来了第三次。我很高兴这样做，因为第三年的喜剧演员里有米尔特 · 卡门，一个搞笑有趣的人，但也很难取悦。他吹圆号，脾气暴躁，在冬天当席德·西泽的灯光替身演员。西泽做了那些年里最伟大的喜剧表演。西泽的作品和情景喜剧《蜜月人》——出自两个非常不同的伟大的喜剧演员，席德 · 西泽和杰基 · 格利森。席德有一班写作智囊团，梅尔 · 布鲁克斯、拉里 · 吉尔巴特、梅尔 · 托尔金、露西尔 · 卡伦、迈克 · 斯图尔特、谢利 · 凯勒、尼尔 · 西蒙，更不用说像卡尔 · 雷纳、豪伊 · 莫里斯和席德 · 西泽本人那样的撰稿人。席德出色的每周秀是所有从事或欣赏聪明喜剧的人的关注焦点。能与那些名字一起加入他的撰稿人队伍是一种真正的奖励。席德是个天才，一个浮夸的天才，他的材料写得很好，执行得也很好。我在塔米蒙特又度过了成功的一年，米尔特·卡门作为西泽的替身回来工作，并向席德热烈赞扬了我。席德已经从丹尼 · 西蒙那里听说了我的名字。他同意与我见面。我去了他的办公室，他和拉里 · 吉尔巴特一起坐在一张桌子前。吉尔巴特比我大十岁，大约三十岁。我们谈了一会儿政治、体育、生活，似乎没有什么事情发生。当时钟指向 6 点左右，两个人都打算回家时，席德以他那种雄伟的方式转向我，说道:“至于你，你被录用了。”我追上吉尔巴特，说:“我被雇用了？”他说:“如果你愿意以最低工资工作。”我说:“为了与

❶《战时丈夫》（*The Conquering Hero*）是 1961 年上演的歌舞喜剧，仅演八场，票房惨败。当试演时，正值对纳粹战犯艾希曼的审讯，该剧编剧拉里 · 吉尔巴特为了缓解票房惨败的尴尬便说出这句话，后来被误传为一句更有名、至今仍常被戏剧评论家引用的俏皮话:“如果希特勒还活着，我希望把他和这部音乐剧一起送出城。”

你们两个人共处一室，让我付最低工资都行。”

拉里·吉尔巴特到三十岁时已经是一位老手和传奇人物。他的父亲是理发师，他会在给明星剪发时把儿子的笑话推给这些别无选择的听众。拉里曾给广播剧《达菲酒馆》(*Duffy's Tavern*) 写稿，先后服务过丹尼·凯耶、伯利、鲍勃·霍普，现在则在给西泽写作。当他去世时，有人让我评价一下他，我说：“他是我生命中遇见的唯一一个配得起大肆宣传的人。”他是一个了不起的人，一个真正伟大的喜剧作家；一个犹太作家，就像梅勒是一个犹太作家一样，也就是说他们都是犹太人，但你在他们的作品中从未看出这一点。拉里与我一拍即合，我们写的节目获得了皮博迪奖[1]。我们讽刺了英格玛·伯格曼和田纳西·威廉斯，我们还赢得了某个作协奖，在托特·肖尔餐厅有一个向获奖者致敬的午餐会，我走到门口却无法进门，这是我至今都在与之搏斗的恐惧症——进门恐惧症。有一次我坐在西德尼·吕美特在列克星敦大道的可爱别墅外面，当时所有晚餐客人都到了，我也在其中，但我无法进门，我坐在那里，试图鼓起勇气，我看到那些我认识的、我喜欢的和喜欢我的人。鲍勃·福斯、米洛斯·福尔曼、帕迪·查耶夫斯基——但我无法让自己进门。

当我不得不去参加一个活动时，我会确保我是第一个到场的人，这样也许我就能进门。有一次，约翰逊总统邀请我去白宫。我离开公寓，飞到华盛顿，在机场卫生间里换上礼服，飞奔到白宫，想第一个到场而不必错过这个机会。我进门，但理查德·罗杰斯[2]到得比我还早，我从未见过他，但他搂着我说，“希望我们的祖父

[1] 1940 年创办的美国广播电视文化成就奖，表彰杰出的广播和电视节目。

[2] 美国知名流行音乐及音乐剧作曲家。

母能看到我们。”他也有他的小怪癖，我想知道进门恐惧症是否也在其中。

顺带说一句，多年后，我确实参加过西德尼 · 吕美特一个拥挤的派对，并不知怎么进了门，我坐在靠墙窗下的沙发上。萨奇·佩吉[1]所称的那种社交闲扯（social ramble），对我来说太难了，当一位著名女歌手被催促着表演时，我变得异常焦虑。当有人坐在钢琴前，开始弹奏与她有关的歌曲时，除了离开那里之外，我在这个世界上渴望的别无其他。为什么？谁知道呢？我只知道炽热的闪光灯让我感到不舒服。问题在于我离前门很远，无法优雅地穿过人群，在那位客人开始表演后跑开。我不想被指责为粗鲁。然后我想到——我身后的窗户半开着。吕美特住的是一栋联排别墅，而我待在一楼。每个人的注意力都集中在钢琴上。我在狂喜的狂欢者身后，只要稍加编排，我就可以从窗户溜出去，溜到第九十一街，谁会是更聪明的那个呢？我赶紧把窗户再往上推一点，这样就可以轻松通过。我不希望有人转过身来，在我逃到一半的时候抓住我。悄悄地，我开始逃跑。歌手在唱，我逃走了——准确地说，是一次一条腿。我突然想到，如果我被街上的行人发现正爬出窗外，可能看起来像个夜盗。假如说，上帝保佑千万不要，一个菜鸟警察看见了我并朝我开枪怎么办？恐慌袭来，而我操控着自己回到沙发上。我坐着听完了歌，等所有其他人都离开后才离开。但你可以发现我的精神分析对我有多大帮助。虽然我做这件事的时候，只看了大约二十三年心理医生。

所以我完成了塔米蒙特的工作，被席德 · 西泽雇用，然后又

[1] 美国传奇棒球选手，职业生涯超过五十年，说过许多妙语和励志名言。

被席德叫去做特别节目，这次是和梅尔·布鲁克斯一起，我听说他的精力充沛得让人害怕，会把我活活吃掉，但他也是个了不起的人，他喜欢我，我们每天晚上都会一起走回家。他用他的浪漫冒险经历逗我开心，我惊叹于这样一个小小的犹太人如何能迷住一个又一个漂亮女人。梅尔很聪明，博览群书，而且很有音乐天赋。为席德写作相当于一群人每天早上10点左右在一个房间里开会，聊电影、时事和日常生活，最后开始真正尝试写一些东西。每个人都会抛出想法，而一旦达成一致，我们都会卖力干，抛出台词，嘲笑彼此的台词，或痛斥我们不喜欢的台词。只与另一个人一起写作，比如拉里·吉尔巴特或丹尼·西蒙，其实也是同样的程序，只是两个人在开始工作前有一些简短闲聊。

后来，当我与米基·罗斯或马歇尔·布瑞克曼或道格·麦克格拉斯合作时，情况也基本相同，但增加了一个因素，即我们私下都是朋友，我们会在酝酿剧本的同时一起散步和吃饭。与席德共进午餐总是很有趣，因为作家们很有意思。如果我们出去吃而不是叫外卖，席德就绝不会让别人抢着买单。有一次我和他单独吃饭并抢走了账单，我坚持买单，于是他仔细检查并确定不是一个大数目后才让我付。他有一次允许拉里·吉尔巴特拿走账单，我看得出这让他很难受，他勉强允许时说："我终于长大了。"每当丹尼·西蒙或吉尔巴特需要合作者时，我就会接到电话。这两个性格不同的人。丹尼，如此神秘，他会打电话说："不能在电话里聊，我们在汉森家见吧。"我会说："是一份写作工作吧？还是要我传递缩微胶卷？"

他让我上了《保罗·温切尔秀》。温切尔是一个伟大的腹语术家，所以我会给一块木头写台词。拉里·吉尔巴特会打电话来："你是否愿意和我合作，为阿特·卡尼做一个特别节目？”“当然。”“到我的农场来。你和你的妻子可以睡在那里。我们今天就开始。”有一次，当我为席德写作时，他、我和拉里住在席德位于大颈[1]的房子里。席德决定，我们就在蒸汽房里把稿子都写出来。尽管我是个新手，也很喜欢他们俩，但我不愿脱光衣服和两个男人一起坐在蒸汽房里。他们俩在里面度过了接下去的一个小时，而我坐在外面的草坪上。席德总是觉得我有点古怪，但他喜欢我。多年来，我和拉里有很多美好的时光。吃饭，散步，在伦敦购物，在巴黎交换笑话，在曼哈顿的俱乐部里听爵士乐。他平等地对待我，而对丹尼来说，我始终是他在加利福尼亚发现的那个孩子。

我与哈维·梅尔泽的合同到期了。我没有续签。我听说有一个经纪人，每个人都希望由他来代理，但他非常挑剔。他发现并造就了哈里·贝拉方特。当贝拉方特还是一个无名小卒时，他说贝拉方特注定有一天会在俱乐部、卡巴莱歌舞厅和电影界成为前途无量的明星。有人表示怀疑，对一个黑人卡利普索歌手能走得那么远的想法嗤之以鼻。但杰克·罗林斯有远见。怀疑者们也嘲笑两个来自芝加哥、做智力即兴表演的孩子，但杰克说他们将成为大明星，接着，尼科尔斯和梅[2]就在舞台上爆发了。他只代理几个人，他觉得如果不减少人数，就无法为客户做好工作。他的佣金是百分之十五，仅此而已。一个共同的朋友把我介绍给他。他以前从未代理过编剧，读了我的材料，他很喜欢。当我告诉杰克和他的合伙人查理·约菲，自从我看到莫特·萨赫尔后，我就有一种想成为喜剧演员的强烈冲动，杰克问：“想做什么样的东西？”

[1] 位于纽约长岛的一个地区。
[2] 指由迈克·尼科尔斯和伊莲·梅组成的即兴喜剧二人组。

我说:“好吧，我一直在考虑这个想法:《纽约时报》是唯一没有连环漫画的报纸，而如果他们有这么一个，比如说超人，只是他换衣服时变成一个华尔街的经纪人。”

从那一刻起，无论我如何努力，杰克都不会让我放弃成为一名喜剧演员。我同意了百分之十五,比我付给哈维的少了一大笔钱,还得到了一个很会谈条件的聪明经纪人。我们握手，从未签署任何文件,并一直合作,直到他一百岁去世。他是我认识的少数几个,也许是唯一一个真正有智慧的人。当谈到才能时，他不仅仅是聪明和有远见。他的智慧是如此不同,尽管我试图用我的辩解、恐惧、偏见和荒谬的观念来对抗他的智慧，他还是胜过了我，足以对我的事业做出巨大贡献。但在最早的时候，我与他对抗。我以为在喜剧方面我无所不知。我几乎一直是个神童，也取得了成功，受到业内最好的喜剧作家的赞赏。

二十二岁时，我被任命为《帕特 · 布恩电视秀》的首席编剧。帕特是另一个非常好的、可以为之工作的人，但我失去了这份工作，因为我不合适。我给他的素描喜剧需要席德 · 西泽的出演才能达成效果。我最后成了《加里 · 摩尔秀》的编剧，又因旷工失去了那份工作。我作为编剧有很好的声誉，特别是城中其他优秀编剧想要我参加节目，我一直有活干。但我已经吊起了杰克 · 罗林斯发现一名新喜剧演员的胃口，而且很明显，他对我追求这份工作有信心,尽管我自己没有。我在电视界工作的日子赚了很多钱。闲暇时，我会撰写一幕戏，看看它看上去是否像样。

而现在，我要停下来告诉你，是什么让我想到要离开与世隔绝的编剧室，尝试上台去做一个单口喜剧演员。几年前，当我还在 NBC 编剧发展计划中时，领导该项目的莱斯 · 科洛德尼建议我快去“蓝天使”，去看新晋喜剧演员莫特·萨赫尔。蓝天使是一个时髦而昂贵的场所，NBC 会给我买单。我叫上未婚妻哈琳，打上领带，和她一起去了。说起来，我当时被莫特·萨赫尔打动了——那就像我第一次尝到排骨的味道。现在说到莫特，我可以一直说下去，让这本书比《战争与和平》还要长。我无法对他作为喜剧演员的工作做出公正评价。我只能引用一位体育作家在赞美贝比·鲁斯时对我说的一句话：“你必须当场见证。”不久之后，莫特将使整个美国激动，被全国每所大学校园预定，吸引大量观众，征服每个时髦的夜总会，上《时代》杂志封面，被《纽约客》报道，而在这一切发生时，我们这些在身旁的人知道，我们共同拥有这段前所未有的喜剧经历。

很难解释他的伟大之处，因为答案是他的一切，再多的文字也无法概括。我只想说，他毁了我的生活，就像查理·帕克毁了在他之后多年的每个萨克斯风演奏家一样。一位非常喜欢我的评论家写道：“如果伍迪·艾伦能丢掉那些属于莫特·萨赫尔的举止，他就能成为一个非常有趣的喜剧演员。”我想做他做的事，我想像他一样，我想成为他。而这就是问题所在。你必须成为他才能得到那种效果。不是笑话本身精彩，而是这个人，使之成为我听过的最好的笑话。我花了很长时间才明白这一点，并理解了无论我多么努力，或我的表演多么巧妙，我都不是他。（白兰度出场后，百分之九十九的演员都有同样的问题。他们像他一样走路，像他一样停顿，像他一样摆姿势和转身，但最终，他们还是他们。）最终，我始终是我。像马歇尔·布瑞克曼在一次关于艺术和艺术家的讨论中精辟地指出的那样——“你搞砸是因为你是你自己。”我作为单口喜剧演员做得非常好，但与莫特相比，我所做的都是二流的。

我编了一个桥段，为杰克·罗林斯、查理·约菲和杰克的妻子简表演。他们觉得我很有趣。每个人（除了我）都认为我是一个天生的喜剧演员。杰克想让我在蓝天使试水。蓝天使当时是美国最热门的小俱乐部。如我所说，它非常时髦，非常高级。例如：他们有个表演是约翰·卡拉丁读莎士比亚。莫特、迈克、伊莲和乔纳森·温特斯曾在那里演出。俱乐部有一个政策，在周日晚上演出结束后,会聚焦一个新表演。可能是一个歌手或一位喜剧演员。我有不可救药的怯场症，但当我想退缩时，杰克不会允许我说不。在一个星期天晚上，非常成功的明星喜剧演员谢力·波曼在座无虚席的情况下做了表演后，他请观众留下，给我做了一个明星能给初学者做的最友好、最有用的介绍。我登上舞台，心惊胆战，然后开始表演，大笑声传来，杰克·罗林斯告诉我，我当时直接缩进了我的外壳。我表演了半小时,结束后在后台接受杰克的批评，这个仪式在接下来的几年里将重复很多次。

尽管我在舞台上退缩了，在响亮的笑声和掌声面前变得害羞，但我一定做得很好，因为第二天就有邀约来了。见过我的俱乐部老板们都想要我。那晚在场的电视制作人也是。杰克拒绝了他们所有人，说我还根本没有准备好。现在真正的工作要开始了。他想让我一次次表演，月复一月，直到上台“深入我的骨髓”。我身体里的作家建议我可以直接上台念我的材料。笑话很强。区别是什么呢？杰克耐心地解释说：“要让他们喜欢你这个人。这就是区别。如果他们与你产生了联结,他们就会喜欢你的笑话。如果没有，世界上最好的笑话也不会让你成功。”我不同意。我带着真正无知者所具有的不容置疑的信心表示不同意。我不愿接受他说的每一件合理和正确的事，但他很有耐心，一再坚持，并说如果我闭嘴，按他说的做，两年后再看，我们可以重新评估谁是对的。他告诉我，我可以成为一名非常成功的喜剧演员，但我看不出来。不过，我还是很喜欢他，所以我同意闭嘴，让他来管事儿。

就这样，我最终离开了周薪数千的电视写作生涯，在一位名叫简·沃曼的可爱女士的“复式公寓楼上”的地方，接受了一份无薪工作。每天晚上，我和杰克·罗林斯或查理·约菲，通常是两人一起，打车到谢里登广场，这两个人和简·沃曼会把我连拖带拽弄到舞台上，我可能会为四十个或十个人工作，取决于天气。节目单上的另一个喜剧演员是名叫盖瑞·马歇尔的有趣家伙，他后来制作了《欢乐时光》(*Happy Days*)，一部大热的电视作品，还导演了《漂亮女人》(*Pretty Woman*) 等电影。我可以告诉你，他也是一个有趣的单口喜剧演员。我通常表现得很好，但有些夜晚很糟糕。人们屈尊来看我并鼓励我。大卫·帕尼奇对我“令人愉快的内陷”表示赞叹。梅尔·布鲁克斯来了，菲尔·福斯特也来了，他是非常有趣的百老汇喜剧演员。杰克和查理从未错过一场演出。查理结婚那晚，他和妻子匆匆赶到我正在表演段子的这个小酒馆，他的新娘才刚刚说出婚誓，穿着婚纱。

每天晚上演出结束后，我都会去“舞台熟食店”[1]和杰克讨论，听一听为什么我的一些引用太晦涩、太内部，如杰克说的“声调太高[2]，只有狗能听到”。喜剧演员们会走到桌边，坐下来聊天。杰克·E. 伦纳德、巴迪·哈克特、亨利·扬曼、吉恩·贝洛斯。他们都很有趣，他们喜欢我，支持我，因为我有礼貌，尊重人，不是会鄙视在波希特巡回演出的老喜剧演员的新人。恰恰相反，我

❶ 在纽约第七大道离卡内基大厅不远的著名熟食店。

❷ High-Pitched，亦指对目标市场的定位太高。

喜欢他们的表演，并让他们知道这一点。

他们有点像家长。有一次，我不确定是否要给借我领带的衣帽间女孩小费。在那些日子里，大笔的小费是一美元，但这不是钱的问题，我只是不知道惯例。我问菲尔·福斯特："我要给她小费吗？"他说："你有十美元吗？"我说有。他说："给我吧。"我照做了。他把十元大钞给她了。"我的天，"我说，"十美元？我从未给过任何衣帽间女孩十美元小费。""你会永远记住这一刻，"他说，"你会永远记得给小费。如果她借给你一条领带、一件夹克，你就给小费。现在你会记住了。"顺便说一句，在给小费的问题上，我并不是一个小气鬼。我只是没有掌握更微妙的要点，有一次，我给了一个敲门给我送传票的人小费。

在那些日子里，去第七大道上的舞台熟食店是一种深夜惯例。舞台旁边是黎明巡逻队理发店，二十四小时营业，你可以在凌晨3点去剪头发或刮胡子。同样通宵营业的还有殖民地唱片店，人们可以在深夜一两点随便逛店，勾搭女孩。然后还有拉里·马修斯美容沙龙，男人也会在那里勾搭女孩。什么样的女孩呢？当夜店关门后，所有的漂亮女演员和合唱女孩[1]都会去那里，让自己变得更漂亮。我从来不擅长勾搭合唱女孩，事实证明我更擅长理发。

好吧，我已经结婚了，处于婚姻的最后阶段。哈琳和我已经渐渐疏远。她对我的情绪、我的阴郁、我让人讨厌的个性变得不耐烦，这是可以理解的。我正在成长为一名喜剧演员，而她在读大学的最后一年。因为她，我熟悉了一些康德、克尔凯郭尔、叔本华和黑格尔，虽然我不能说自己真的知道如何区分自在和自为，

---

[1] Chorus girl，指在音乐剧的合唱部分唱歌跳舞的年轻女孩。

但不管海德格尔会怎么讲，我也能明白“存在于糟糕的婚姻中”同“在糟糕婚姻中的存在”差不了多少。现在，我们住在第五大道附近一栋两室半的褐石公寓里。相对来说平安无事，除了有一天早上醒来，发现有人在我们的门缝底下塞了一张纸条，来自这层楼另一套公寓的中年女士。纸条上写着：“我已经跳窗而去，请报警。”我们的邻居和他们的跳楼强迫症是怎么回事？哦，还有一次我回到家，发现我们的公寓被抢劫了。一些坏蛋闯进来，什么也没拿，却给我们留下一台便携式电视机。我猜想他是从另一间公寓里偷来的，在抢劫我们的中途惊慌失措，于是逃走时把它留在了那里。真是机缘凑巧，因为我们正需要第二台电视机。

一天晚上，我们和另一对伴侣出去四人约会。事实证明，那个女孩在与那另一个家伙的恋爱关系中并不快乐，尽管我当时没有猜到这一点。我没有在想其他女人，一心想成为一名喜剧演员。我写桥段，练习，试图平息我的紧张情绪，每天尽责地去做心理分析，期待着佩里·梅森时刻❶到来——我发现了！我现在可想起来了，是我无意中看到父母在做爱，还有我长期压抑的创伤，使我过度恐惧被钉进大提琴盒里。

四人约会中的女孩（很适合给惊悚片当片名）住在我们附近。我们在第五大道附近的第七十八街，她和父母住在第七十三街和第五大道的交叉口，那天晚上没有发生什么特别的事情，我不记得那个女孩和那个男人是分手了还是他搬出了城还是什么，但是因为她是邻居，我和妻子就邀请她过来吃饭。她来了，我们三个人聊了一晚上，也许是在看电视。她相当漂亮，非常迷人，我没

❶ 指在法庭诉讼中，新信息突然出现、影响到结果的时刻。

有意识到她给我留下了多么深刻的印象，直到我在半夜醒来，有一种强烈的欲望，想要娶她并住在月球上。她说她想在俱乐部唱歌，要在市中心出现几个晚上，并邀请我们。我说我们很想见到她，但我们要去华盛顿特区旅行一周。我们祝她好运，她离开了，尽管她的笑容仍然像柴郡猫一样，而我满怀内疚，迅速地想把这笑容放在沙发垫下面。

不久之后，哈琳和我去了华盛顿，度过一个大概会拯救我们婚姻的假期。离开曼哈顿的紧张气氛和熟悉的常规一周，将扭转多年来德国佬式的敌对情绪。因此，我们坐火车去看国家美术馆、佛利尔美术馆、联邦调查局大楼、铸币局；在齐伯特公爵餐厅和西方餐厅吃饭，在国家首都难以言喻的樱花树之美中争吵。我们继续吵架，令人振奋的自由纪念碑和安娜·玛丽亚餐厅令人惊叹的法兰西小牛肉都不是我们希望的灵丹妙药。回到家，当我的妻子在学校时，我蜷缩在打字机前，休息了一会儿，打电话给那个“四人约会中的女孩”，想看看她在卡巴莱首演中表现如何。那是4月的一个下午，大约3点。她在家，告诉我似乎进展顺利，并且问我的旅行如何？我喋喋不休地谈了一会儿自由钟，忘记了它是在费城，然后带着那种陀思妥耶夫斯基归咎于他的赌徒行为的突然冲动：“我要去买一张爵士乐唱片。想去散个步吗？”

“当然。”她说，随着这个词，我的生活发生了剧变，尽管我当时没有意识到。一会儿之后，我来到她位于第五大道的大楼前，看门人像看孢子培养菌一样打量着我，不让我进去，而是打电话通报，说她会马上下来。她来了，她二十岁，当她蹦蹦跳跳地从大楼里出来，迎接这个被认为不配进入她门厅的普通农民时，她的冲击力让人吃惊。她微笑着打招呼，而当我盯着她看时，完全被她迷住，我从未想过有一天她会成为我的妻子，而最终我们会分开，但仍然是永远的朋友，现在我八十四岁，她八十一岁，如果契诃夫还活着，他会知道我在找寻什么。她是露易丝·拉塞尔(Louise Lasser)；她名字中的L要用舌头发音，直接带着性意味。还有好几个无伤大雅的S。她刚从布兰戴斯大学最后一年退学。她是一个金发美女，虽然多年重病和痛苦严重损害了她的身体，但你必须相信我，她是绝代佳人。

好吧，别相信我，听听这两份证词。首先是比较温和的一份。我和她在一辆出租车上，当我们到达目的地时，她先下了车，留下我向出租车司机付钱。“那个女孩是谁？”他惊讶地说道，“她真迷人。这么漂亮，这么有活力，有魅力。”好吧，这是一个公正的声音。来自普通人的呼声。当她在布兰戴斯时，记者马克斯·勒纳和杰克·肯尼迪[1]都撩过她。他们可不是什么一般人。第二件证据：她父亲带我们去看《屋顶上的小提琴手》，第二或第三排的座位。看完演出后，我注意到在乐池的乐手中有几个我认识的塔米蒙特管弦乐队成员。演出结束后，我走了几步过去打招呼。

“和你在一起的那个女孩是谁？”鼓手对我说。

“她叫露易丝。她是我女朋友。”

“管弦乐队里的所有人都在不停地谈论她。我们以为那是碧姬·巴铎。”

好吧，没有人像巴铎那样令人倾倒，但在二十岁时梳着马尾辫，露易丝不知怎么就散发出一种怀旧的气息。她还很像非常年轻、极其漂亮的米亚·法罗，朋友和熟人会把米亚的报纸照片寄给她，

[1] 即美国第三十五任总统约翰·肯尼迪的昵称。

附上短信说我觉得这就是你。许多年后，我曾给米亚的儿子弗莱彻看一张露易丝年轻时的照片，我问他这是谁。他说："是妈妈，不是吗？"

我在这里曲里拐弯要表达的意思是她很美。但这只是她闪耀的一小部分。她很有魅力，聪明灵活，敏捷，非常有趣，而且机智；她受过教育，在第五大道的复式公寓里长大，就像我在米德伍德的银幕上看到的那样。她在蒂芙尼和波道夫用记账的账户购物；她的父亲是非常成功的注册会计师，他的红蓝税法书出现在城里的每家书店。她的母亲是室内设计师。她的家人带她去吃最好的餐厅，那里所有的老板都从她小时候就认识她。当我在油毡上吃着德尔蒙特牌豆角罐头长大时，她在第五大道上吃蜗牛，在那里，一个穿制服的门卫会为她叫出租车，这样她就可以快速去剧院，然后再去詹贝利餐厅。她声音洪亮，每个毛孔都让人产生肉欲的期盼。她还有点疯狂，因为上帝在他白袍的天国之袖中藏有各种肮脏的伎俩。

但是混乱场面还没有到来。现在是 4 月，我们步行穿过中央公园，然后去爵士乐唱片中心，一家专门经营爵士乐唱片、脏兮兮的无电梯商店。爬上楼梯，有一块牌子上写着"从床铺到僧侣，应有尽有"，然后进入一间大房间，里面满是爵士黑胶。还是孩子时，我可以花几个小时在那里闲逛，就为了挑选一张唱片，因为我积攒的零用钱也只够买一张。店主是个肥胖的男人，名叫乔，当我翻箱倒柜的时候，他梦游似的坐着，对我的问题只能勉强咕哝着回答。我想起那些伟大的散文家赫兹利特或兰姆[1]的文章，哀叹口

[1] 分别指英国作家威廉·赫兹利特和查尔斯·兰姆。

袋里只有一点点钱的男孩，在成长过程中花了那么多时间来选择要买的书，而选书这事又带来多少快乐。现在男孩长大了，买得起很多书，那种快感却没有了。但对我来说，当我和露易丝一起扫视唱片架时，有一种新的兴奋感。我找到了想要的约翰尼·多兹或乔治·刘易斯，给她买了一张比莉·哈乐黛的专辑《黛夫人》(*Lady Day*)。毕竟，她是一个歌手，必须崇拜比莉·哈乐黛，当然她也真的崇拜。

我们漫步回家，来到她家楼前时，我感谢她与我散步，并说如果她想花更多时间散散步或看电影，我有一些下午有空。她说她下周二有空。我们约好周二中午在广场饭店的喷泉处见面。这很斯科特·菲茨杰拉德。谁知道她将会是泽尔达？我茫然地走回家。她的头也在晕眩。我不知道为什么。我没有什么神奇的东西可以给她。我想这是因为我是个好伙伴，足够时髦有趣。我想不出还有什么别的能让她满心喜悦。我已婚，是个矮子，穿得破破烂烂，一个想当喜剧演员的人。当然，我无法想象她会喜欢我。我只知道这个人能让我所有的梦想和幻想实现，到了周二中午，我可以和她一起度过整个午后直到晚上。我猜那天晚上我对妻子特别好，尽管她已经提出迫在眉睫的分居问题。心醉神迷的我计划着和露易丝的下午，确信一个取消电话即将到来。我跋涉到那栋复式公寓，讲我的笑话。杰克·罗林斯和我吃饭，讨论喜剧，但我的心思只有一半在马克斯特别节目上。计划是这样的，看看你怎么想：我想和露易丝度过一个有趣的、令人兴奋的下午。我不想静静地坐在电影院里，关系没有进展。我可以和她做些什么事，让我了解她对我的感觉，首先是作为已婚男人，其次是作为情郎、色诱者、她的意中人？

就在那时，我突然想出了一场完美约会：去赛马场。我们可以去贝尔蒙特，我们可以一起挑选马匹，赢一些，输一些，大笑，互相安慰。这是一种不同的东西，最重要的是，积极而有活力。之后，如果一切顺利，也许可以去“亨利四世的洞穴”吃一顿快速晚餐，那是一家点着蜡烛、充满浪漫气氛的地下法国餐馆，我可以在那里点酒，像蒙哥马利·克利夫特那样摆出忧郁的姿势。

切换到星期二早上。我起床，剃须，洗澡，用大量爽身粉清洁我的隐士身体，以至于看起来就像那只试图用面粉涂抹自己来欺骗七头小山羊的狼。我和妻子告别，她将在学校待一整天。美中不足的是我的鞋子。我有一双非常糟糕的鞋，所以我在去约会的路上躲进一家鞋店，买了一双虽然太小但很帅气的鞋。奇怪，在商店里穿的时候明明很合适。中午时分，我坐在广场喷泉边缘，片刻之后她出现了，样子迷人，美丽的金色长发，大圆眼，撩人的胸音，而我低能地微笑着。

在去赛场的火车上。聊天似乎很顺利。然后到了贝尔蒙特。下赌注，有说有笑，按名字开出盘口，大部分都输了，只赢了一次。然后，在回家的火车上，一种冰冷的沮丧感袭来，我开始感觉到事情没有进展。为了显得有魅力，我把自己累坏了，就像跑了一场马拉松。现在，越来越强的恐慌悄悄靠近我，随着话语间的沉默越来越久，我确信自己已经搞砸了。紧张得一身汗。我的生活就像电影一样在眼前闪过，而我正由富兰克林·潘伯恩[1]扮演。6 点 30 分了，我建议吃晚饭，以为会遭拒。心里在描画被放鸽子的情景。但是等等。这是怎么了？她想去。突然之间，我们来到

[1] 好莱坞喜剧演员，常出演胆小、慌张、滑稽的角色。

烛光下，我点了一瓶波尔多酒。我对葡萄酒的了解就像对马或躁郁女人的了解一样多。诀窍是把眼光投向正确位置，使你看起来像在查看菜单上的年份，实际上是在查看价格。坚持选择你能负担得起的最贵的那种。所以我们边喝边聊，两杯之后我的勇气大涨，我牵着她的手，她也没意见，而我能感觉到脚下的地面在颤抖。我们略略谈到了我的婚姻状况，但我颇为真诚地向她保证，是我们结婚太早，虽然我的妻子可爱聪明，但我们俩都已经在准备结束这段婚姻。我没有说哈琳是一个很好的、正常的年轻女人，完全有能力拥有美好健康的婚姻，不应该嫁给我这样一个不成熟的、适应能力差的废柴。

我拿好账单，我们站起来，在洞穴餐厅的阴影中，我吻了她。她在中途迎向我，而我站在那儿，我的嘴唇吸着她的嘴唇，心想，我现在正在吻露易丝。住在我脑子里那个讨厌我的小人说，你想知道那会是什么感觉，好吧，现在你知道了。就这样过了十分钟，她从包里掏出现金。我的钱都花在了没跑赢的赛马、新鞋和一瓶金玫瑰酒庄的酒上了。她正把钱放在一个马车夫的手掌上。这是她支付的三笔钱中的第一笔，因为我们一次又一次地绕着中央公园，在马车上不受干扰地尽情接吻。当我回到家时，我的眼睛像梵蒂冈墙壁上的祈祷圣徒一样朝天翻。“你的舌头为什么这么黑？”我的妻子问道。

“一定是我吃了什么东西，”我用有罪的假声悠扬地答道，“一些莓果。”

“你讨厌水果，”我那像锁链一样囚住我的妻子说道。

“我想试试看。”我说，每说一个字，我的鼻子就在变长。

“我想和你谈谈。我想讨论一下，如果我们分手，我们该怎么做。”她宣布。

我已经准备好了分手，我偶然发现了神经症患者的贤者之石：重叠的恋爱关系。于是我们真的分手了，我和露易丝开始了一段恋情。我清楚地记得，我是在哪里第一次意识到什么是爱，爱究竟是什么感觉，我也终于明白了那些诗人、抒情诗人在表达什么。我们已经约会了几个星期。我搬了出去，住在一栋非常浪漫的公寓里，浴室里有一个壁炉，但我从来没有用过。我用浴室，而不用壁炉。但我们用客厅里的壁炉，一起度过了所有清醒和睡眠的时刻。有一天下午，我们在现代艺术博物馆的餐厅里喝咖啡，不知什么原因，我看着露易丝，感觉到，天哪，我爱这个女人。我以前从未对任何人有过这种感觉。现在我明白他们在说些什么了。在天堂的某个地方，那个施虐狂般摆弄约伯的人，在档案中看到了我的照片，带着期望的喜悦搓着双手。

事实证明，露易丝的母亲有一些严重的精神问题，我说严重，是指她经常出入精神病院，至少因为抑郁症不时发作而需要休克治疗。这种进进出出对露易丝这个独生女造成了巨大困扰，换成谁也一样受不了。我从一开始就情愿忽略某些预警，因为我真的希望一切会顺利。首先，我问了露易丝为什么在最后一年从布兰戴斯大学退学，发现并非像她说的只是为了从事表演和唱歌，在不断追问下，结果显示是因为一些心理问题。然后是狂躁的精力，它们如此充沛，特别是她做了快活、有趣的春梦之后。这似乎有点太狂躁了、太疯狂了，但我对狂躁的行为到底了解多少？在我的家庭里，不会有人怀疑我有精神问题，因为除了赤身裸体在街上挥舞着切肉刀奔跑之外，没有任何行为会被认为是古怪的。

最明显的不对头迹象很可能是她的房间。想象一下装饰精美的第五大道复式公寓，住着父亲、母亲和女儿。其中一些家具是母亲设计的，每盏灯、每个烟灰缸、每把桌椅都造型优美，低调而有品位，布置得适度简洁。颜色淡雅温和，柔和的蓝和灰，有很多樱桃木。一切都在适当位置，看上去很完美。人们会产生一种印象：这些物品有一个编号，与它们在桌上的编号相对应。效果细致而美好。登上楼梯，来到露易丝的房间。打开房门，看到的是广岛。床没有铺，抽屉大开，衣服散落一地，面霜、乳液到处都是，罐子和挤压过的软管没有盖好，天知道盖子在哪里。浴室柜子大开着，许多平时用过后要放回的物品都在水槽上，在浴缸的边缘。床头柜上有一个盒子，里面有一片吃了一半的冷比萨，无法估计是哪天留下的，还有半杯蜡封般的咖啡，里面浸着烟蒂。打开的书和大量的活页乐谱散落在待洗衣物的上面和下面。这个房间与公寓里其他地方精心设计的美感截然相反；这是一则声明。但说了什么呢？我的内心失去了控制？或者，我的大脑就是这样布置的？或者：妈妈，我就是这样回应你的整洁强迫症的，回应你分毫不差的室内装修。对任何傻子而言，那间房间或许已经说出整个故事，预示了整个未来。但我不是傻子。我是一个特大傻子，爱上了梦想中的完美典型，我在残骸中艰难前行，选择将其合理化。“我猜女仆生病了。”我尖声说。“她昨天才来过。”这是答案，然后，我就和这位女神做爱了，如果她不爱整洁，我也会接受这个交易。

露易丝和我在结婚前会一起走过八年。在那段时间里，我们时断时续地生活在一起，大部分是在一起的。在这过山车般的八年里，她会不忠、节食、进出医院、抽大麻、嗑药——包括娱乐性的和医用的，会狂躁，极度贬低自己（详见阿瑟·米勒的《堕落之后》)，随后突然出现五级飓风般的狂喜，试着去表演、唱歌、活下去、成为我的女朋友，在好日子里令人难以置信地让人想和她相处（越来越少），不诚实、迷人，对我的事业有帮助和鼓励，令人疯狂、可爱、伤感，充满敏锐的洞察力，总是有趣。

在我今后多年的写作中，她一直是我十四行诗里的金发女郎。当我和安杰丽卡·休斯顿一起演一幕戏时，我复制了露易丝的卧室，那位了不起的女演员难以置信地望着我说："你认识谁有这样的房间？"——而我在想，哦，只是我娶的某个女孩。

所以现在我在复式公寓演出，除了杰克·罗林斯和查理之外，露易丝也在那里指导我，批评我，帮助我，和杰克一起抛出她的见解。他们一见如故，他试图打理她失败的歌唱事业，但事实证明她是无法被管理的，而且过于难以预测，无法获得成功。《商场现形记》（*I Can Get It for You Wholesale*）在百老汇开演，她是芭芭拉·史翠珊的替角。不过，她在百老汇谢完幕后，还是会忠实地来看我的演出。当我搬出复式公寓，搬到布利克街一家名为"苦尽甘来"的咖啡馆时，她仍一直帮助我，在伟大的咖啡馆老板弗雷德·温特劳布的进一步鼓励下，我成了新晋热门人物。"苦尽甘来"卖咖啡，不卖酒，而且它有标志性的砖墙做表演背景。大多是民谣表演。露西和卡莉·西蒙；何塞·费利西亚诺；彼得、保罗和玛丽；还有逗留者乐队，一个包括马歇尔·布瑞克曼在内的民谣组合，他是乐队的贝斯手，一个极有趣的才俊，我后来和他合作了很多电影，包括《安妮·霍尔》（*Annie Hall*）和《曼哈顿》（*Manhattan*）。马歇尔真的很有趣，那是一种很难得到的天赋。

希尔达·波拉克在收银台工作，他把现金用橡皮筋捆好付给我。亚当·佩雷尔曼在那里工作，他是S. J. 佩雷尔曼的儿子。我和亚当聊过很多次，他最终自杀了。我遇见了比尔·考斯比，当时他刚刚起步。迪克·卡维特在那里尝试过单口喜剧，如同卡维特所尝试过的一切，他做得很好。我的朋友米基·罗斯试过在那里做喜剧演员，但放弃了。但我是个大热门。《纽约时报》记者阿瑟·盖尔布来到这里，为我写了一篇吹捧的文章，在六点新闻中，大卫·布林克利引用了盖尔布的文章，说如果你去"苦尽甘来"，你可以看到一个不提肯尼迪的喜剧演员。在当时，肯尼迪家族是全国最轰动的家族，每个喜剧演员都会开政治玩笑。这是莫特·萨赫尔遗产中糟糕的部分。莫特是个天才，他讲很多政治笑话，以前确实没有人做得这么好，而无数个天分不够的人认为他们也可以讲政治笑话。虽然有几个可以，但大多数都失败了。

一个区别在于，一般的喜剧演员只是选择政治这条路径，莫特则是一位真正知情的、善于表达的政治人物。但最终，是因为莫特有令人赞叹不已的个性，而其他人没有。他是有巨大天赋的表演者。以至于其他喜剧演员没有对他的表演给予肯定，而是诋毁性地说："他只是跑出来说说话。谁都能做到嘛。"因此，当其他人可能会讲政治笑话，甚至一些非常好的笑话时，观众却认定了莫特的个性。不要让我再开始说这个话题了。时事笑话的优势在于，它是每天每个人脑子里的新闻，而且喜剧演员使用众所周知的主题开场时，几乎一提起这个话题，就会引起笑声。我总觉得莫特在不做政治内容的时候更伟大、更有趣。我从来没有讲过时事笑话；不是有什么原因，只是这个话题我没有兴趣去谈。听新闻，是的，但不会在表演中谈论。但就在《纽约时报》的那篇报道之后，人们开始在"苦尽甘来"排队。演出挤满了人，采访要求也来了，电视节目邀请我上台，比如一档叫《东方午后》的节目我就上了很多次。该节目由迈克·华莱士主持，在一次节目中，他们让我与他们最喜欢的另一位新星嘉宾芭芭拉·史翠珊搭档。

我收到录制专辑的邀约，不久后就回去做了蓝天使的头牌。在那些日子里，小而精的俱乐部开始流行，它们迎合更时髦的顾客，新的喜剧演员都在那儿演出。我在旧金山的“饥饿的我”夜总会和芭芭拉·史翠珊一起演出。我还在芝加哥的“凯利先生”演出过，在那里我遇见了朱迪·亨斯克，在那个时期，露易丝和我正分开。我和亨斯克约会，发现她聪明、有趣、有魅力。她来自威斯康星州的契帕瓦福斯市，后来我把安妮·霍尔的故乡设在那里。朱迪比我高，我们是一对看起来很傻的情侣，但和她在一起是一种享受。问题是，在那个时候，我约会的任何女人都没有与我认真发展的可能性，因为我爱的都是看起来我搞不定、又不理解其病症之严重性的疯女人❶。我哪知道躁郁症是什么玩意儿？我只知道我的叔叔保罗积攒锡箔。他把它们从烟盒上剥下来，卷成一个越来越大的球。那是我所知道的最疯狂的事。

在芝加哥的凯利先生那里，我还遇到了约翰和琼·杜马尼安，我们成了很好的朋友。我会一边写自己一边讲我与琼的故事，而且这是个奇怪的故事。我还在圣路易斯的水晶宫表演，在那里，一位新晋艺术家厄尼·特洛瓦❷给我看他的雕塑作品，这些作品最终在波普艺术界大获成功。

在蓝天使，我和妮娜·西蒙一起登台，在那里工作时还遇见了帕迪·查耶夫斯基、弗兰克·罗瑟、比利·罗斯和哈勃·马克斯。

❶ 原文为意第绪语 mishugana。

❷ 即美国画家和雕塑家欧内斯特·特洛瓦（Ernest Trova）的昵称。

当然，他们都是来休息室看鲍比·肖特[1]的。但我在那里很受欢迎，正是在那里遇见迪克·卡维特，他供职的电视节目派他来物色我。他马上就成了我的粉丝，我们成了好朋友，一起出去玩，咚咚地走在两边海岸的人行道上，分享我们对魔术、格劳乔、S. J. 佩雷尔曼、W. C. 菲尔兹和三和餐厅鸭肉云吞的爱。卡维特那种人的生活，是一次接一次的冒险。他可以去街角买报纸，结果和葛丽泰·嘉宝、J. D. 塞林格和霍华德·休斯一起去一个派对。好吧，我是夸大其词，但也差不了多少。他是如此机智、博学、有趣，从内布拉斯加来到纽约后，他就一直吸引着那些乐于与他为伍的、伟大和接近伟大的人。而他精彩的电视脱口秀成为文化的记录，嘉宾名单包括伦特夫妇[2]、凯瑟琳·赫本、诺埃尔·考沃德、费里尼、基辛格、穆罕默德·阿里、奥利弗、朱迪·加兰、贝蒂·戴维斯、弗雷德·阿斯泰尔、阿尔弗雷德·希区柯克、葛洛丽亚·斯旺森、英格玛·伯格曼。

他的私人生活通常是一连串无休止的午餐、晚餐、周末，以及与各种各样知名人士的谈话，从接待田纳西·威廉斯到跟着沃尔特·温切尔一起出警，再到与史上最伟大的一些魔术师交换魔术技巧。我带着愉悦的怀旧之情回想，当时我们都有更多的自由时间，我们会在任何一个早晨给对方打电话，去吃早餐，散步，然后也许去查尔斯·汉密尔顿[3]家看珍稀手稿，然后他会去和一些明星吃午餐：奥逊·威尔斯或戈尔·维达尔。当他带我去和格劳乔共进午餐时，我记得见到这位伟大的喜剧演员令人激动，他的声

[1] Bobby Short，美国知名音乐人，常为电影配乐。
[2] 指演员阿尔弗雷德·伦特和琳·芳丹，他们结婚后常搭档表演。
[3] 美国古文字学家、笔迹专家，收藏大量珍贵手迹和签名。

音让他说的每句话听起来都很有趣，但我也觉得难过，觉得格劳乔就像我的那些犹太叔叔或亲戚一样，在家庭婚礼或成年礼上讲笑话或打趣。区别在于，对格劳乔而言，那种用滑稽话语评论的冲动，通过量子跃迁使他成了喜剧天才。

有一次，卡维特和我发现对方都在洛杉矶。他是《杰瑞 · 刘易斯秀》的编剧，而我在克雷森多[1]表演。我们像追星族一样去看所有电影明星的家，在杰克 · 本尼的房子和 W. C. 菲尔兹的家门口无言以对。我在克雷森多演出期间，杰克 · 肯尼迪被谋杀了。这桩轶事很有揭示性，要么展示了我的纪律和野心，要么表明我脱离现实。晚上我在日落大道上的俱乐部表演。早晨，我在便携式打字机前写我的第一个电影剧本，这是一份委约工作，结果成了《风流绅士》（*What's New Pussycat*），一部糟糕的电影——但那是后来发生的事。

所以我当时在写作，而女服务员说，肯尼迪总统刚刚被枪杀。他们认为他已经死了。我打开电视，每个频道都在发狂般报道这一悲剧。我看了两分钟，消化了这个消息，关掉电视机，然后马上回来写我的剧本。没有什么能让我分心。那天晚上，我的演出取消了，卡维特、莫特 · 萨赫尔和我坐在一起哀叹这个消息。

多年后，卡维特患上了抑郁症。他在家里，为抑郁症所困扰，他的电视制作人打电话给我，说也许我可以过去让他振作起来。他总是住在我附近，于是我赶了过去。他很沮丧，充满对破产或没活儿干的非理性恐惧。我也做不了什么，只能陪着他。马歇尔 · 布瑞克曼也是如此，他过来试图帮忙，但这病我们无能为力。

[1] Crescendo，位于洛杉矶日落大道上的著名爵士演出场地。

经过多年看医生、治疗、药物、休克疗法，以及全凭迪克的智慧，他才得以战胜病魔，让自己过上满足而有收获的生活。即使在他精神痛苦的高峰期，卡维特仍然保持着社交风度和都会魅力。在他接受休克治疗时，琼·杜马尼安和我去西奈山医院看望他。我们想让他振作起来并陪陪他，然后再冲去伊莱恩餐厅吃饭。我们希望迪克不会太沮丧，不要被非理智的恶魔和将要接受的电击搞得太狼狈。所以我们上楼，他在镜子前穿礼服。“我只有几分钟的时间，”他告诉我们，“我要和杰克·尼科尔森见面，我们要去参加一个晚宴。”就这样，我们交流了几句，他像弗雷德·阿斯泰尔一样离开，奔赴一个激动人心的夜晚，我们则被留在精神病院里站着。第二天，他们会把电极放在他的头上，但上帝保佑他不会错过与大明星的晚宴。

我身边似乎都是一些伟大而神奇的人，他们像铀一样不稳定。露易丝前一刻还很高兴，下一刻就会抱怨：她的皮肤痛，她的手正变得僵硬。她不能呼吸了。她快要死了。这个情节可能在凌晨 3 点把我吵醒。现在她下床躺在地板上，呼吸急促，惊恐不安。突然间，她大口喘气。我应该怎么做呢？在我家，凌晨 3 点的唯一苦恼可以用几片 Tums[1] 来治愈。看上去她好像有某种怪病发作，于是我叫了一辆救护车，把我们送到莱诺克斯山医院。她接受检查，打了几针，然后我们就被赶走了。凌晨 4 点的出租车可不容易打到。回到家里。我没穿外套，而钥匙在屋里。我以为你有钥匙。我还以为你有呢。打车去美国酒店。现在她的镇静剂开始起作用，她无法保持清醒。我带着她一动不动的身体穿过大厅，侍者带我们

[1] 一种抗胃酸的咀嚼钙片。

去了一个房间。第二天，开锁匠让我们回到房子里。

第二周，这个漂亮的女孩非理性地说服自己，她太胖了。我以几何逻辑向她证明，她并不太胖，事实上，丝毫不胖。但这是无济于事的。接着是骤然节食，显然是不健康的激进的胡闹。断食。连续几天只吃蛋白质。然后只吃沙拉。吃碳水，然后不吃碳水。只喝液体。更多禁食。又一次在半夜，她醒来。她告诉我，她很饿。这也难怪。她走到厨房，打开半打吞拿鱼罐头，我说的半打是六罐。她把里面的东西放进一个大碗，并加入大量蛋黄酱。她把一切混在一起。我们又来了，现在是凌晨3点，我们都回到床上坐起来。我筋疲力尽，怅然若失；她则大口吃着吞拿鱼沙拉。第二天，我们睡懒觉，她为打破了节食习惯而感到内疚，确信自己一夜之间增重了五或六磅。露易丝不会做饭。她只会做意大利面条，而且她的食谱是八人份的，她不会按比例计算。因此，我们两个人吃意大利面条，总是会有六份剩余。很快，她又开始了最新的速食节食法。我在想，每个月为数不多的好日子——已经从五天减少到两天——是否值得。然后，几天后，疯狂消退，她是在排除体重因素后综合排名[1]为世界上最好的女性。她可爱、聪明、非常有趣、非常有魅力、非常性感。

说到性感，我只举一个例子，因为这令人尴尬。冰山一角。我们坐在一家餐馆里，已经下单。我正期待着多汁的新斯科舍开胃菜。她突然被欲望征服了。我没有做任何事情挑逗她，只是像往常一样充满爱意、乐趣和活力。“来吧。”她说着站了起来。“去哪里？”我说，对即将送来的一盘熏鲑鱼垂涎三尺。“我想做爱。”

[1] 原文是pound for pound，是搏击运动中的排名系统，指排除体重因素后，对不同体重级别的选手之间的综合技术水准进行比较。此处也暗指上文中提及的体重“磅”。

她说。“但我点了开胃菜。”我抱怨说。“我们走吧。”她说，她想在想要的时候得到她想要的。

“在哪里？”我尖叫着，被拉起来拖到门口。“我们马上回来。”她告诉服务员。“但我们要去哪里？”我问。“我看到街角有一条小巷。”她说。“但我们是在纽约市中心，”我说，“我们在百老汇和第七大道之间的第五十四大道。整个城市都在那里。”“那是一个很小的、漆黑的地方，”她说，“走下几级台阶，就是一片漆黑，没人会看到我们。”

现在，我被催促着穿过一排排垃圾桶，来到曼哈顿中城一处黑暗、隐蔽的户外场所。在我们周围，几乎看不到车辆和行人。最后，欲望战胜了鲑鱼，我屈服了。我们做爱，不久之后，我坐到我的那份食物面前，脸上带着幸福的微笑，她的脸颊则因满足而红润。这样的女人不是长在树上的。顺便说一下，和露易丝一起去餐馆总是一种特别的痛苦经历，因为她会先点菜，然后改变她点的菜，然后再改回原来的，而我总是那个要向服务员宣布突发新闻的人，告诉他们又要修改点单了。

“我不应该让服务员给我的鱼去骨。”她曾在卢特斯餐厅里说。我吓了一跳，问道：“你不会是希望把骨头放回去吧？”我给自己壮胆。我将不得不提出这个要求吗？但为了那个女人，什么都可以，因为我确实爱她。

而在此期间，我一直在做喜剧演员的工作，在技术上不断进步，名声也越来越大。

有时露易丝会和我一起上路，有时她待在家里，把某个别的男人从座位上拽下来，和他一起跳到床上。她是个超级淫乱的人，但她爱我，如果我威胁要和她分手，她就会变得恐慌和沮丧。她很努力地想成为一个完美女友，但她从未遇到过她不喜欢的床，而且她的性欲像棉尾兔一样强。她在很多方面都对我有很好的影响，让我摆脱孤僻是其中之一。她很容易交到朋友。人们喜欢她：她的精力和智慧，她的魅力和幽默。她和我一起来到芝加哥，当时我在“凯利先生”表演；她对约翰和琼·杜马尼安的热情敞开心扉，要不是露易丝，我永远不会与他们进一步发展友谊。他们心目中的露易丝是在湖滨道高处的阿斯特塔酒店时——约翰和琼在套房里等着带我们去吃饭，我准备好了，露易丝像往常一样迟到，她站着，头歪着，以便她的金色长发可以垂在熨衣板上，她一遍又一遍地熨烫，以确保它是直的。

琼和约翰最终离婚了，但他们一生都是亲密的朋友，而且两人都搬到了纽约。我和琼变得关系密切，毫不夸张地说，几十年来，她是我生命中最亲密的人。琼和我是真正的朋友。我们看着彼此经历顺境和逆境，在与另一性别的关系不稳定时握住对方的手。我们每天晚上都在一起吃饭，要么是我们两个人，要么是和其他朋友，或是和我们的约会对象一起。当我独自生活时，她是我关灯睡觉前最后一个说话的人，也是我醒来后第一个打电话的人。我们一起走在街上，一起看了无数电影，一起在欧洲旅行。多年来，她和她的男朋友在一起，这个男人是我 70 年代在巴黎拍戏时认识的，后来她一直和他在一起；我们三个人形影不离。她有时给我安排约会，当她搬到城里时，我帮她在电视台找到工作。我们没有秘密，比家人还亲近。这种极端的、令人愉悦的亲密关系持续了好几十年，直到我起诉了她。

相信我，我到现在还没有搞明白。我猜一切始于琼和她富有的男友有一天决定做制片人，并开始支持我的一些电影。这些电影大多是盈利的，我把我的利润份额留在他们那里，感觉比放在银行里更安全。他们说我应该边做边拿走我的分成，但我说："我不是为了钱，我只是喜欢拍电影。"的确，我几乎从来没有为钱做过任何事情，当然也不关心钱。正如杰克·罗林斯一直说的，不要为钱选择项目，要从艺术角度选择，集中精力做好工作，钱自然会来。我不需要他告诉我这些，但从他那里听到这些，证实了我自己的感受。就这样，我逐渐从我拍的电影中积累了一笔可观的资金，它们成为利润。我总是拿非常微薄的工资，以保持低预算。我可能是这一代人之中收入最低的电影人。在这里，我已经把人生故事讲到太后面了，但对于这件我仍然无法解释的事，这是我最清晰的解释方式。

那时我和宋宜结婚了，有了一个孩子。我刚刚买了一套房，因为我们的公寓对一个正在扩大的家庭来说太小了。我的商业经理史蒂夫·特南鲍姆说："我希望你能从你的利润池里抽出一点，因为有些大笔开支即将到来。"完全地，莫名其妙地，琼和她的男朋友这两个可爱的人，对他实施拖延战术。考虑到亲密的友谊，他小心翼翼地着手处理这件事，但总是被草草打发。一年过去了，没有任何进展。现在，如果琼和她的男朋友来找我说，我们缺钱，必须用那笔钱，对我们耐心点；我本可能会说，当然，你们是我最好的朋友。你们有能力时再给我钱。但情况并非如此。她的男朋友萨夫拉是个亿万富翁，而我要求的也只是我辛苦赚来的利润，对任何一位亿万富翁来说都是一笔小钱。如果是我没有意识到有什么金融灾难需要征用我的钱，他们只要告诉我，我就会报以同情，并乐意提供帮助。但是并没有什么金融灾难，更多时间在委婉的要求、拖延和逃避中过去了。

我本以为，考虑到我和琼的密切关系，她会对男朋友说：我这是在和我最亲密的朋友打交道。我最不希望的，就是已经破坏了那么多关系的金钱问题，会对这段关系产生丝毫影响。让我们以最友好的方式立即解决这个问题吧。

这并没有发生，尽管我恳求解决此事，我们最终被迫进行审计。审计结果显示，欠我的钱比我们要求的多得多。我提议他们给我一个较小的数额，然后我们就迅速把这件事抛在脑后，继续前进。没有回应。更多时间过去，事态渐渐变得清晰：他们不打算给我一个子儿。这对我来说是不可理解的，因为他们都是非常慷慨的、支持我的朋友。琼解释说，她的男朋友，因为某种曲折的脑回路，不认为他欠我钱。我指出审计结果，但无济于事。我建议我们不要在这条可能损害终身友谊的道路上走下去，应该简单地由仲裁员决定，然后离开，不管怎么判决，我们照做。他们愿意仲裁，但这不可能是有约束力的仲裁，而我被直截了当地告知，如果仲裁结果是他们必须付我钱，他们不一定会照做。

荒谬的一切现在开始变得令人恼火，我想保持友谊，但不知道该怎么做。我不能就这样忘掉这笔钱，因为我们在谈论的，是多年工作中公平赚取的数百万美元，虽然我很乐意只拿其中的一小部分来维持和平，但台面上连这一小部分也没有。在此期间，我们还都在一起吃饭，好像房间里没有大象一样。对我来说，大象确实并不存在。我享受他们的陪伴，从未考虑过眼前的问题。我们没有讨论这个问题，共度了许多美好而欢乐的时光。现在，更多时间过去了，琼在我们下一部电影合作前的最后一分钟打电话说，他们要退出投资了。我接受了这个消息，提到其他已经被雇用的人可能不会那么轻易接受这最后一刻突然的釜底抽薪，并可能引起诉讼。琼一反常态地说，让他们起诉去吧——而这将使他们付出代价，而且要花很长时间。这不像她。她是一个优秀的、可爱的人。什么样可爱、优秀的人是这样说话的？就像律师们所言，你决定要起诉的那一天是否到来了？

好吧，是的。在欠我钱这件事上，我不管做什么都无法上一垒。当雅基·萨夫拉说他不喜欢也不信任仲裁员时，我建议我们求助上帝。我说，找一个你信任的人，或许一位拉比。我让他研究这个问题并做出决定。他的回答是：不能接受，我们不欠你们什么。所以，是的，有一段时间我们威胁要起诉。但他们仍然不愿意以较低的金额和解。而在这期间，琼、宋宜和我每天晚上都在一起吃饭。其他人也加入我们，我们交谈、闲聊、大笑。如果我们冲突的话题被提及——几乎从未发生——就会被转移。琼的男朋友没有出席这些晚餐，因为他经常在欧洲。法律只允许他每年在美国待四个月，即使多待一天也意味着他必须缴纳所得税，而且他有一个全球网络，可以有效处理他应缴税额中的小麻烦。

最后，某个晚上在奇普里亚尼宾馆，琼与我的妻子和我坐在一起，点菜，大笑，我说，拜托，已经11点钟了。明天我的律师将对你们公司提起诉讼。这不是你听过的最愚蠢的事情吗？让我们解决这个愚蠢的冲突，继续我们的生活。琼只管展现她的魅力，对我的恳求没有回应。我和宋宜回家了。已是午夜。我给琼打电话，我们谈了谈，我请求她。求你了，找一个我们都尊重的朋友来仲裁，找一个拉比，找个人。不要让我的律师送去文件。打官司有什么好处？那样我们都会输。更多魅力和趣话，但不愿就正在积聚的法庭对决的阴云与我交涉。

因此，第二天早上我们送达了文件，而我就像一个在好莱坞电影中长大的笨蛋一样，幻想着我们两个白天敌对打官司，晚上吃饭仍是好友。《亚当的肋骨》[1]。你会觉得，我现在才知道现实生活不是米高梅电影有点晚了。小报的头条新闻给琼和她的男朋友加上骗子的污名，两人都再也没有跟我说话。我给琼写了一张友好的便笺：让我们把这件事留给律师去解决，但我们不会发生冲突，自始至终都不参与其中。这将像一部屈塞和赫本主演的电影，一种独特的体验，并为我们俩提供脱线喜剧的笑料。毕竟，我们并不是不喜欢对方；我们只是在一个问题上有分歧，穿着深色西装的清醒的人将在浅滩上为我们找到正确的方向，而我们每晚都会在城中开香槟，相互打趣。我的信没有得到答复。不仅如此，我得说《纽约邮报》——小报之一——真是一份低俗小报，她把我的信交给了他们。

那最后你上法庭了吗？是的。我的案子有压倒性的优势，以至于他们中途叫停，达成和解。一位陪审员告诉我，陪审团基于他们听到的一切，准备判给我所有我想要的东西。回顾所有这一切蠢事，我仍然完全困惑不解。一切都本可以避免。我的律师费，她公司的律师费，数目不小，朋友公开出庭的尴尬，她的证词——被我的律师和媒体拆穿了。她的男友把敏感的商业机制永远暴露给公众。让他们付出的代价，远远超过我们最初向他们提议的微薄的和解金额。那么，这种情况怎么会发生在亲密的朋友之间呢？

我只有两种推测，都不太聪明。第一个是，虽然琼是个可爱的人，但她的男朋友并不像我想象的那样遵循犹太教义。他来自一个非常成功的银行家族，曾卷入一些可疑的勾当。其他各种人

---

[1] 电影 *Adam's Rib*（1949），由斯宾塞·屈塞与凯瑟琳·赫本饰演一对分别是检控官和辩护律师的夫妻，两人在法庭上的争执会影响日常生活，但最终重归于好。

要么起诉了他，要么想起诉他，但没有钱这么做。因此，他的大部分精力都用在设法规避所得税上。结论是：他试图骗取我辛苦挣来的钱。我不太相信这种想法，因为与他相处多年，我发现他富有同情心，慷慨，是个非常好的人。

我的另一种推测是，琼和他在做一个道德选择，并真诚地认为，我作为一个朋友，要钱是不对的，因为不是我的每部电影都有利润，有利润的电影应该弥补没有利润的电影的损失。他们一直是慷慨的朋友，支持我的电影，所以我才能继续在绝对自由的状况下工作，而这种情况下我却不感恩，还敢要钱。对我来说，只有道德选择才说得通，他们如此不理智地坚持自己的立场，糟蹋了如此深厚的友谊。具有讽刺意味的是，如果你把电影的成本和他们的收入加在一起算，他们还是有利润的。一切是如此令人困惑，对每个人来说都是双输。

好了，现在回来说与露易丝的生活，或者说《痛苦与狂喜》[1]。这么说吧，我们有起有伏，分手、复合、再分手。同时我作为喜剧演员越来越成功。我在《杰克·帕尔秀》的第一次拍摄中做得不错，但帕尔不喜欢我，认为我很下流，其实我并不。他对我很卑劣，直到我成功后，他声称是他发现了我，突然间成了我最大的粉丝。埃德·沙利文也指责我下流。在他的一次节目通排中，他的工作人员说，不要表演你真正的桥段，因为我们只是在排练。你可以做任何你想做的东西，把你真正的材料留到今晚节目播出的时候。所以我做了一些不适合他节目的表演，但我从来不是一个下流的喜剧演员（以今天的标准而言，兰尼·布鲁斯都算是温

[1] 电影 *The Agony and the Ecstasy*（1965），讲述了米开朗基罗在绘制西斯廷大教堂天顶画期间和雇主罗马教皇儒略二世之间的冲突和友谊。

和的)。如果你听过我的任何一张专辑，你会知道我说的没错。

总之，我下台后，沙利文把我带进更衣室，开始无情地责骂我。他告诉我，孩子们会因为我烧掉他们的征兵证，接着气急败坏地怒斥我。我坐在椅子上，很震惊，心想：我应该让这家伙滚蛋，然后离开吗？为什么不呢？我在乎埃德·沙利文和他的节目吗？从大局出发，并不关心。毕竟，太阳将在五十亿年后燃烧殆尽，没有人会记得。无论出于什么原因，我都忍住了。我向你们发誓，这不是害怕，这是一个经过深思熟虑的决定：如何在这个时刻表演得最好？简单的沉默似乎是一招妙棋。

沙利文说完便离开，耳朵里冒出蒸汽。我用原先准备好的材料做了表演，完全没有争议，我得到笑声，然后回家。好吧，从那天起，在他的余生中，沙利文就是我最大的粉丝、支持者，甚至朋友。他从未停止在他的专栏中赞扬我，他为我的专辑、我的百老汇演出做宣传。他多次让我回到他的节目中。有一次，我们在格劳乔家的小餐桌前见面，他对我好得不能再好，赞不绝口。时至今日，我还没搞清楚这个人发生了什么。头部外伤？小中风？他因内疚而苦恼吗？他把我和谁搞混了？

我最终上了约翰尼·卡森的节目。我喜欢他。我也上了梅夫·格里芬的节目，又是一个可爱的家伙。又一次宗教皈依。我是和那个讨厌的、爱耍嘴皮子的老顽固亨利·摩根一起上梅夫·格里芬节目的。摩根踩了我的开场妙语。他追着我不放。我试着讲一个关于我童年的段子。他说："别跟我说这个。我也有双亲。"我说："真的吗？他们是什么东西？"

看到这个怪物被他一直迫害的年轻喜剧演员碾压，观众笑疯了。摩根闭嘴了。没有告别。不久之后，当我在城外艰难地做着我的第一个拙劣的节目《别喝生水》时，亨利·摩根来到费城探班。突然间，他成了我最好的朋友。他来到舞台后面，提供帮助。他和我一起吃饭，看了几次演出，和我一起上街散步，试图帮我诊断哪些地方是弱点，尽力提出有意义的建议。你想想看吧。

我将告诉你我在外地写的第一个剧本的噩梦，主要是在欧洲写的，但首先你会问，我去欧洲做什么？

我是一名炙手可热的喜剧演员，上所有的电视秀，甚至主持了几次《今夜秀》，代替约翰尼·卡森主持了两周。媒体上都是我，我真正成功了，但有趣的是，我从不吸引流量。我在埃德·沙利文和约翰尼·卡森的节目中都让人捧腹大笑，我是每份报纸的城中热点话题，俱乐部老板都渴望预约我。唯一的问题是，没有多少人来看我。在拉斯维加斯，我从良心上觉得不能接受他们给我的巨额工资，并极力想把它还回去，但恺撒酒店的老板们不同意。我的每一个同时代人都录制过专辑；鲍勃·纽哈特、谢力·波曼、比尔·考斯比、麦克和伊莲、兰尼·布鲁斯、莫特·萨赫尔，还有沃恩·米德，他对肯尼迪的模仿令人震惊。他们的专辑卖得像送的一样。我录制了一张专辑——事实上是三张。都卖得很差。几十年来，一家又一家公司不相信之前的公司卖不掉一百万张。他们将之归咎于糟糕的包装、糟糕的营销和月亮的相位。某家新公司买下了专辑，用极佳的新包装重新发行。我还在电视、广播和媒体专访中为之宣传。不过，销量还是很一般。

崭新的公司接替上一家幻灭的公司，充满营销理念和花哨的内页说明，结果只是在赤字海洋中沉默。这些专辑总是有好口碑，但卖不动。同时，我从中赚取了一大笔钱，因为这些专辑不追随热门话题，因此永不过时。当我在 2019 年写下这些文字时，它们又一次以新包装面世。所以说我的专辑卖得不好，在夜店演出时没有海量观众，也不具备音乐会般的吸引力。那你为什么不退出呢？我不能，我是个明星。我热门得不行。你可以想象夜店老板预约我时的表情，他期待着街区排起长队，而到了第二晚，他们就把盆栽搬来搬去，让房间看起来小一点。第三晚，他们需要更多盆栽来使这个地方看起来不那么空。到了第三周，已经没有人了。只有植物。我给叶子们讲笑话。

好吧，那么我怎么去了欧洲？我在纽约工作时，沃伦·比蒂看到我的表演。我不认识他，但我不知道的是，他向他的姐姐雪莉·麦克雷恩吹捧我。一天晚上，在蓝天使，她和曾为传奇经纪人的制片人查尔斯·费尔德曼进门来找到我，还有剧照摄影师山姆·肖。山姆为电影《七年之痒》拍摄了玛丽莲·梦露裙子被吹起的著名照片。我当时不知道他们在那儿，但一天后，山姆来到杰克·罗林斯的办公室，说："你的孩子想写点什么吗？也许可以写电影剧本？"

当时的山姆——如果你不认识他——看上去是个穿着皱巴巴的诺福克夹克的家伙，脖子上挂着相机，留着胡子，头发茂盛，心不在焉的样子。有人对我说，他是那样一种人，会说："来，能帮我拿着这个吗？"然后递给你一台相机或一个公文包，四年之后才来问你："我给你的那个公文包还在吗？"

他是一个真正的原创者，然而他没有事先通知就来办公室打听我拍电影的情况，杰克和查理还以为他们碰到了一个神经病。然后他解释说，查尔斯·费尔德曼想拍一部由沃伦·比蒂主演的喜剧，他们都想让我来写，我可以在里面给自己写一个角色。为此，我将得到四万美元的丰厚报酬。杰克和查理假装冷淡了大约十五秒，然后说："他该什么时候开始？"钱从来都不是问题，就算四十美元，杰克也会答应这个出价。我终于遇到了沃伦，他对我好得不能再好，支持我、鼓励我。他无数次来看我的表演，我们在街上散步、交谈，我们共进晚餐，相处融洽。我遇到了查尔斯·费尔德曼，行业里的大人物，从前是经纪人，现在做制片，他认识好莱坞的每一个传奇作家、明星和导演。他在整个黄金时代都是大人物，他喜欢我的幽默。他对我能如此快速高效地创作感到惊讶，并认为我属于"垮掉的一代"（他的原话）。

我是一个穿T恤和运动鞋的家伙，但不是垮掉的一代，事实上我是个上东区人。总之，比蒂－费尔德曼联盟想让我写一部喜剧，里面有很多美女，背景是巴黎，这样我们都可以去那儿共度一段美好时光。这个由一位电影大明星和一个大牌制片人提出的计划并不坏。我开始着手做这件事，尽管如此，我还继续当我的喜剧演员，我告诉过你，就连奥斯瓦尔德射杀总统的时候，我都没有让自己偏离轨道。不久之后，我完成了剧本。它还不叫《风流绅士》（*What's New Pussycat*），这个名字是查尔斯·费尔德曼听到沃伦在电话里对一位女性朋友说的，他觉得这是个好片名。就这样，我夹着在可涂改打印纸上打的电影剧本，来到费尔德曼的酒店套房，来到沃伦和费尔德曼面前。我不记得我是读给他们听了，还是他们自己读了剧本——可能是后者。费尔德曼认为很有趣，但对其中一切新鲜的东西皱起眉头，对少数陈词滥调反应最好。沃伦觉得为他写的主角并不像我为自己写的小角色那样有趣。他很可能是对的，因为男主人公需要浪漫、可信、善于与女性打交道，而像我这样的小角色可以更直白、更傻，所以更有喜感。

听到他们对剧本的评价，而我已经从丹尼·西蒙的喜剧写作学校毕业，当然对自己的判断有十足信心，但我不能争辩。我同意再来一次，我会尽我所能，看看能否在不影响沃伦魅力的情况下改进他的角色，但我不可能把剧本变成一个公式化的好莱坞商业故事，来满足费尔德曼。尽管如此，剧本回到了我的奥林匹亚便携打字机上，开始重写演习。我无法告诉你接下来几个月所发生的准确细节，只知道我写作、在俱乐部表演、做电视，以及爱、失去、爱、失去、爱露易丝。我只记得这些。在某个时刻，沃伦退出了。我得到的消息是，并非出于怨恨，但由于某些原因，他决定不演这部电影了。

那时我至少又完成了一次改写，然后被告知剧本将提交给彼得·奥图尔，他在《阿拉伯的劳伦斯》之后成了大明星。我知道他是一名好演员，但不知道他是否能演喜剧。在他生命的那个节点，在我看来，他演不了，尽管他在年老之后证明他可以，所以也许只是材料的问题。也许只是因为他不能很好执行我的马克斯兄弟式对话。但他喜欢这个剧本，觉得很搞笑，并立即答应了。不久之后，第二个大角色被彼得·塞勒斯拿下。塞勒斯是演喜剧的天才，一个真正搞笑的人，也在《粉红豹》之后变得炙手可热。塞勒斯唯一的问题是，他是人们听说过的那些喜剧演员之一，他如此了不起，被允许行使无限权力。电影中的艺术权力必须由导演掌握，而不是明星。任何明星都不行。这里说的导演是一个可爱的男人，名叫克莱夫·唐纳，他没有很高的喜剧天赋，但他正派，有礼貌，愿意一起讨论，灵活，我非常喜欢他。问题是他无法与费尔德曼或两位彼得相比，他们都有很多想法。塞勒斯的想法很有趣，但不适合这个剧本。费尔德曼，当制片人时亲力亲为，奇怪地既爱冒险，又唯命是从。对于他可能雇用的人，他碰运气似的信任，但后来又成为他们的阻碍。或者至少成了我的障碍。

他雇了杰出的动画片制作者迪克·威廉姆斯来做片名设计，这是他的第一部电影。他请来了维基·蒂尔和米亚·芳夏格里芙作为设计师，她们刚从学校毕业，这是她们的第一部电影。他有伯特·巴卡拉克，伯特写了令人印象非常深刻的电影同名歌曲，由汤姆·琼斯演唱的大热流行曲。他还有我，一个电影新手。

费尔德曼签下乌苏拉·安德丝后，演员阵容扩大了，她也是一个大牌，刚演完第一部詹姆斯·邦德电影。罗密·施奈德也被雇用了，他是一位欧洲明星。最后，在我的恳求下，他雇用了出色的宝拉·普林蒂丝，一位极好而美丽的喜剧女演员。我应该说他是在我的恳求下面试她的，她带着那张脸和那副身材一进入房间，他就把这个角色交给了她。我的电影设置在巴黎。他们让我飞到那里，食宿都很豪华，每日津贴丰厚，然后一直在摆弄剧本。我先飞到伦敦，这是我第一次出国。我喜欢伦敦，但当我点了培根和鸡蛋却只来了一个鸡蛋时，我完全震惊了。显然，这种创伤一直伴随着我，我仍然会半夜醒来尖叫着："一个鸡蛋！只有一个鸡蛋！"在那些日子里，要在伦敦吃到一顿美餐并不容易。如今，这个城市充满了美味食物。

来伦敦是因为电影公司不知何故设在这里，一星期后，我们从往昔的美好伦敦飞去了法国南部，我和所有这些电影人坐在一起，查尔斯·费尔德曼的朋友们，比如有达里尔·扎纳克、约翰·休斯顿、威廉·霍尔登，我住在杜章酒店，晚上在赌场赌博。我，这个因为想提前两小时离开学校，就被第九十九学校强悍的校长助理里德小姐拖上楼梯的笨蛋。接着，我就去了巴黎，我对它一见钟情。我喜欢那个城市的一切，现在也是如此。当电影完成后，两位年轻的服装设计师，维基和米亚，决定继续留在那里生活和工作。有那么一瞬间，我也想这样做，但那会很艰难，因为我是一个讲美语的喜剧演员，尚未在电影界立足，作为一个天生的纽约客，我无法鼓起勇气这样做。我常有遗憾，但我的人生遗憾清单太长了，我不确定是否还有地方再加一个。

同时，一周后，我们突然被告知要奔赴罗马。这部电影不是在法国，而是在意大利拍摄的。罗马不负众望。美妙、漂亮、美食、文化——电影文化。然而，我的剧本有一种高卢风味，罗马是个错误的地方。即使费尔德曼也会很快明白这一点。但所有这些不确定因素都不受我的控制。它与生意、女人、赌博、赌债和交易有关。我们在罗马待了一个月，因为我的免费酒店和慷慨的每日津贴，我吃着意大利火腿，过得很开心。

当然，我给露易丝打电话的账单花光了我的每一分钱。我打电话，我们交谈，也许她那边有短暂的沉默，这种沉默使我产生一种不安全感，于是我结结巴巴地找话说，需要再次确认。通话结束。一定会在十五分钟后回电——也许对我来说，结束得有点太冷淡了。就想打电话去，让自己放心，她仍然爱我。第二次通话。并没有安心。电话里的语气变坏了。太多尴尬的空白。挂断电话。半小时后，又打了一个电话，但我不想成为唠叨不停的人，需求多、黏人，我不想成为一只昆虫。我会编个借口再打电话。你好，嘿，我只是要告诉你——我终于看到了西斯廷教堂。“哦，那很好。”她说。完全合理，但不够热情。暂停。沉默。现在我按捺不住了，陷入了鲍勃·霍普式的唠叨。“还有那儿的天花板。他不得不用很长的画刷。不，但我想说——”无话可说。不圆满的结局。下一个电话是纽约时间凌晨5点，而她不在家，我的焦虑水平触发了酒店的喷水系统。我知道真相，但我把它扫到了地毯下面。在接下来的几年里，地毯下面满了，我需要一张工业尺寸的地毯来盖住这些妥协。

最后，查尔斯·肯尼思·费尔德曼决定回巴黎做这部电影。我很激动。我们回去后，地点由导演和他的下属来选择。艺术总监是迪克·希尔伯特，极其有才华，极其有魅力，但我从不喜欢他。他对费尔德曼太忠诚了。再加上他喜欢没完没了地提及相识的名人。但你无法否认他的才华，他的个性也很有趣。

拍摄开始了，混乱立刻随之而来。比如，彼得·塞勒斯想出的每一句疯狂的台词或概念都被认为是金句，无论它是否适合。就个人而言，我对他并不着迷；多年后，执导他的保罗·马祖斯基也同意我的看法。但毫无疑问，他是一个真正出色的、真正有趣的喜剧人才。与此同时，我的剧本也被糟蹋了。我知道我死定了，当时我写了这样一个场景：主角在楼层之间停下电梯，以便与罗密·施奈德做爱，而愤怒的路人一直在按电梯。这场戏本来发生在一栋繁忙的办公楼里，但因为这部电影基本上是一个好莱坞项目，他们找到的电梯制作过于精良，非常漂亮，有可爱的窗帘和黑色的锻铁玻璃窗，非常有年代感。在里面做爱没有什么好笑，因为它比大多数新婚套房还要漂亮。我提出抗议，但好莱坞编剧的地位比剧组饮食供应商还要低一个档位。

彼得·奥图尔是个好人，他在开拍首日买了礼物送给我，一件我仍然留着的爱尔兰毛衣。他解释说，那种类型的毛衣，每一件的针织图案都不同，所以如果穿着者在海上溺水，他那臃肿、毁容的身体可以通过家族的针织图案来识别。从那一刻起，我相信，如果有一天我掉进塞纳河，他们把我的尸体捞出来，我母亲就能够认出我，并取消我的杂志订单。尽管如此，我还是无法忍受他们对我剧本的自由发挥。彼得·奥图尔碰见来客串的理查德·伯顿，伯顿是来片场探班的，因为他俩刚刚一起拍了《贝克特》(*Becket*)，两人绕着对方转，说道：“嘿，我是不是认识你呀？”——这本该让人笑破肚子，但我伸手去拿呕吐袋。我看到的东西让我如此尴尬，但我只能无力地抱怨。

第一次完整观看这部电影时，我引用了威利·萨顿的话，威利当时听说弗雷德里克·“天使”·特努托杀死了阿诺德·舒斯特，只因为阿诺德举报了威利。“这毁掉了我的一世英名。”[1] 威利是这么说的，而《风流绅士》毁了我。我也没有放过自己。我知道自己几乎一无是处。这是我的第一部电影，我不知道如何控制画面，如何搞笑。我在咖啡馆露天座，戴着一顶极可爱的帽子，想知道我正在做的事是否能成功。这并不有趣。但我确实在乔治五世酒店住了几个月。我与杰克·莱蒙、奥逊·威尔斯、伯顿夫妇等名人会面并共进晚餐。伯顿夫妇很有意思。他们在巴黎拍摄《春风无限恨》(*The Sandpiper*)，我和他们在摄影棚食堂吃午饭，这两位电影巨星一直在努力搞笑，用他们的打趣话和冒犯喜剧让我印象深刻。她会叫他有麻子的犹太人，他则对她的体重说些俏皮话，这全都是为了我这个无名之辈。我想说，嘿，你们可以放轻松吃松露，我真的不值得你们这样卖力。但我猜想，所有演员都有那

[1] 威利·萨顿，绰号“演员”，抢劫生涯超过四十年，据说犯罪时优雅且礼貌，手枪都不上膛，从未杀害一人。1952 年 2 月，业余侦探阿诺德·舒斯特在地铁认出被通缉的威利，报警后使威利被捕；同年 3 月 8 日，阿诺德被谋杀，警方怀疑凶手为威利的同伙特努托（后失踪），谋杀由甘比诺犯罪家族头目阿尔伯特·阿纳斯塔西亚主使。

种天然的不安全感，无论他们多么大牌，取得多大成就，都从来不会减弱。当我在巴黎时，露易丝那边又亮起了红灯（就好像我仍然不明白她有问题似的）。

我没忘记我们已经做了一段时间恋人，住在一起，断断续续，大部分时间在一起。所以有一天我给她打电话，我们正在聊天，在谈话中她说："树叶开始变色了。你会喜欢它们的。你喜欢秋天的颜色。还有什么——哦，我母亲自杀了。""什么？""她吃了安眠药。""什么时候？""哦——上个星期。""你不给我打电话？""为什么要打？"现在我觉得很尴尬，我接下去要说什么呢？"我本可以……""本可以怎样？""唉，"我咕哝道[1]，"我以为你会给最亲近的人打电话。"

"为什么？你在欧洲啊。"是的，我绝对是在欧洲。她说得没错。不过，这似乎很奇怪，它发生在六天前。她的母亲把处方安眠药存起来，然后过量服用。"好吧，"我说，"我本可以安慰你。"但她不需要安慰。她似乎并不难过；事实上，她看起来松了一口气，那个可怜的、精神上受苦的、孤独的女人结束了她的痛苦。我只能说，整件事与我从布鲁克林的J大道到玛格丽特·米德[2]作品中所认知的任何社交互动都不一样。

当时，林登·约翰逊正在与巴里·戈德华特竞选总统。我那时参加了一个叫作"海外美国人支持约翰逊"的团体。如今，我的作品从来都不是政治性的。我根本不觉得电影《香蕉》(*Bananas*)有一丝政治性，而且让我惊讶的是，当我去欧洲宣传这部电影时，外国媒体想谈论的、与那部傻傻的只为搞笑的电影有关的内容，

---

[1] 原文为意第绪语 fumfered。

[2] 美国人类学家，主要研究原始部落的社会文化和结构。

都是他们从中读出的政治。当时，作为一个公民，我当然关心政治。我站在街角发传单，在民主党初选中为阿德莱·史蒂文森投票，反对杰克·肯尼迪。我为乔治·麦戈文、尤金·麦卡锡助选并做表演。看我为谁竞选游说，就下注赌另一匹马吧。我一生中只投过一次共和党的票，投给约翰·林赛竞选纽约市长。但我从未对拍摄政治电影感兴趣。总之，我在这里，在巴黎做我的单口喜剧表演，为林登·约翰逊竞选游说。我想我可以肯定地说，我是唯一一个曾在埃菲尔铁塔上表演的美国单口喜剧演员。

当《风流绅士》完成后，我准备回家。我在爱马仕给我母亲买了一个鳄鱼皮包，代价不菲，她从来没有用过，而是把它存放在布鲁克林“一角储蓄银行”的保险库里。然后我收到一则消息，便没有直接回家，而是被私人飞机送到华盛顿特区，参加林登·约翰逊的大型就职典礼舞台表演。那是 1965 年 1 月。鲁道夫·努里耶夫和玛戈特·芳婷将与芭芭拉·史翠珊、尼科尔斯和梅、阿尔弗雷德·希区柯克、哈里·贝拉方特、琼·贝兹、卡罗尔·博内特、约翰尼·卡森和我一起演出。我乘坐一架大飞机回来，只有三名乘客：努里耶夫、玛戈特·芳婷和我。在整个旅程中，我始终没有和他们说过话，他们也没有和我说过话。我们在杜勒斯机场降落，受到皇室般的招待，我们做了很精彩的演出。请注意，在所有这些顶尖表演者中，有三组演员是杰克·罗林斯发现的：贝拉方特、尼科尔斯和梅，还有我。我表演了我的驼鹿桥段后就离开了，就像《综艺》常说的那样，“满堂喝彩”。

这是我唯一一次见到阿尔弗雷德·希区柯克。我们在后台闲聊，他很有魅力，很有趣。他走到舞台上，面对打着黑色领带的众人和林登·约翰逊一家，包括总统的妻子和女儿们，用那美妙的声音说："我警告过你们，《群鸟》（*The Birds*）要来了。"[1]

第二天我飞回曼哈顿，以为在离开那几个月之后，我将被拥为凯旋英雄[2]。我刚刚完成了我的第一部电影，在伦敦和罗马与比我更出名的人过从甚密，在巴黎住了五个月，乘私人军机到国家首都，与杰出的同行一起为总统表演。我走下接驳车，当我穿过机场去打车时，我看到了报刊亭，我的照片和约翰尼·卡森的照片并排在一起，还有一条与偷袭珍珠港事件一样大的通栏标题。上面写着：就职典礼上的喜剧品味差劲。显然，专栏作家多萝西·基尔加伦在演出现场，无论约翰尼·卡森表演了什么，都会冒犯她的品味，我的驼鹿段子也是。当然，我的驼鹿段子品味并不差，但我猜想，她的赫斯特[3]思维方式觉得这样可以卖出报纸。

约翰尼·卡森和我有两种不同的反应，我的是书呆子式的，他的是成熟男人的。他给我打电话，问我是否愿意上他的节目并做出回应，他自己当然打算这样做。我感谢他给我这个机会，但还是算了。我忙着保存那份《美国人日报》，因为我确信，只要我活着，不管这些年我多么活跃，这辈子都不会再上任何报纸的头版。这一点我搞错了。

事实是我根本没有受到批评的影响。但我这样很幸运。无论结果好坏，我多少像生活在一个泡泡中。我几十年前就不再阅读关于自己的文章，对其他人对我作品的评价或分析没有兴趣。这听上去很傲慢，但并不是。我不认为自己高人一等或对外漠不关

---

[1] 希区柯克执导的《群鸟》于1963年上映，宣传语"《群鸟》要来了"传播度很广。而林登·约翰逊妻子的外号正为伯德夫人（Lady Bird），此处应为一个双关玩笑。

[2] 暗指1944年由普莱斯顿·斯特奇斯导演的电影《称颂凯旋英雄》（*Hail the Conquering Hero*，又译为《战时丈夫》），与下文"偷袭珍珠港事件"相呼应。

[3] 指报业大亨威廉·赫斯特，名下报刊常刊登耸人听闻的报道。

心，也不是对自己的作品有特别高的评价。丹尼·西蒙教导我要依靠自己的判断力，我不喜欢把宝贵的时间浪费在很容易让人分心的事情上。朋友们经常鼓励我，至少让自己享受点乐趣，偶尔阅读一些受人尊敬的人的高度赞扬，甚至在极端情况下考虑在受到攻击时做出回应，但我都不想。我猜想约翰尼·卡森的态度更容易理解——挑战攻击你的人，那晚他强烈而果断地做到了这一点。对我来说，与一些呆头呆脑的黄色新闻记者吵架，不是为美国宪法辩护，而是为我的驼鹿段子辩护，这样做真的值得吗？我觉得如果你相信在小报上读到的一切，那你就活该这样过一辈子。

所以我又回到了第七十九街的生活。和露易丝又开始时断时续。我们因为什么吵架？一切。吵架主题只是她用来发泄愤怒的媒介。比如我们在街上，我打不到出租车。我能怎么办呢，没有可叫的出租车。我又不能凭空变出一辆出租车。然后，当我的头完全转向另一个方向时，一辆空车呼啸而过。她大叫，我迅速转身，但为时已晚。突然间，她对我大喊大叫，就好像我是帕里斯岛[1]的一名士兵。我没用，是个菜鸟。我很惊讶她没有命令我去做五十个俯卧撑。自然，我开始有点不安。突然间，她裁定今晚被毁了，然后冲回屋里。很快她就会平静下来，她会逗我笑，用手指穿过我的头发，用那种会让房间里的窗玻璃冒出水汽的声音说我的名字。还有一次，我们和一个熟人一起吃饭，他说了一个不幸的故事。“我们会借给你两万块钱。”她说，当时我脑子里响起空袭警报。我们没有两万块钱可以借，甚至没有两万块钱可以私下把玩。随后我不得不让我们脱身。于是我们吵了起来，留下我来做食言的那一个。

[1] 美国海军陆战队的新兵站。

还有一次，圣诞节早晨，家里断电了。经过一番寻找，她找到一个电工愿意过来。他离开在皇后区的家来接这个活。在他出现前一会儿，电力恢复了。现在他在门口，而她说，算了，我们不需要你。他说，但我应该得到服务费的报酬。她说，付什么钱？你什么都没做。他说他大老远跑过来的。是的，她用完美的无逻辑说，但你什么也没修。我试图干预并向她解释，这不是他的错，这是一场虚惊，但他应该得到一笔服务费。那个人是个好人，可以理解他的恼怒，他威胁说要是我们不付钱给他，他就去地下室把我们的电关掉。我再也忍不住了，我知道这将毁掉这一天，但这个人是对的。我付了钱给他，他离开了。我成了嘲笑的对象。接下来的几个小时里，她一直蔑视我，而我等待着，知道一切会过去，然后天堂里好色的六翼小天使会冷静下来，带着长长的金发和噘起的嘴，我们会在肥美的圣诞火鸡、梅子布丁、《上帝保佑小蒂姆》[1]和她的帕纳特[2]前做爱。关于我和露易丝的关系，请你参考莎士比亚的第57首十四行诗[3]。他在诗中并没有真正点出我的名字，所以我不能起诉他。

大约在那个时候，我遇到了另一个伟大的人物，他叫梅切尔·萨尔皮特，但他早就把名字改成马克斯·戈登。马克斯是百老汇黄金时代的制片人。他是乔治·M.科汉的好友，还借钱给尤金·奥尼尔结婚。他制作过一些精彩的剧目，比如《佳人有约》（*Born Yesterday*）、《孔雀夫人》（*Dodsworth*）、《艾莲妹妹》（*My

---

[1] *God Bless Tiny Tim*，音乐人小蒂姆（Tiny Tim）的首张专辑，1968年卖出了二十万张。

[2] 一种治疗重度抑郁症、焦虑症和强迫症的药物。

[3] 该诗表达既卑微又忠诚的爱意，开头为“做了你的奴隶，我能干什么，/假如不时刻伺候你，遂你的心愿？”（《莎士比亚十四行诗》，屠岸译，重庆出版社，2007年）

Sister Eileen）和《乐队马车》（*The Bandwagon*）等等，更不用说我少年时代的剧场偶像乔治 · S. 考夫曼的一些作品了。我在非常年轻的时候就被考夫曼所吸引。当我被迫在第九十九学校的图书馆里挑选一本书来读时，我随机选择了《考夫曼和哈特的六部戏剧》。纯粹偶然地，我翻到了《浮生若梦》（*You Can't Take It with You*）。舞台指示写道："马丁 · 范德霍夫的家——就在哥伦比亚大学的拐角处，但别去找它。"对我来说，这是一个有趣的舞台指示，与为学生规定的干巴巴读物很不一样，后者会使我们终生远离阅读。我读了这出戏，和许多人一样，其中的人物和混乱让我想起自己的家庭。像梧桐树一样，我们似乎总是和姑姑、叔叔、祖父母、堂兄弟姐妹住在一起——从来不只有我的父母、妹妹和我，或者即使有，时间也短得可以忽略不计。

我在电视上看到考夫曼，他是每周秀的常客，他的风趣带着一种新鲜的讽刺。当他在 12 月的一场秀里说"让我们做一场没有人唱《平安夜》的节目"，然后立刻就永远停播时，他就成了我和伙伴们的英雄。多年后，当有人提出让我致力于剧场创作而不是电视或电影剧本的想法时，乔治 · S. 考夫曼的身影浮现在眼前，虽然我渴望做严肃戏剧，但我知道，要起步，做喜剧是我最直接的道路。考夫曼和伟大的莫斯 · 哈特都写过一些精彩的喜剧秀，而我认同这两个人中看起来更傻的那一位。我，就像 GSK[1] 一样，讲了很多讥讽的笑话，很悲观，而且受不了有人公开利用和消费感伤情绪。当我发现考夫曼母亲的名字叫内蒂，和我母亲的名字一样时，它抹去了我所有的科学怀疑论，我觉得我们之间有某种缘分。

---

[1] 乔治 · S. 考夫曼的姓名首字母缩写。

现在，通过一连串随机事件，我遇到了马克斯·戈登。马克斯已经从剧场退休，但他一直在寻找能促成他复出的伟大电影。许多人试图取悦他，但他很难满足。他已经习惯了最好的东西，不会勉强接受差一些的。我告诉他一部戏的想法，这个想法可以很容易地交给考夫曼或哈特，他们会把它写到完美，比我把它弄得一团糟的笨拙方式领先好几个光年。但这是我的第一个剧本，当我告诉马克斯·戈登，一个争吵的家庭在一个欧洲铁幕国家度假，被误认为是惹是生非者，不得不跑到美国大使馆寻求庇护时，他竖起耳朵。我编造了这个故事，说他们不能冒险出去以免被逮捕，所以用他们的抱怨和癖好让每个人都感到紧张。马克斯喜欢这个故事。他也爱我。更重要的是，他喜欢我在夜总会的表演，认为我写的是最有趣的材料。我们互相吸引，我答应写好剧本交给他。在同一时期，查尔斯·费尔德曼正在伦敦筹拍电影《皇家赌场》(*Casino Royale*)，并给了我一个小角色。我猜想，他想让我在身旁灵机一动想出一些好笑的台词，假如他遇到麻烦——他的确遇到了麻烦，而且是很大的麻烦，但他不是偶然找到了我。很可能是因为他已经远离了创意行业，不知道自己陷入了麻烦。

去伦敦之前，露易丝和我结婚了。我们在一起八年分分合合，尽管有分手，但总是回到彼此身边。她和她的心理医生讨论过这个问题，产生了这样的想法：也许结婚这一行为，这种承诺，会给这段关系带来完全不同的、更稳固的影响。我们都愿意一试。如果你们中的任何人有这种想法，我不推荐这样做。对我们来说，这是一场来自跳跃街[1]的灾难。我们在美国酒店结的婚。我们在百

[1] 应指电视剧《跳跃街21号》(*21 Jump Street*)，该剧通过警察卧底的视角展现了酗酒、吸毒、恐同、艾滋病、虐待儿童和性滥交等问题。

老汇拐角处的礼品店买了一枚便宜的戒指，上楼去了所有表演者在逗留期间都能得到的套房，她父亲认识的一位法官为我们举行了婚礼。法官在他的小演讲中说，他为许多夫妇举行了婚礼，没有一对夫妇离婚。当然，纪录是用来打破的。

我们的开始很糟糕，因为结婚几周后，我就不得不去伦敦，出现在电影史上最糟糕、最愚蠢的胶片垃圾之一《皇家赌场》中。露易丝不想去。我会离开几个月。我们刚刚结婚。她可能会来玩，但从本质上讲，这是她与其他男人乱搞的黄金机会。当我知道当时正发生什么时，我必须说在热闹的伦敦，我也没能抵制众多迷人的诱惑。这场婚姻也就名存实亡了。我在这里，一个年轻人得到丰厚的薪水，住在漂亮的公寓里，得到不菲的每日津贴，而所有这些都为了一部电影，这部电影的制作是如此无能，以至于到他们开始拍摄我参与的场景时，早就超过我的拍摄时间，我只能加班了。当时人们都在赌博，有《皇家赌场》的演员，途经伦敦的名人、制片人、导演、编剧，还有当时在那儿拍摄《十二金刚》（*The Dirty Dozen*）的演员，包括查尔斯·布朗森、特利·萨瓦拉斯、约翰·卡萨维蒂和李·马文等。这正合我意，每天晚上都有大型扑克牌局。我们会在一个叫“一双鞋”的私人会所里玩。他们并不从赌局中获利，但所有这些名人都在那里，值得老板这样做。每天晚上9点或9点30左右，我们在威勒斯餐厅吃完鱼宴后开始玩，一直玩到天亮。赌注很大，但也没有真的很高。你可以赢一万或一万五千美元，这让我觉得自己是一个玩大注的纸牌玩家，直到第二年，我在拉斯维加斯遇到了乔·科恩，一个在一手牌上就赌了三十五万美元的扑克玩家。

我一直赢，因为每个人去玩都是为了开心，但我是专注的行家，为了获利、而不是为笑声或社交礼节。我静静地坐着，盖掉坏牌，只玩好牌，每晚都赢，而其他人在喝酒、大笑，真正地享乐。在赌场，我看着卡萨维蒂、特利和查尔斯·费尔德曼进场，买两万块钱的筹码，在十分钟内输光，然后要求重新加注。演员们在城里到处开空头支票，如果我没记错的话，费尔德曼帮约翰·休斯顿这样的人还的赌债，足够让后者再拍一部分《皇家赌场》，我确信约翰·休斯顿本来根本不会来演。

披头士乐队总是在你附近，星期六早上，你可以在国王路上漫步，搭讪穿着迷你裙的最可爱的小妞。露易丝和我打电话交谈，但她并不急于和她的新丈夫在一起，当电影拍完时，我告诉查理·约菲，我很乐意留在伦敦，这是一种享受，可以永远不回去。

这在现实中不可能，因为我已经完成了一个为百老汇创作的剧本。我把它叫作《别喝生水》，这是一次很好的尝试，你可以看到它的影响，但它做得很粗糙。当我回想起伦敦时光，我觉得最英国的时刻很可能是我见到女王的时候。对我这样的家伙而言，我想说这是一件惊人的事。那是在一间剧院里举行的庆典舞会上。我记得几天前，一些来自白金汉宫的只说不做的家伙，试图教我如何称呼王室成员的礼仪，好像我是某种让人扫兴的东西。我记得我站在各种大人物旁边排队。我刚抽了一截大麻，喝了一品脱苦艾酒，感觉非常高兴。我已经准备好，可以与上流人士擦身而过了。最后，女王陛下向排队的每个人问好，每个人都温顺地鞠躬，她走到我面前，说道："你好吗？"嗯，我慌了，紧张到不行。我不知道谁让我这么做的，但我跪了下来，把头伸向前方，接受封爵。我想女王很惊讶，她看了一眼她的男仆，也许他是一位勋爵或伯爵，然后我想我听到那个老姑娘嘀咕道："把这臭虫[1]冲走。”

好吧，我的描述并不完全精准，但我确实遇到了女王，并爱上了我在泰晤士河的夏天。

我回来后，露易丝和我重续前缘，在此之前我们做出了改变生活的承诺，但它显然什么都没改变。有时很好，但更多的时候相当坎坷。《风流绅士》的票房大卖——据说是到那时为止所有喜剧电影中最卖座的。糟糕的电影和票房大卖之间的相关性尚未被物理学家发现。总之，我仅仅在家一小段时间后，就接到一个电话。有人买了一部日本电影，并问我是否能为它配音，使之成为一部喜剧。它不是喜剧，但如果我们在日本演员说话时放进我们的声音，我们就能使它有趣。听起来很有意思。因此，我找了一些伙伴，包括我的妻子，走进一间工作室，把电影放映在屏幕上，在这部严肃的冒险电影音轨上即兴插入台词，把它变成一部喜剧。当我没空改台词时，制片人又雇了别人来加。这个项目结果不仅无趣，而且很愚蠢。我的工作做得不太好，而不知是谁添加的几句台词让我尴尬。我起诉，想把我的名字去掉，但当电影以《出了什么事，老虎百合？》(*What's Up, Tiger Lily?*)这个见钱眼开的片名上映时，却大受欢迎。

那时，聪明的人叫我闭嘴，撤回诉讼，顺其自然。我照做了，但《风流绅士》和《出了什么事，老虎百合？》两部电影都当面羞辱了我，于是我发誓，除非我有完全的控制权，否则我再也不做电影了，此后我一直拥有这种控制权。在最初几部电影中，我能控制是因为雇主开明，他们尊重导演，而不久之后，这成了我

[1] 原文为意第绪语 vontz。

合同中的一项必需条款。但我又一次走得太快了。

一些有趣的花絮报道显示了我当时是多么自信，或者说是多么自大。《风流绅士》上映时得到不少应得的差评，但票房表现很好。虽然宝琳·凯尔[1]在其中发现了一些优点，但大多数评论都不是赞美。这到底是些什么乱七八糟的东西？——这是批评界的主题。我以为经济上的成功会确保我能执导自己的电影，但有人说，这部电影的成功只是因为明星，而我很走运。当时我私下里沾沾自喜地指出：有一天，《风流绅士》将仅仅因为标志着我在电影界首次亮相而为人所知。你能相信我这种令人厌恶的自视甚高吗？结果真的是出乎意料地讽刺——尽管这并没有削弱当时我令人反感的无礼话语——我后来在一家音像店里看到一盘《风流绅士》，包装盒上印着“伍迪·艾伦的第一部电影”作为最大的卖点。

它给了我任何满足感吗？一个傲慢的微笑在我嘴边浮现，就像莫里亚蒂教授[2]的微笑一样，尽管几秒钟后，我就被拉回现实世界：这小小的讽刺并未能证明我个性里不讲理的冷漠是合理的。

我令人厌恶的自信的另一个例子，是二十一岁时被马克斯·利布曼雇用，为巴迪·哈克特和卡罗尔·博内特主演的电视剧做编剧。利布曼是一个非常重要的制作人，制作了早期经典电视节目，如席德·西泽的《您的演出节目》(*Your Show of Shows*)，除了伟大的喜剧之外，还有芭蕾舞和古典音乐。利布曼爱我，也爱巴迪·哈克特，但这个节目命运多舛。我只写了一集半小时的《斯坦利》，它就叫这名字，而一位评论家写道，巴迪·哈克特如果用即兴配音的话，节目会更有趣。我把这篇评论剪下来，带着一个傲慢的

---

❶ 美国知名影评人，1968 年至 1991 年期间为《纽约客》杂志撰稿。

❷ 詹姆斯·莫里亚蒂教授，小说人物，是侦探夏洛克·福尔摩斯的主要对手。

假设把它保存下来，确信它将在后来的岁月里变成一个笑话。

因此，现在我们讲到我带着刚写好的百老汇剧本回家，马克斯·戈登，另一个马克斯，正迫不及待地想要读。有一天，我把它给了他。马克斯有理由感到失望。一个非常有力的喜剧点子被写得很糟糕。它充满有趣的台词和滑稽的想法，但结构和对细节的关注是业余的。当然，我看不到这一点，因为它在我看来如此有趣，我认为它确实遵循了我在阅读考夫曼和哈特的剧本时所学到的所有结构上的零碎东西。马克斯想帮忙，安排拉塞尔·克劳斯读这个剧本，此人是一位成功的剧作家，也是霍华德·林赛的写作搭档，他和林赛一起写了百老汇迄今为止上演档期最长的戏《天伦乐》(*Life with Father*)。克劳斯人很好，也很会鼓舞人心，他试图指出缺陷，以及我可以考虑如何弥补。我笨拙地尝试，自欺欺人地认为我已经改进了剧本，也许我的确改进了一点，但还不够。

马克斯锐利的眼光在读到它的那一分钟就发现了未能改好的缺陷，开始对这个节目和我失去兴趣，不再认为我是他希望发现的下一个 GSK。我相信尽管受到批评，这个剧本还是有些料的，它很有趣。我没有足够的洞察力去看清笑点之外的东西，人物也不够立体，无法引发真正的连接，情节充满了笨拙的写作。因为我很无知，我把剧本寄给了大卫·梅里克，他马上觉得它很搞笑，想制作它。我认定马克斯是一个已经过了全盛时期的制片人，而决心与一位出现时房间里总是伴着燃烧的硫黄味的制片人共命运。我向梅里克坚持说，我们要雇用鲍勃·辛克莱尔做导演。他一直是马克斯的建议人选，我和他谈过这个项目，出于对我觉得是一种承诺的忠诚，我让梅里克雇用他。这是众多错误中的第二个。

第一个错是梅里克决定制作这部戏。这部戏演员阵容庞大，辛克莱尔、梅里克和我以标准方式选角，坐在一个空荡荡的剧院里，演员们走到光秃秃的舞台上，与舞台经理一起试戏。对于男主角，梅里克建议我去看《新婚燕尔》(*Barefoot in the Park*)，罗伯特·雷德福离开后，有个演员接替了他。梅里克发现替代雷德福的人很有趣，是百老汇浪漫喜剧的理想男主角。我就这样认识了托尼·罗伯茨，我与他合作过多次，多年来一直保持友好关系。正如梅里克所说，他是浪漫喜剧的理想男主角，以一种笨拙的方式吸引人，很会讲滑稽的台词，容易合作。他是一个大众情人，后来我们一起演《呆头鹅》(*Play It Again, Sam*)时，有一次他没能按提示进场，把我留在舞台上语无伦次，因为他正在更衣室里勾搭一个女演员。尽管我很有经验，我还是愣住并说起了世界语。

幸运的是，一位不那么慌张的女演员站了出来，负起责任，使这部戏重新成为焦点。不管怎么说，托尼是《别喝生水》的一个重大发现。真正搞笑的迪克·利伯蒂尼也是如此，他是一位独特的有天赋的喜剧演员，在这部戏里扮演牧师。几十年后，他出现在我的另一个独角戏中，扮演一位拉比，两次演出都使观众笑个不停。我们的布景设计师是乔·米尔季纳，他是百老汇的代表人物，在导演辛克莱尔的错误指导下，设计了一个巨大、空洞的布景，令人压抑，与你想要的喜剧布景相反。你要知道，这是伟大的布景设计，但他被推向错误的方向。根据马克斯·戈登的说法，导演鲍勃·辛克莱尔曾是乔治·S. 考夫曼的助理，这让我产生共鸣，但实际上并不意味着什么。他很久以前就退休了，住在圣巴巴拉，多年未做导演，享受偶尔的醉饮。正如他的继任者斯坦利·普拉格所说，他是幽默的敌人。

排练开始了，人们都在给彼此手淫，每个人都对别人的台词和行为捧腹大笑。主演是娄·雅可比，一个真正有趣的人，他在尼尔·西蒙的第一部戏《吹响小号》（*Come Blow Your Horn*）中表现出色。在排练期间，托尼·罗伯茨和我总是被台上或台下的娄逗得忍不住大笑。他妻子的选角是梅里克的想法。我写的是一个说着俏皮话的纽约人，实际上是为女演员贝蒂·沃克写的，我本人并不认识她，但很喜欢。相反，梅里克着眼于票房，选择了维维安·万斯，她在《我爱露西》剧中扮演埃塞尔·默茨。她是一位优秀的喜剧演员，却完全不适合这个角色，而且事实证明她是一个极其讨厌的人。当她被凯·梅德福取代后，该剧才有了生气，和贝蒂·沃克一样，凯·梅德福可以使对话生动。但真正的麻烦还没有降临到我们头上。我们的排练非常顺利，我被告知外面的反响相当好。通排精彩，带妆彩排也很好。

我们在费城的胡桃街剧院开演。讽刺的是，几个街区之外，音乐剧《蒂凡尼的早餐》正在试演，导演是阿贝·伯罗斯。不管怎么说，我们开演后就完蛋了。评论非常糟糕。梅里克立即行动起来，解雇了鲍勃·辛克莱尔，一开始梅里克就不想要他，他是对的。他让我接管几天导演工作，直到找到其他人。我照做了，并且熬夜重写。演员们让我惊奇。我在日场演出前两小时给他们新的台词，他们能换掉旧台词，马上用在戏里。正如我所说，唯一的苦果是维维安·万斯。在舞台上，所有在场的演员都接受了改动，她却大声不断抱怨说，她没有得到更多活儿，比如更多搞笑台词、更多喜剧戏份，她声称自己多年来在露西尔·鲍尔的节目中是一个喜剧大师。她有天赋，是一个很好的喜剧演员，却因被误选而苦苦挣扎。她不能接受这样的想法，即演出中的变化无关她的角色，而是关于整体情节、所有人物和所有没有发挥出来的台词、结构、叙述。她一直是剧组的肉中刺，直到梅里克最后把她赶走，雇用了凯·梅德福。正确的选角会带来多大的变化，真叫人惊讶。

斯坦利·普拉格加入了我们，接管导演工作。有趣的是：虽然他绝非伟大的喜剧导演，但他是一个滑稽的小家伙，心地善良，充满活力和自信，他立刻让我们所有人都感觉变好，乐观起来。他更换周围布景，把情节带到舞台下靠近观众的地方，把演员们打磨成型。一个接一个地替换选角，直到《别喝生水》成为当时所有非音乐剧中替换演员最多的剧目。

在费城的演出糟糕透顶。首先，由于评论，我们的演出甚至没有半数观众。令人沮丧。然后，我一直到深夜才把修改稿噼噼啪啪地打出来，第二天早上交给演员，看着他们仓促地插入这些修改，这是记忆和调整的奇迹，但有一个暂时的大问题。新材料往往与旧材料不一致，因为需要更多修改来保持情节和人物的一致性，这样演员们才可以同时扮演旧剧中已经过时的场景和人物以及新的场景，后者需要在先前的场景中写进不同的设置。我想说的是，我们同时在演两个不同的情节，而这两个情节还没有被拉平。可怜的观众，起初困在座位上等着火鸡，结果成了我们不断调整和实验的豚鼠。[1]男女演员们来来去去，场景改变，被放弃，新的转折点在没有前述提示的情况下出现。一天深夜，当我在酒店房间里努力重写时，大卫·梅里克对我说："你在演艺界可真拼

[1] 火鸡指"失败之作"，豚鼠指"实验对象"。

啊。”但他从未退缩。他站在我身边支持我，让演出继续。我喜欢大卫的地方在于，他可以当一个大好人，机智，有魅力，而且是一位伟大的制片人——除非你和他吵架。

我在费城与他共度周日下午，在电视上看橄榄球。我喜欢他。他曾是一名律师，做剧场是为了认识女孩。他自己说的。我的确为了一句对白和他吵过就一次，这句对白一定很普通，因为我不记得了。在电影或电视中，编剧拥有与印度尼西亚女性相同的权利，但戏剧不一样，戏剧联盟呼吁没有编剧同意，就一个字也不能改。我坚持作为编剧的权利，要求加入我的新笑话。梅里克说：“如果今晚演这句台词，我就解雇导演。”我瞥了一眼可怜的斯坦利·普拉格，他应该得到与被解雇相反的待遇——他应该得到奖金——于是我作罢。但我喜欢梅里克。

当这部戏离开费城，在波士顿开演时，它已经改善了很多。我们不是在做《蒂凡尼的早餐》，或类似会被报道成精彩绝伦的戏，但我们正凝聚到一起。这里有一个新的场景，那里又冒出斯坦利·普拉格的一个新想法，演员们也随着修改减少而感觉更安全。埃利奥特·诺顿在后台对我提出一些建议，他是一位非常好的波士顿评论家，习惯于把演出视为进行中的工作，会逐步成形。这么说吧，会演得越来越好。这仍然不算一出好戏，但有极好的喜剧演员，我也在不断替换新笑话，直到台词奏效，于是它成为一台笑的机器。当我们到达纽约并在摩罗斯科剧院预演时，剧院工作人员说，他们从未在观众那里听到过如此多的笑声。这就是使得我们演了两年的原因。不是戏的质量，不是评论，最温和的评论也不过是毁誉参半，而是说如果你是一名观众，不挑剔剧作家的舞台艺术，你付了十美元就整晚都在笑。

我还得到一个惊喜，哈罗德·克勒曼，这位同仁剧团的代表人物，也曾是演员工作室的一员，为我的演出写了好评。[1]他看到了其中的优点，不仅仅是笑话或卡通漫画人物。我不认为有什么优点，但他的赞赏对我来说意义重大，因为我总是说，要不是我出生得太晚，不适合同仁剧团，我本该与他们合得来。我有时觉得我是一名沮丧的30年代剧作家，已经过时，错过了时机，出作品太晚了，但伊利亚·卡赞喜欢我的电影，这让我感觉很好。那本该是我愿意为伍的人群——奥尼尔、克利福德·奥德茨，一直到阿瑟·米勒，然后是田纳西·威廉斯。我没有他们的天赋，但如果他们需要有人来买咖啡……

首演之夜的第二天早上，在褒贬不一的评价中，至关重要的《纽约时报》认为不算很好，梅里克把我叫到他的办公室。红色植绒墙纸。他像恶魔般坐在那里；助手们手中就差握着干草叉。他说，票房有一些波动，我们将继续演，看看口碑如何影响我们。但更重要的是，他说："我想成为你的制片人。我想制作你的热门作品和失败作品。"在评论不佳的情况下，听到这句话真是太好了。不久之后，我将把下一部戏《呆头鹅》交给他，一部更好的作品，尽管仍然不算特别出色。但那天早上，在剧院区的中心，我被他的支持所感动。我们刊登了一整页评论广告，无论批评家多么晦涩难懂，每一句好话我们都用上了。为了填满版面，我在众多适合的评语中用了我母亲的名字，这的确是来自内蒂·康尼斯伯格的高度赞扬。结果碰巧口碑很好，我们演了将近两年，还卖了电

[1] 同仁剧团（Group Theatre），纽约戏剧团体，挖掘出诸多剧作家和演员，对美国戏剧产生广泛影响。二战结束后，同仁剧团几位创始人成立演员工作室（Actors Studio），将俄国表演理论家康斯坦丁的"方法演技"发扬光大，成为现代戏剧的持久力量。

影版权，被拍成了一部真正可怕的电影（不是我拍的），而像《蒂凡尼的早餐》这样在外地取得巨大成功的戏，却很快就失败了，这就是剧场的讽刺和不可预测性。许多年后，有人闯入原导演鲍勃·辛克莱尔在圣塔巴巴拉的家谋杀了他，我听说大卫·梅里克有无懈可击的不在场证明，那晚他和朋友们在一起。

在我第一部戏剧时，托尼·罗伯茨和我并没有走得很近。我俩的友情要到我们一起出演《呆头鹅》时。我是在芝加哥的酒店房间里写这部戏的，当时我正在“凯利先生”那儿做表演。当我写舞台指示、思索着描述这个影评人的小房间时，我写道：“墙上有一张亨弗莱·鲍嘉的放大照片。”我选择鲍嘉，只是因为当时有一张他的流行海报四处贩售。那时，这是顺理成章的，有了电影的幻想，鲍嘉会出现在其中一部里，而我在写作时省事地反复使用他，他成了故事中的一个主要角色。我在芝加哥的那个酒店房间里写了又重写。我与我的朋友约翰和琼·杜马尼安一起吃肋排。在那些日子里，芝加哥有一家叫“黑安格斯”的餐馆，那里肋排的味道给了你从宗教、精神分析或伟大的艺术中都无法得到的生命意义。在那个年纪，我可以匆匆吃下整排的肋排，然后在“凯利先生”那里做两场演出，随后在深夜回去吃下更多肋排。如今，如果我允许自己享受任何愉悦的东西，我心脏病医生的办公室里就会响起铃声，而我将会被软禁。

琼、约翰与我有时在休·海夫纳[1]家消磨时间。不多，但偶尔会去。那里几乎二十四小时开放，挂满毕加索的画，到处都是名人、体育明星和性感女人。性感女人是全部吸引力。相信我，不是毕

[1]《花花公子》杂志的创刊人及主编。

加索。每当我到芝加哥，就会接到来自《花花公子》大厦的电话，邀请我作为客人住在那儿。我从来没有这样做，但我们时不时地去逛一下，社交一番。生活中我有一条基本规则：永远不要成为任何人的座上宾。我也从来没有勾搭过海夫纳的任何一位室友。一想到那些曲线玲珑的尤物要把她们的一丝注意力浪费在一个更适合扮演絮絮叨叨说个没完的结巴佬的人身上，我就胆怯了。多年来，我与《花花公子》中间插页上的人物调过情，但从来不是因为去了海夫纳的大厦。通常，我会被错认成其他人。我喜欢海夫纳，我记得有一天晚上，他向我解释说，他小时候的梦想一直是拥有一栋永不停歇的房子，你永远不会注意到时钟。你喜欢什么时候醒来就什么时候醒来，想吃早餐就吃早餐，做你想做的事。不管什么时候。如果你在凌晨 2 点起床，你的一天就从那里开始，你的日程安排按照自己的时间进行。这对我来说毫无意义，其他人的梦想对我都毫无意义，但如果这样的生活方式让海夫纳感到高兴，而且确实如此，那就好。我只知道他是一位友好慷慨的主人，富有、成功，如果他喜欢在晚上 11 点起床，吃早餐，然后与名人们玩大富翁游戏，我有什么资格反驳他呢？

在婚姻方面，事情发展得相当糟糕，因为露易丝发现了今天被称作大麻（weed）的东西。那时候叫“草”（grass）。在遥远的过去，它叫“大麻烟”（muggles）。撒旦还带来了兴奋剂、亚硝酸异戊酯、甲喹酮，以及一系列新的体位，可以与三州地区[1]任何登记投票的男性尝试。我仍然爱慕她，发现她的花心是典型的露易丝式的，但这会使婚姻失败，我们就开始谈论“散伙”，用演艺界

[1] 指宾夕法尼亚州、俄亥俄州和西弗吉尼亚州。

的话来说就是“分手事件”。她对我的生活做出过许多贡献，包括敦促我向《纽约客》杂志提交我写的一篇文章。提到散文，我缺乏信心，确信会收到拒稿信，但她不这么认为。她是对的，因为她的直觉和信心，我成了我一生都崇拜的杂志的定期撰稿人，而且我很幸运，几十年间有罗杰·安格尔做我的编辑。但毫无疑问，露易丝是个难以驯服的人，尤其在服用各种药品上——救命啊。

接下来让我分心的是，我脑子里突然冒出一个想法：做一部喜剧电影，纪录片风格。这在以前没有人做过，最初的想法是要做得很真实，可我没有这样做，我会告诉你原因，但多年后我在《西力传》(*Zelig*) 中终于实现了这一想法。《傻瓜入狱记》(*Take the Money and Run*) 是我和老同学兼棒球队友米基·罗斯一起写的剧本。我们的友谊可以追溯到米德伍德高中，我们当时都梦想着进入大联盟，无论天气多么炎热，我们都会在夏天来到棒球场，击打棒球，接高飞球，接地滚球，隔几小时才停下来，到街角糖果店买麦提莎巧克力。米基缺乏纪律性，但有一种疯狂的幽默感，完全原创。他对笑话的想法，是去所有纽约经纪人和经理的办公室，参加所有演艺界会议，然后偷偷地把一个吞拿鱼罐头留在某处。他自己会歇斯底里地笑起来，想象着生意人聚在一起吃午饭，有个人说：“前几天发生了一件有趣的事，我在我的办公桌抽屉里发现了一罐吞拿鱼。”

“太巧了，”第二个人说，“我在椅子上也发现了一罐。”“我也是！”第三个人说。到这里，米基已经在地板上打滚了，眼泪从脸颊流下。

多年以后，我雇了一个司机，米基希望我让司机每天晚上 8 点 15 分开车送我到公园大道和第八十三街。他想让我下车，亲吻灯柱，然后回到车上，继续生活。他又一次笑得瘫痪了，想象着新雇的司机告诉他的妻子或朋友："每天晚上8点15分，这个家伙让我开车送他到第八十三街和公园大道的交叉口，他下车亲吻灯柱，然后我们开车离开。"以某种跨星际的方式看，米基是天才。总之，我们一起写了《傻瓜入狱记》，但我想自己当导演，所以没有人接盘。然后，我的职业生涯走了运，一个叫作帕洛玛电影公司（Palomar Pictures）的新公司成立了，因为是刚成立的，加上有像埃德加·谢里克和保罗·拉撒路三世这样的时髦人士掌权，他们愿意在一个首次当导演的人身上冒险。现在，我真的有了业绩记录，作为《风流绅士》作者，垃圾但大受欢迎，还有《别喝生水》，更垃圾但很成功。至少他们知道我不是一个连环杀手，也不是一个会拿着他们的预算，装进口袋，然后飞到开曼群岛去的人。

他们给了我一百万美元，让西德尼·格雷泽来给这部电影把关，然后就像他们说的那样，这是最美好的部分：尽管没有写在合同里，但他们信任我，让我在艺术上拥有完全的控制权，而且从来没有打扰过我一秒钟。我在旧金山拍摄，这个城市历来都是我的幸运之地。赫伯特·罗斯的电影《呆头鹅》就是在那里拍摄的。《傻瓜入狱记》和后来的《蓝色茉莉》也是，都拍得很好，我在"饥饿的我"做喜剧表现不错，并在"地震麦古恩"作为爵士乐手起步。我的女主角是珍妮特·玛戈林，一个来自中央公园西区的漂亮女孩，也是《大卫与丽莎》（*David and Lisa*）的联合主演。大部分演员都是旧金山本地人，他们都很出色。此外，还有一些好莱坞的角色演员。我把预算控制在一百万美元之内，按时完成拍摄。第一天的拍摄是在圣昆丁监狱。我所有的兴奋感都来自我将要进入一个监狱，而那里有重刑犯，我将看到一栋标志性的大房子，我只在书上看到过，或者在老的黑白电影中看到过一些版本。我可能根本不在乎作为导演的首次亮相。我着迷的是那座监狱。监狱长警告我们，这里的人很危险，如果发生暴动，或者我们中的任何人被劫持为人质，他们会尽其所能把我们救出去，但不会释放任何罪犯。我发现一个有趣的现象，当数百名囚犯聚集在开放的大院子里时，所有的白人囚犯待在一边，而所有的黑人囚犯都在另一边。与你在任何美国大学食堂里看到的情况或许并无二致，我后来在电视上说了这样的俏皮话，引来一片月球般的寂静。

于是我进入圣昆丁监狱，开始我的职业生涯，在监狱院子里组织了一场暴乱。囚犯们很合作，我们大叫着开拍，这些人上演了一场真正的骚乱混战。在我喊停、他们散去后，我记得从院子的地面上捡到一把小刀。现在想起来，我踏入片场时，从未拍过一部电影，对摄像机、镜头、灯光或导演一无所知。我从来没有学过表演。帕洛玛的一位主管问我："给你一百万美元来导演一部电影，你感觉如何？"相比今天，当时的一百万是个大得多的数字。"紧张吗？"他问道，试图用明无情让飞侠哥顿[1]淹没在岩浆中时的那种笑容来让我安心。

事实是我无法想象他在说什么。我为什么会紧张？整个交易在我看来是常识。我写了剧本，我知道我想看到的是什么。当我通过摄像机看时，我知道是否看见了我所预想的东西。如果不是，我就会纠正一些东西。也许我需要把摄像机向左或向右移一点，再近一些或远一些。如果我拍摄的角色走向某个地方，我们就跟

---

[1] 漫画《飞侠哥顿》（*Flash Gordon*）的英雄主角，明无情是漫画中的反派角色。

着他，因为摄像机在轨道上。有一个替身来演我的部分，当摄影师完成灯光后，我们就可以开始拍摄了。我告诉替身，他可以去喝一杯啤酒，我取代他的位置。我演我写的那场戏，用我想听的方式说出来。镜头一转，我就大喊："好，拍到了吗？"如果我对某些东西不满意，我就再做一遍。这不是什么高深的事，而我以前从未做过这事毫不重要。只要你在讲述一个喜剧，特别是"直白喜剧"[1]，你想要的就是这场戏要喧闹、亮堂、迅速。速度是喜剧导演最好的朋友。你要追求的是笑声，如果你有某种让人发笑的天赋，能把你的东西清楚地搬上银幕，让观众有机会看到和听到这些笑点，你很快就会成功。《傻瓜入狱记》拍得很顺利，米基和我即兴创作笑话和段子，玩得很开心。

回到纽约，我把电影剪在一起，并雇了一个年轻人马文·哈姆利奇为之配乐。我要一些忧郁的曲子，因为我受卓别林电影的影响。哈姆利奇答应了，开始配乐工作。与此同时，我们试映了这部电影。在这里，我的经验匮乏产生了恶果。我没有把临时音乐放进去，所以整部电影是冷冰冰的默片。尤其是没有人说话的场景，比如有人在没有音乐的情况下走了一段路，那么这段路在银幕上会没完没了。再加上我们挑选试映的观众，是美国劳军联合组织从街上抓来的休假军人，他们在某个下午填满半间放映室，电影又没有任何粗剪、单有台词，我们自然会像情人节大屠杀[2]那样完蛋。

当我们为帕洛玛放映这部电影时，他们也有同样的反应。即使加上一些马文·哈姆利奇的音乐，他们也明白了把信心寄托在

---

[1] Broad comedy，一种喜剧风格，采用动作性的、夸张的、不雅的幽默方式。

[2] 1929 年情人节发生在芝加哥的黑帮谋杀案，七名帮派成员遭到集体枪杀。

一个笨拙的傻瓜身上，等于看着一百万颗鹰嘴豆被漩涡般冲进马桶。他们建议我找拉尔夫·罗森布拉姆来帮忙，他通过重新剪辑挽救了许多电影。在灾难的边缘，我从任何可以得到帮助的地方寻求帮助。罗森布拉姆加入了，他是一个尖酸刻薄、极具天赋的剪辑师，他把我的电影从失败变成成功，他就这么做成了。就像斯坦利·普拉格帮助《别喝生水》一样，拉尔夫让我立刻振作起来。他做的第一件事，是把我剪掉的所有有趣的东西重新放进去。他解释说，在没有音乐的情况下，对一群孤独、想家、晃进一个半空的放映室里的美国大兵来说，电影当然会完蛋。他塞入一些尤比·布莱克的爵士乐，代替哈姆利奇可爱但伤感的背景音乐，而仅仅将较慢的音乐或没有音乐转换为生动的爵士乐，就改变了它，或者我应该说，惊人地改变了它，因为这种转变是神奇的。他还在开场演职员名单前放了一些素材，有助于加快叙事速度。

我来总结一下。拉尔夫实际上只改变了原始剪辑的两成，这部分他比我更喜欢。但这两成的改动决定了这部电影成功与否。没有他，这个项目或许就会失败。总之，这部电影在第三大道一家叫“六十八街剧院”的小影院开演。剧院前面有一棵树，树枝遮住了影院广告牌。我父亲自告奋勇，打算半夜和朋友们一起去把树砍掉。提议被婉拒。这部电影获得好评，最后票房也大卖。我就是这样开始拍电影的。艰苦的工作，一些天赋，很多运气，和来自他人的重大贡献。

与其同时，有一天我和露易丝决定离婚，而她的父亲，一个彻头彻尾的好人[1]，促成了对我们两人都公平的分手，我们分开后

[1] 原文为意第绪语 mensch，指正直和有正义感的好人。

仍然友好。我们一直是伟大而忠诚的朋友。花絮：我们去华雷斯办理离婚手续，前一天晚上在圣安东尼奥还睡在一起，在等候室里我们如此恩爱，与其他等待离婚的人在一起，一个男人问我们，你们哪个要离婚？我们说我们都是，我们要和彼此离婚。他无法相信；两个如此公开相爱的人要分手。他结结巴巴地说："哦——好吧——总归是这样比较好。"她后来事业很成功，主演了一个流行的电视剧，在电影里演了一些小角色，还教书。在她名气最大的时候，她上过许多杂志封面，并真正克服了她的问题，我想知道要是她从来没有打过这一场艰苦之战，她还可以成为多耀眼的明星。

因此，到了这里，回归单身，准备为《呆头鹅》这部戏选角，托尼·罗伯茨与我联合主演。我们只需要找到合适的女孩来演女主角琳达。导演是乔·哈迪，一位优秀的导演，他知道自己在做什么。他和我坐在剧院后排，一个个有才华的女演员前来试镜。外面有很多人才，但没有足够的好角色。桑迪·迈斯纳是纽约一位著名的、备受尊敬的表演老师，他经营着邻里剧院（Neighborhood Playhouse），那里冒出了许多出色的演员。在某个地方，他逮住了大卫·梅里克，大肆赞扬班上的一个女孩，他发现她极为优秀。她叫黛安·基顿。她本名黛安·霍尔，但已经有一个女演员叫这个名字了，工会不允许一个人使用已经被用的名字。

因此，在这番铺垫之后，我们都坐在剧院里，等着基顿来试镜。一个瘦弱的年轻女孩走了进来。让我这样说吧：如果哈克贝利·费恩变成一个非常漂亮的女人，那就是舞台上的这个人。基顿，为早上刚醒来而道歉，她是一个来自奥兰治县的乡下妹，跳蚤市场和吞拿鱼三明治的常客；这个来到曼哈顿的移民，在这里做衣帽间女孩，她曾在奥兰治县的电影院里卖糖果，因为自己吃掉了所有糖果而被解雇，她试着向我们所有人说了几句惯例的问候台词。这个乡下妹谈论着她的格莱美名人堂，说着租房佬乔治每年圣诞节都能从工会那里得到免费火鸡，并用“诚实的印第安人？”❶来回答恭维的话。但我能告诉你们什么呢——她很棒。在各方面都很出色。人们谈论某人的个性时会形容这人令房间蓬荜生辉，那基顿的个性能照亮一条林荫道。可爱、风趣，完全原创的风格，真实，新鲜。当她离开时，我们知道还必须按计划面试其他女演员，但在我们心目中，她已经得到了那个角色。

乔·哈迪领导下的排练很顺利。托尼·罗伯茨就像糖果店里的孩子，因为该剧有半打漂亮女孩会出现在主人公的幻想中。托尼在第一天就开始行动，令他已然巴洛克式的社交生活变得更复杂了。我和托尼的关系越来越好，但基顿和我都在追求各自的社交对象，礼貌地聊天，但聊得很少。有一个人每天给她打电话，我自然认为是她的男朋友，但后来发现是她的经纪人。我和任何一个会答应我的迫切请求、让我投喂她们的人约会。有一次，在去华盛顿特区开演前一周，我和一个非常漂亮的褐发女孩约会。我带她去吃饭，玩得很开心，两晚之后我们又约会了一次。

在当中的那个晚上，我和基顿一起排练，乔·哈迪建议我们排练台词，以便更流畅地记住它们。她当然知道她的台词，就像伊芙·哈灵顿❷一样，但我，尽管是我写的台词，却还需要更多时间把它们背下来。我们休息吃晚饭，她和我跑到街对面麦吉尔台

---

❶ Honest Injun，美国俗语，意为“实话实说”。

❷ 1950 年的电影《彗星美人》中的角色。

球馆旁边的一间餐厅，我有时在那里打台球。在那次即兴晚餐中，她如此迷人，如此可爱，如此漂亮，如此闪耀，以至于我坐在那里想，为什么我明天晚上要去和那另一个女人约会？基顿有魔力。当然，她吃东西像普里莫·卡尔内拉[1]。我从未见过伐木营以外的人吃那么多。

总之，切入正题，到《呆头鹅》在华盛顿上映时，我们已经是恋人了。从波士顿到回纽约时，我们仍在恋爱。我当时刚在第五大道上买了一套顶层公寓，而她住在东边的陋屋里，那是一个单间，没有花一分钱就变得温馨漂亮。她显然有艺术家的眼睛。你可以从她的穿着中看出来，如果你碰巧认为把死猴子的爪子钉在毛衣翻领上很时髦的话，这就是引领潮流。这么说吧，基顿总是带着某种古怪的想象力来打扮自己，就好像她的私人采购员是布努埃尔。但这不仅是一种时尚的天赋。她拍照很好，能演戏，唱歌好听，跳舞、写作都很出色。从我们认识起，我们一直是亲密的朋友。当我和拉尔夫·罗森布拉姆完成重新剪辑的《傻瓜入狱记》时，我为她放映，她说很好，很有趣，不用那么担心，从那时起，她就成了我的北极星和得力助手。因为除了有品位和聪明之外，她完全遵从内心。你可以整天吟诵对莎士比亚的赞美，但如果她觉得他的东西很无聊，她就不会在乎他的诗歌有多受人尊敬，也不会在乎教授或公众怎么说。她只忠实于自己的判断。我一直给她看我的作品，而她是少数我真正关心其意见的人之一。

所以她喜欢《傻瓜入狱记》，戏上映了，很受欢迎，基顿、托

[1] 意大利传奇拳手，1933 年获世界冠军，出演过多部电影。

尼和我常一起出去玩。不久之后，她将搬来和我一起住，先是住在我的旧公寓里，然后在我等待顶层公寓装修时住在一家酒店里。我不喝酒，但我想要一个吧台，还有两个醒酒器，这样就可以给那些也不喝酒的朋友提供苏格兰威士忌或白兰地了。

在我生命中的那个时点，我有一个非常有趣的朋友。她的名字叫玛丽·班克罗夫特，我提到她只是因为我发现她是一个非凡的女人。她比我大得多，要年长二十五到三十岁，我第一次见到她时，她很可能已经七十多岁了。那是在诺曼·梅勒在布鲁克林的家中的一场派对上。她住在第五大道上我家附近，我让她搭车回家。她非常聪明，博览群书，无所不知，从政治到文学再到卡尔·雅泽姆斯基❶的击球姿势如何使他成为优秀的击球手。她在七十多岁时决定学习电脑。我曾经带她去看篮球比赛。她是个作家，在二战中做过反纳粹的间谍，为艾伦·杜勒斯❷工作过，还做过精神分析，是荣格的病人。我不记得她是和荣格还是杜勒斯有过一段恋情，但听她讲话很有趣。

我们聊天吃饭，共度了很多时光。杜勒斯希望她的间谍工作在战争结束后能得到奖励，而她的要求是在纽伦堡审判中有个座位。她得到一张票，结果发现纽伦堡镇在法庭审理期间超级拥挤，居住空间很稀缺。她被迫与那些丈夫因种族灭绝和暴行而受审的妻子同住一室，她发现这些妻子非常可笑愚蠢，她们到处骄傲地吹嘘自己的丈夫和战时的成就。总之，我们在一起有很多美好时光，直到她去世。我想，既然她是我生活中令人兴奋的人物，那么在原本乏味的艾伦传奇中，她值得我扯远一些。

---

❶ 美国职棒大联盟球员，棒球名人堂的成员之一。

❷ 曾任美国中央情报总监，在二战中完成多项情报工作。

次年我拍了《香蕉》。又是我和米基·罗斯的剧本，在波多黎各拍摄。我没有在这部电影中使用基顿，因为我写这个角色时想的是露易丝。由于《傻瓜入狱记》和《呆头鹅》的成功，联美公司[1]（United Artists，简称 UA）向我提供了一份三部电影的合同。我给他们看的第一个剧本是一部剧情片，但他们不想要喜剧导演拍的剧情片。我原本可以拍，因为我在合同中有完全的发言权，但我绝不会强迫任何制片公司参与或支持他们不信任的电影。大卫·皮克是我在 UA 的一个重要支持者，当我说“如果你不喜欢，就根本不要考虑它，我会写别的东西”时，他松了一口气。米基·罗斯和我于是写了《香蕉》。当时有一本关于南美革命的漫画小说，我们要求 UA 购买版权，因为我们想拍南美革命，但不想被起诉。UA 以极低的价格买下这本书。然后，米基和我开始写我们自己的超现实乱弹剧本，一点都没使用书里的内容。这本书有一个连贯但没有想象力的情节。而我们几乎没有情节，有很多疯狂的东西。多年后我才知道，联美公司的主席阿瑟·克里姆看了《香蕉》，意识到它与 UA 购买的书毫无相似之处，他想起诉我欺诈，但被皮克和大卫·查斯曼劝阻了。

如我所说，我在去波多黎各之前在第五大道上买了一套顶层公寓，基顿表明，等我们回来后，她会更坚定地搬进来和我一起住。我犹豫了一下，但在波多黎各，我们度过了一段美好时光，而且她很有风度，尤其考虑到她没有参演那部电影，而我的前妻露易丝参演了。基顿很支持，觉得露易丝很有趣。总之，回到纽约后，我给了基顿一把顶层公寓的钥匙，我们就在那里，两个傻瓜，

[1] 1919 年成立的制片公司，为米高梅公司的子公司。

如她过去经常描述的那样，住在中央公园高处的涌动之中，如果你站在我的客厅里，你可以毫无障碍地看到整个城市，从世贸中心到乔治·华盛顿大桥。季节性变化值得我为这个地方所付的价钱。当初公寓上市时，我是第一个看到它的人。我放弃了，因为它太贵了。另一个人吃下了它，制订了装修计划，然后突然破产了。到那时，我很后悔没有买下它，既然它再次出售，我便拿下了，只不过价格要高得多。但多好的视野啊。多美的景色啊。中央公园的每一寸土地，以及更多更多。《香蕉》很受欢迎，我接下去的几部电影也是如此，而阿瑟·克里姆，那个想把我拉进法庭的人，成了我最大的粉丝、我的艺术赞助人、我的私人朋友。

阿瑟·克里姆后来成为成就我事业的三个人之一，我感谢他们。我在为林登·约翰逊竞选时才顺便认识了阿瑟。我相信是他把那场全明星就职演出组织起来的，我记得受邀到阿瑟的家里，在那里见到了阿德莱·史蒂文森和埃夫里尔·哈里曼，以及各种民主党高层。除了他的政治激进主义和敦促林登·约翰逊大力推动其令人惊叹的民权提案之外，阿瑟还经营着联美公司，一家开明的电影公司，尊重电影人。一旦克服了最初看《香蕉》的创伤，并希望我的头被钉在长矛上，阿瑟开始理解我的工作。他总是说，他最自豪的是与卓别林和我一起拍电影。我和他一起拍了十五部电影。他说他最满意的成就是为我提供了一个家，让我作为电影人兴旺发达。除了杰克·罗林斯和《纽约时报》评论家文森特·坎比之外，阿瑟是这第三个人，没有他的支持，我永远不可能有如今的电影事业。罗林斯在我没有任何信心时对我的信任，我已经描述过了。但坎比也是如此，在我还没发觉时，他把我视为一位重要的电影人，并在报纸上这样对待我。在罗林斯的鼓励、坎比在媒体上的支持，以及作为制片公司主管的阿瑟·克里姆的襄助下，我得到了一切机会，在电影中做出自己的成绩。我只能说，我已经尽力了，伙计们。如果电影没有更好，那不是谁的错，只能是我自己的错。我有完全的自由，可以（在给定的预算内）做任何我选择的项目，拥有完全的艺术控制权。我的制片人鲍比·格林赫特说："这就像我们在领补助金拍电影。"

顶层公寓里的好日子——这不正是我的要点吗？是的，基顿和我起床后，按下床边的按钮，窗帘就会自动打开，显露出曼哈顿。阳光倾泻而入，或是昏沉的天空或是雨滴或是飘落的雪花，或公园里满是火红和黄色的秋叶，凋零但热闹地离开。我们从门厅拿来报纸，吃早餐，开始一天的工作，彼此有自己的日程安排。我们在一天结束时回来，有时在家里吃饭，更经常的是去看尼克斯队的比赛或别的演出，然后在伊莱恩餐厅吃饭，如果你把那叫作真正的食物的话。那里的饭菜会引起公愤，可餐厅位于这座城市里最激动人心的位置，每晚都挤满高端人士，彻夜不休。多年来，我与伊莱恩相处融洽，一度与朋友每晚在那里晚餐，吃了十年。在那里的任何一个晚上，你都可能看到费里尼、市长、肯尼迪家族中的某个肯尼迪、梅勒、田纳西·威廉斯、安东尼奥尼、卡罗尔·钱宁、迈克尔·凯恩、玛丽·麦卡锡、乔治·史坦布瑞纳、海伦·弗兰肯塔勒、大卫·霍克尼、罗伯特·奥特曼、诺拉·艾芙隆，这只是举出一小部分名字。我还在那里见到了西蒙娜·德·波伏瓦、戈尔·维达尔和罗曼·波兰斯基。你懂我意思了吧。

不是因为食物，而是因为气氛。一个干净、光线充足的地方。好吧，其实就光线充足而已。价格就像即兴戏剧。星期一晚上你吃意面和蛤蜊，要二十五美元。星期二同样的菜可能是三十或二十美元。如果你是从事艺术、新闻、政治或体育的纽约客，在凌晨1点无处可去，你可以去伊莱恩餐厅，酒吧里人山人海，你会遇到许多你认识的面孔，还有一些你很高兴终于能打招呼的新面孔。基顿和我，还有琼·杜马尼安或托尼·罗伯茨，随着时间推移，还有迈克尔·墨菲和琼的男朋友以及其他各种人，每天晚上都会在那里吃饭，然后基顿和我散步回家。在那些年里，纽约的夜晚很危险，漫步回家看看能否安全到达总是很刺激。到床上之后，我们会在电视上看一部电影。

那些时光是我最美好的记忆之一。和基顿一起看电影，或者和她一起去博物馆或画廊，都是一种享受，因为她的想法、见解和意见如此丰富。她让你大开眼界，或者说她让我大开眼界。她也经常笑，而且笑得很大声、很起劲，对一个一直暖着炉子做脆饼的人来说，这是一种善行。谁知道她有暴食症呢？我不知道，直到几十年后，我才在她的回忆录中读到这一点。我只知道我们可能会赶去看尼克斯队比赛，赛后决定去弗兰克和约翰尼餐厅吃牛排，她会大口吞下西冷牛排、洋葱土豆煎饼、大理石芝士蛋糕和茶。然后，二十分钟后，走进顶层公寓大门，她就开始烤华夫饼，吃下对我来说是一整天的食物。我大为惊奇，对饮食失调症一无所知，我怔住了，就像在看欧洲马戏艺人的饮食表演一样。

但基顿厌倦了曼哈顿，并开始渴望西海岸致癌的阳光。她出演了《教父》，她的事业在不断发展。我们像朋友一样分开，如我所说，多年来一直保持密切联系。我有时仍会向她咨询选角或任何我正在奋力解决的创造性问题。我们从来没有争吵过，而且在未来会多次合作。随着时间推移，我和她美丽的妹妹罗宾约会，有一段短暂的恋情。在那之后，我和她的另一个美丽的妹妹多莉约会，我们纵乐一时。基顿三姐妹都是美丽、出色的女人。那个家庭的基因很好。值得获奖的原生质体。她们的母亲长得很漂亮。曼德博[1]的自相似理论获得了巨大成功。

《性爱宝典》（*Everything You Always Wanted to Know About Sex*）是我第一部商业上取得巨大成功的电影，里面有一些好笑的东西，但它不是我最好的电影，虽然它成了吉恩·怀尔德的最佳时刻。他真是一个人才啊。在一个场景中，他晚上睡觉时，一直戴着他的腕表。我说："你晚上睡觉时总是戴着表吗？"他说："是的，不是每个人都这样吗？"他或许是个古怪的人，但有多少人可以把和羊的对手戏演得那么精彩？

我们有一个片段，一位疯狂的科学家创造了一只巨大的乳房，它挣脱了束缚，在乡村造成恐慌。纯粹出于巧合，就在电影开拍时，菲利普·罗斯出版了他的书《乳房》，同样关于一只巨大的乳房。除了非常幽默之外，罗斯比我更深刻、更严肃。有时我们会一起出现在一些关于犹太教或犹太幽默的文章中，但他从深思熟虑、吸引人的角度处理问题。我感兴趣的只有他人提供的出色喜剧材料。他是一位思想家，一个真正的知识分子。我是一个喜剧演员转型而成的导演，我们在不同媒介中工作。在纸上死与在舞台上死之间，有很大差异。纸上的死是私人问题。在观众面前死则令人尴尬，而喜剧演员会体验到一个人被钉上十字架的那种不悦。说到死亡，请允许我优雅地转场，进入我的下一部电影《傻瓜大闹科学城》（*Sleeper*）。

在《教父》和《阿拉伯的劳伦斯》这两部史诗长度、都有中

[1] 指数学家本华·曼德博，分形几何的创立者，自相似性是其理论的重要概念。

场休息的电影的成功鼓舞下，我幻想拍一部喜剧史诗。在那时之前，还没有大规模的喜剧片，最好的喜剧片实际上都很短。马克斯兄弟一些伟大的电影不超过一小时十五分钟。有一部《疯狂世界》（*It's a Mad Mad Mad Mad World*）试图达到一定的长度，结果成了一块大煎饼，浪费了大量有出色天赋的表演者的才华。因此，我有一个自大狂的幻想：我要做一部有中场休息的、两部分组成的喜剧。前半部分将是由我扮演的一个纽约人的冒险经历（这是我的梦想），在一个半小时左右的肆意欢笑结束时，我的角色将掉进一大桶低温酱中，意外被冻住。我稍后会想出一些细节，即一个曼哈顿人为什么以及如何会在低温场所附近鬼鬼祟祟地走动，而不知怎么被冻住。我设想，当第一部分结束时，观众因这一发展而笑得筋疲力尽，匆忙冲去走道买爆米花和苏打水，为自己提神，急切期待着第二部分的到来。他们会聚集在大厅，引用第一部分中他们最喜欢的台词和视觉梗，然后，在听到返回座位的通知后，他们会抓起劳里斯花生黄油杯和葡萄干巧克力，尽职地回到座位上，等待第二个小时的喧闹欢笑和疯狂恶作剧。

由于第一部分发生在20世纪70年代的纽约，可以想象，当第二部分开始时观众的惊讶和喜悦——我们将在几百年后的未来，同样的城市看起来像科幻小说般摩登。单轨列车和飞行汽车比比皆是，美女们穿着适合2500年的紧身衣和暴露的时装，我确信那时候她们会穿得很暴露，有明显的乳沟。不知怎么进入了这个先进的社会，我被解冻了，发现自己“如鱼离水”，至少可以这么说。里头能塞进无穷无尽的聪明的讽刺和古怪的一句话笑话。我向联美公司提交了这一方案，他们很喜欢，并相信了这个神话——我是一个知道自己在做什么的喜剧天才。他们当场批准了这个项目，我们互相祝贺，急着用预计的毛利为别墅和欧绅歌游艇支付预付款。为了这部杰作，我会选派黛安·基顿出演。在那之前，我从未导演过她。我们都是《呆头鹅》的主演，但导演是赫伯特·罗斯。

人们没有意识到的一个事实是，当基顿和我在我为她写的一系列电影中开始合作时，我们已经有好几年没有恋爱关系了。许多人认为，我们在拍摄《安妮·霍尔》《曼哈顿》和《爱与死》（*Love and Death*）时是以恋人身份生活在一起的，但在那时候，我们已是终身好友。基顿有空参加那个喜剧史诗的项目，对这个想法感到兴奋。现在我所要做的，就是把它写到纸上。

第一部分尝试写了好几次——即我在曼哈顿的冒险——都没成功之后，我意识到我想不出任何冒险。我打电话给我的朋友马歇尔·布瑞克曼，让他与我合作，他同意了，但他也想不出任何冒险。随着时间推移，我们的谈话渐渐转移到圆卡女孩[1]的相对社会价值和舒莫卡·伯恩斯坦餐厅的萨拉米的乐趣上，关于一部大作的梦想开始消退，唯一的一点希望是，我可以在未来醒来。另一个编导或许会接受挑战，以某种方式实现这个聪明的概念，促成一件不同的、更鼓舞人心的演艺界轶事。但我不善于处理逆境，没过多久我就放弃，提前结束工作，勉强接受了一部只有第二部分的、正常长度的电影。我们叫它《傻瓜大闹科学城》，我不太记得其他事情了，只记得有一个人失去了他的鼻子，而我和基顿试图用它把他整个人克隆回来。我记得马歇尔和我把剧本交给艾萨克·阿西莫夫和本·波瓦，两位伟大的科幻小说家，我们俩都不认识他们，但我们问他们是否愿意读。他们都很乐意，也都很喜欢，

---

[1] 指拳击比赛回合之间举着回合数标牌的女孩。

并认为我们在技术方面处理得不错。最终《傻瓜大闹科学城》赢得了几个奖，一个雨果奖，以及星云奖的最佳科幻电影和科幻写作奖或什么的。除了我们在洛杉矶和科罗拉多拍摄外，其余大部分事我都忘了，而且由于在落基山脉，我每天晚上都要检查身上的虱子。令我惊恐的是，我确实在腿上发现了一只，并且确信我的腿不得不被截肢——当时对我来说或许也可以接受。

在《傻瓜大闹科学城》之后是《爱与死》，一部具有俄罗斯文学氛围的直白喜剧。我认为这是我早期搞笑电影中最搞笑的。我邀请基顿参演，我们都去了巴黎和布达佩斯拍摄。我记得卡维特在那个晚上有多么惊讶，当时我们在 P. J. 克拉克餐厅狼吞虎咽地吃辣椒，然后我说："哎呀，我最好撤了。明天还要早起。得去布达佩斯。"

那是一座有异国情调的城市。当时到处都是俄国士兵。这个国家被占领了。我在电影中使用了大量的红军士兵。他们都能行进和操练，而他们想要的，只是从占领的无聊中解脱出来，以及一箱箱香烟。拍摄巴黎的部分像在天堂一样，基顿和我在雅典娜广场的房间里住了几个月。我记得在一天辛苦的拍摄之后，我和她坐在酒店餐厅里，我们点了鱼子酱。侍者用勺子舀出我们的分量。我们狼吞虎咽地吃掉了。他说："你们想再来点吗？"白痴如我，惊叹于有人能以原价畅吃鱼子酱。他们是如何做到不破产的？奥兰治县小姐也不是城里人，于是我们就坐在那里快速吃掉了几公斤的贝鲁迦。结账的时候，账单读起来像是买了一架隐形轰炸机。谢天谢地，从此之后我认识了圆鳍鱼鱼子酱[1]。

---

[1] 贝鲁迦为顶级鱼子酱，价格昂贵。餐厅常用较便宜的圆鳍鱼鱼子酱作为替代品。

《爱与死》拍得很开心，除了天气。在布达佩斯很冷，在巴黎也很冷。拍完后，我们很高兴能回家，她回去晒太阳，我回到曼哈顿雨中的街道，让我生气蓬勃的地方。这部电影很容易就完成了，音乐除外。我一开始用了斯特拉文斯基的音乐，但无调性使一切都不好笑。当我们改用普罗科菲耶夫时，电影就生动了。评论很好，不过这将是我最后一次阅读关于自己的评论或任何东西。联美公司给我送来一大堆来自全国的评论，让我为广告摘录引文。数百条来自各地的评论，如此不同，常常相互矛盾，目的是什么呢？这样我就能读到我是个天才或是个无能的白痴？我已经知道我无能，不是天生的天才。自我迷恋，即危险地浪费时间。

拍电影的乐趣就在于拍电影，一种创造性的行为。赞扬毫无意义。即使得到很高的赞誉，你还是会得关节炎和带状疱疹。人们没有对你的作品兴奋不已，会那么糟糕吗？有人可能不喜欢你的电影，又能坏到哪儿去？宇宙正在以光速飞散，你却在担心希博伊根的某个人抱怨你的节奏？或者塔斯卡卢萨的某个女士说你是个天才，你就相信她的意见能使你与伦勃朗或肖邦相提并论？别再纠结于琐事了。

对于向我咨询的年轻电影人，我给的建议始终是：一刻不停地苦干。不要抬头。工作。享受工作。如果你不喜欢这项工作，就换一种职业。不要被外界引导。你要知道你的哪些想法是有趣的，或者你正在努力实现什么目标。这就是你需要知道的一切。你有一个愿景，试着去执行它。就这么简单。自己判断吧。你知道你是否拍成了开始时所设想的电影。如果你做到了，很好，享受一种新鲜的成就感，对着镜中的自己眨眨眼，然后继续前进。如果你按自己的标准失败了，那就学习你能学到的东西，在一种艺术形式中这算不得什么，下一次更努力就行。《风流绅士》大获成功这一事实，并没有缓和我对这部电影的尴尬。然而，像《星尘往事》（*Stardust Memories*）这样的电影，虽然没有得到特别好的评价，却给我一种巨大的成就感。我只想说，乐趣在于实际的劳动。余下的都是蠢话或废话——请自行选择。我想我更喜欢废话。

在《爱与死》的经历之后，我在一部名为《出头人》（*The Front*）的电影中接受了一份表演工作。这是第一部像样的黑名单电影，由沃尔特·伯恩斯坦编剧，马丁·里特执导，这两位艺术家都在麦卡锡时期被列入黑名单。沃尔特是一位聪明的编剧，关于因政治信念不受赞同而无法工作的种种细节，他全都清楚。马丁·里特是沃尔特所说的优雅的胖子。他强硬而魁梧，是典型的超重演员，但他曾是一名舞蹈演员，还差点进入百老汇出演《花红酒绿》（*Pal Joey*），但最后一刻被新发现的吉恩·凯利取代。马丁曾是卡赞的门徒，找不到工作时就靠赌博养家。扑克和赛马让他活了下来。马丁是个多面手。他无暇顾及社交礼仪。他只穿连身衣，当他邀请你 6 点去他在比弗利山庄的家里吃饭时（他吃得很早），他会在 5 点 50 分就站在他家草坪上，恭候你准时到来。

一到那里就直接开饭，会有很多有趣的对话。“卡赞认为我是个有前途的导演，但他之所以很喜欢我，是因为我打得一手好拳。”这是典型的里特式发言。晚餐后，更多的聊天，当马丁要去睡觉时，他就会去睡。你会被非常有礼貌地引导出门，他直接的举止和粗暴的左派政治里有些迷人之处。我在《出头人》中与泽罗·莫斯苔合作，我听说过一些可怕传言，声称与他合作是场噩梦，但我发现他人很好，很有文化，而且有趣。我甚至考虑过和他一起去意大利旅行，他想去那里研究一些绘画，但我恢复了理智。不过，我真的很喜欢泽罗，觉得和他交谈很有趣。

当哥伦比亚影业看了粗剪后，他们感到失望，这是有道理的。沃尔特和我都很清楚哪里出了问题，但马丁才是导演。哥伦比亚影业问我是否愿意重新剪辑这部电影。沃尔特和我说，必须要有马丁的批准。马丁是一个非常直接的人，没有自我的负担，他让步了。胶片被送到纽约，沃尔特和我重新剪辑并剪短了一些。我们尽了最大努力。这有点用，但它永远没有成为它应该成为的电影。为什么？谁知道在这些事情上出了什么错？我的猜测是，我们都没有注意到剧本有些缺陷。马丁导演得足够好，我们也演得不错，但用专家级别的布莱兹·帕斯卡的双关语来讲："艺术有其道理，那是理智所根本不认识的。"[1]

经过多年的电影生涯，我的理论是，问题几乎总是出在剧本上。编剧比导演难得多，一个平庸的导演可以用一个好剧本拍出一部好电影，但一个伟大的导演却不能把一个糟糕的剧本拍成一部好电影。好吧，我说"永远不能"，应该是"几乎不可能"。也许有一两个例子与我所说的相矛盾，但如果让我把钱投入一部电影，我会先确保有好剧本。自然，你不希望由一个差劲的平庸之辈来执导，或愚笨的人来演，但对于一部剧本出色的故事片，你只需要体面的演员。《出头人》写得很好，我们都没有看出什么严重缺陷，我到现在也没看出来，但我相信缺点一定存在。拍《出头人》时，我遇到了迈克尔·墨菲，我们成了朋友。墨菲是个很好的伙伴，我总是取笑他是中情局的秘密特工。他是前海军陆战

[1] 原句出自帕斯卡《思想录》："人心有其道理，那是理智所根本不认识的。"（译文参考何兆武译本）"道理"和"理智"都为同一个法语单词 raison。

队员，在戈德华特[1]的国度长大，他来去就像拉蒙特·克兰斯顿[2]一样神秘。不过，他仍然是个好演员，一个聪明、有品位的好人，即便他真的随身携带着一粒隐藏的氰化物胶囊。

所以现在，电影已经准备发行了。当然有一个老套的广告，一块大广告牌，上面写着：伍迪·艾伦是——出头人。结果：反响平平，票房平平。但这部电影还是活了下来，一直在大学校园里放映，因为作为黑名单的资料素材很有参考价值。当它上映时，我已经开始《安妮·霍尔》的前期制作。

在这里，我应该稍作停顿，说说我的选角过程。我的第一部电影是由马文·佩奇在加利福尼亚选角的，第二部的选角由玛丽昂·多尔蒂在纽约进行。玛丽昂的助手是茱莉叶·泰勒，当玛丽昂放弃她在纽约的工作、加入一家大制片公司成为他们的内部选角主管时，茱莉叶接手了。茱莉叶为我的电影选角长达几十年，好几次想退休，但我还是设法说服她回到工作岗位。最后，她放弃了演艺事业，过上旅行和休闲的生活，而她以前的助手帕特丽夏·迪塞尔托，现在为我选角。但茱莉叶不仅仅是一位伟大的选角人。她是我的知己，她读我的剧本，批评它们，提出建议，观看我的初剪，提出更多建议，帮助我渡过许多选角危机：有时需要在短时间内替换一位演员，或者似乎根本没有人适合特定角色。

很多时候，当一切看起来毫无希望时，她会以某种方式想出我们要找的人。她读我的剧本，并为每个角色列出一份值得考虑的演员名单。我读这份名单，或许会淘汰几个，然后我们再讨论

[1] 指巴里·戈德华特，美国保守派的精神领袖，担任过多届亚利桑那州参议员，“戈德华特的国度”指亚利桑那州。

[2] 通俗小说《魅影奇侠》（*The Shadow*）主人公的化名。

其他人。总有一些我从未听说过的人，她非得让我认识。她向我介绍了玛丽·贝丝·赫特和查兹·帕尔明特瑞，这两位优秀的演员和我写的角色相比简直是一字不差，他们一进门就被我雇用了。

我不喜欢选角仪式。它这样进行：我在选角室里，一个紧张的演员走进来想要一份工作。这个可怜的人必须被审视，可能要读一些东西，表演出来。我不善于社交，也不喜欢与人见面。我永远无法让演员足够快离开。我通常已经看过我要见的人的电影，所以我知道他或她能演。我对他们中的任何一个都没话要说。事实是，如果他们不做什么疯狂的事，比如拿着直式剃刀向我扑来，我就很容易会雇用他们。唯一会把事情搞乱的是，下一个进来的演员同样优秀，同样有才华，而且他也没有攻击我。现在会面结束了，茱莉叶带来十个演员，都非常好；如果有九个人没空来，这十位中的任何一位都可以演这个角色，所以我必须选择。但我要凭什么呢？我本能的直觉，这里或那里的一个细微差别。最后，我做出选择，因为导演必须做决定，否则项目就无法推进。

每过一段时间都会有一位名演员来见面，或者一个专门从洛杉矶飞来会面的演员，然后茱莉叶会说："你不能让这个人进来三十秒就出去。你必须花一点时间与她相处。"接下来是尴尬的三分钟，演员试图表现出迷人的一面，给人留下深刻印象。而我，努力地交谈，不让对方觉得自己被太快打发。我问他们在做什么，他们的计划，他们最初从哪里来——这些我根本不关心的事情。我只想确认，自从我看了他们的电影之后——在电影里他们是美好的——他们没有变得太胖，没有做致命的脸部整容，也没有成为恐怖组织的成员。如果我用自己的方法，我永远不会去见任何人，只选用已经选过的人，但这是一种愚蠢而不可行的方式，无法履行我作为电影导演的职责。

《爱与死》是一部直白喜剧。卡通版的爱森斯坦和托尔斯泰。现在，我内心里的一些声音说，我想做一部现实的喜剧，我在里面可以对观众说话，袒露我的灵魂。也许笑声会少一些，但希望人物会吸引人，他们的生活会很有趣，即使他们并不总是在讲笑话。为此我又找了马歇尔·布瑞克曼，看他是否愿意与我合作。如果你还记得，马歇尔是逗留者乐队的贝斯手，一个民谣乐团，我曾多次在“苦尽甘来”咖啡馆和他们一起演出。说到喜剧，他是真正的楷模，也是极好的伙伴。我们在策划《安妮·霍尔》时很愉快。起初，它被设想为我角色的意识流，但那是我人生中又一个没能实现的伟大梦想。正是在《安妮·霍尔》中，我第一次起用了戈登·威利斯，他是一位出色的摄影师，我从听他说话和看他工作中学到很多。我从两位大师那里学习拍电影，此前我一直在摸索，依赖本能而不是逻辑和知识：从拉尔夫·罗森布拉姆那里学到了剪辑，他是一位有天赋的剪辑师，而其他一切都来自戈登·威利斯。戈登懂得一切。我听过他在电话里告诉罗切斯特的柯达公司，要在胶片中加入多少硝酸银。他很严苛，对他的团队很严厉，脾气暴躁，但我从来没有和他吵过一句，我们一起工作了十年。就像丹尼·西蒙一样，我明白戈登懂得比我多得多，学习的最好方法就是闭嘴倾听。他非常尊重剧本，我们在每部电影上映前都会过一遍每个镜头。

我们一起拍的第一场戏，是在《安妮·霍尔》拍摄第一天的那场龙虾戏。基顿，像往常一样，充满闪光点。到那时，我已经和托尼·罗伯茨成为好朋友，我们三个在拍电影时有很多笑声。我按时完成了工作，带着巨大的自信，这只能说明我遇到了麻烦。

我们很快完成剪辑，而马歇尔看了他合写的这部电影，发现它不连贯。意识流并不奏效，唯一奏效的是我和基顿的银幕关系。我们重新剪辑。我重新拍摄。我们重剪。我又重拍。我有半打不同的结局，最终以你看到的方式结束。

我们为它取名为《失乐症》(*Anhedonia*)，这是一种心理症状，人无法体验到快乐。联美公司喜欢这部电影，但不喜欢这个片名。我们争论，但过了一会儿就放弃了。我们选择了《甜心》(*Sweethearts*) 这个片名，随后我们发现不能用这个片名，因为已经有一部同名电影了。马歇尔讥讽地建议《恶作剧博士》(*Doctor Shenanigans*)。我笑了；联美慌了，担心他是认真的。我们还考虑了《艾维和安妮》(*Alvy and Annie*)，但我决定叫《安妮 · 霍尔》，就用基顿的出生名。电影上映后很快就成为每个人的最爱。人们爱上了它。这立刻让我这个老犬儒对其质量产生了怀疑。

电影获得几个奥斯卡奖提名。颁奖礼当晚，我在纽约演奏爵士乐。我记得我演奏的是《蠢驴布鲁斯》("Jackass Blues")，这首曲子是金 · 奥利弗的成名曲。我拿演出当借口，但如果我有空也不会去。我不喜欢为艺术作品设奖的想法。它们被创造出来，不是为了比赛；而是为了满足艺术上的渴望，希望能带来娱乐。我对任何团体所宣称的年度最佳电影或年度图书或最有价值球员不感兴趣。我不想卷入其中，浪费我的打字机色带，那样我就得把那个换色带的人找来，招待他吃饭。只需这样说就够了：在奥斯卡之夜，我尽我所能演奏布鲁斯，回家，睡觉，然后第二天早上在《纽约时报》头版下方注意到，我们赢得了四项奥斯卡奖，包括最佳影片。我的反应就像读到了肯尼迪遇刺的新闻。我思索了一分钟，然后吃完我那碗麦圈，走到打字机前，开始工作。

我当时正在写《我心深处》(*Interiors*)，这才是我的注意力所在。而不是一年前完成的一部电影。萨奇·佩吉说过，不要回头看，有些东西可能正在逼近你。我听从这位伟人的建议。我试着从不回头看。我不喜欢生活在过去。我不保存纪念品、电影剧照、海报、通告单，什么都不保存。对我来说，结束就结束了。别以之作为笑谈，要继续前进。我已经在遥远的过去完成《安妮 · 霍尔》的工作，到奥斯卡颁奖时，我早就不想这事了。

我告诉阿瑟 · 克里姆我打算做一部喜剧，他告诉我，我已经赢得随心编导任何东西的权利。虽然我是个新手，不擅此道，但我完全不担心会惨遭失败。多年来，我避开了成败的陷阱。我不是要做热门电影，而是要做最好的电影。失败是自然的事。如果你害怕失败，或者当它发生时不能应付它——如果作为艺术家的你不打安全牌，那么失败肯定早晚会发生——你必须找另一种方式来谋生。

因为我对控制权及其他条件的要求，许多制片公司都曾拒绝与我合作，但某些资助人将其视为非常合理的赌博。如果你在我身上下注，从《傻瓜入狱记》到现在，你会赚到钱。没有赚很多，但足以买下你一直想要的钓鱼竿。我为基顿、马歇尔 · 布瑞克曼以及我的制片人罗林斯和约菲感到高兴，当然联美也多赚了一些钱，不过我听说到当时为止，《安妮·霍尔》是票房最低的最佳影片。我获得奥斯卡导演奖，这很好，但这意味着什么？我的作品进步了吗？我是否承担了足够风险？它是否减缓了我的秃顶？你明白我的意思吗？《安妮 · 霍尔》的一个额外好处是，选角时我遇到了斯泰西 · 内尔金。

我需要一个年轻女孩来演男主角艾维的表妹，而且她必须漂亮，必须性感，这样笑话才会奏效。茱莉叶·泰勒找来许多可爱年轻的女演员，斯泰西就在其中，一个美丽、聪明、迷人的年轻女子，她让马歇尔和我像电子一样围着对方转。在以后的日子里，媒体会对我喜欢年轻女孩的想法做很多报道，但事实并非如此。我第一任妻子比我小三岁。第二任也是。黛安·基顿和米亚·法罗一样都是“适龄”的，我和米亚交往了十三年。几十年来我交往过的众多女人中，几乎没有一个比我年轻太多。其中一个，我甚至没有与她交往。我只是邀请她一起去巴黎，因为我刚好要去。她拒绝了我，就这样结束。但我说到这点，是因为她是玛瑞儿·海明威[1]，这个故事很有趣。还有一位年轻女子，她的名字叫宋宜，我向她求婚，而她同意了，一桩美事，但这个故事稍后再讲，说来话长。（而我希望你不是因为这个才买了这本书。）然后是斯泰西，这位真正出色的年轻女士，我为《安妮·霍尔》中的一个小角色雇用了她，但由于电影在最后剪辑时过长，把她从中剪掉了。

就这样，马歇尔和我在短暂的接触中对斯泰西留下深刻印象，她聪明、优雅、长得漂亮。当她离开时，我们只能思索同染色体性别的奇迹。现在，在所有这些年的电影拍摄中，我从未将工作与我的社交生活混为一谈，从未以任何状态、方式或形式约会或勾搭过在我的电影中出演的任何女演员。事实上，我几乎从未约会过我任何一部电影里的女演员、替身、布光替身。我要么已经和某人在一起了，这就排除了任何外部风险；要么就是对和我一起工作的任何女人都不感兴趣。事实上，我的注意力总

[1] 美国演员，作家欧内斯特·海明威的孙女。

是集中在电影上，这需要我的下丘脑所能产生的每一尔格[1]的焦虑。因此，当斯泰西离开时，事情也就告一段落了，尽管我们一致认为她是这个角色的好选择。几天后，当她回来试镜朗读时，我又看到她的身影，第三次是我在片场最终拍摄她的短戏时。除此以外，我没有再想过她，因为我正在为《安妮·霍尔》的问题忧心忡忡。

实际上，我从来不敢梦想我会在任何方面吸引这位迷人的美女。毕竟，她很年轻，可能喜欢摇滚明星、毒品和深夜迪斯科，而我更喜欢在家里喝茶，吃着荷兰脆饼干，细读萨里伯爵亨利·霍华德的十四行诗。结果，当她来拍她那场戏时，她的母亲随她而来，同样相当迷人。我们在拍摄间隙简短聊了几句，她们知道了马歇尔和我在迈克尔酒吧演奏爵士乐，就说也许她们会顺道去听乐队表演。我说，请来吧，当有人表现出任何兴趣时，我总是很高兴，但我觉得这通常是善意的虚伪，是演艺界对话的套路。然后在星期一的晚上，她们出现了。我像往常一样演奏那令人痛苦的独奏，在两曲间隙，我加入她们桌。斯泰西聪颖而有教养，我向她推荐了一本书。她声称那是卡夫卡的作品，听起来她像是和我一样有趣。她们喝酒，闲聊，随后告别离开，而我回到舞台，用另一套节目折磨顾客。又一次，只不过是和一些好人度过了愉快的二十分钟。切到一段时间之后，我在街上拍一场基顿的戏，斯泰西路过，她说是回家，不过绕了点路。她的戏是几周前拍的，助理导演认出了她。他叫我过去。我叹了口气，像往常一样惊叹于她的轮廓，她向我热情地打招呼。下一个镜头正在布景时，我们聊了

[1] Erg，一种功和能量的单位。

起来，她提到下周末会独自在家，父母都去了乡下。我给了她我的电话号码，说在接下来的几天我会很快搞定工作，如果她觉得无聊，可以给我打电话，也许我们可以去看场电影。

我仍然没有想到会有她的消息，我的自尊心总是徘徊在扎布里斯基角[1]。但果然，她打来电话，过来喝咖啡，因为我们住得很近，而我们只是聊天，有说有笑。一个愉快的下午。没有别的。几天后，她前往法国南部，我飞往洛杉矶，为《安妮·霍尔》拍更多场戏。那个夏天过去了，我确实收到她从欧洲寄来的明信片。秋天，当我们都回到曼哈顿后，我们给对方打电话并开始约会。我们断断续续地约会，看了几部电影，听音乐，讨论书，当然也滚床单。我们时而见面，享受彼此的陪伴。我们一起听古典音乐，我介绍她看一些外国电影，我们一起散步。然后有一天，她宣布要搬到加利福尼亚，更认真地追求演艺事业。我们说了再见，她飞往西部，不久她就结婚了。

几十年来，我们保持着友好的关系，我们的道路相交，通过我们不同的男朋友、女朋友、丈夫和妻子在电话中交谈或见面。我们总是保持联系，总是见面聊八卦，叙旧，见对方的配偶和孩子。我告诉马歇尔·布瑞克曼很多我与斯泰西调情的有趣轶事，以及老男人和年轻女人谈恋爱时的陷阱和乐趣，这些经历为我们提供了一些好材料。当我们一起写《曼哈顿》时，我们给这个玛瑞儿·海明威扮演的角色取名为翠西，而不是斯泰西，这是创造性的灵感迸发。我知道这部电影对她是公正的，因为我们仍然是朋友。当我与宋宜相爱时，《曼哈顿》正好在重映，我突然得到痴迷于年轻

[1] 美国加州死亡之谷国家公园中的山脉，以侵蚀景观闻名，有“偏远之地”的含义。众多艺术家曾在此取景，包括米开朗基罗·安东尼奥尼拍摄的同名电影。

女性的名声。我曾迷恋黑帮、棒球运动员、爵士乐手和鲍勃·霍普的电影，但年轻女性在我几十年来约会过的女性中只占很小一部分。我曾几次将“老少配”用作喜剧和浪漫的主题，就像我曾使用精神分析、谋杀或犹太笑话一样，只是作为情节和笑料的好材料。不过，它仍然比“男人与适龄女人约会”这个头条更有料。

但我还是会讲到《曼哈顿》。首先，我进入了戏剧（drama）的世界。我不愿意再发挥我扮演小丑的专长，决定尝试拍悲剧，虽然可能没有达到亚里士多德关于怜悯和恐惧的要求，但确实让观众怜悯了我本人，也让投资者懂得了恐惧的含义。我追求的不是美国电影中所谓的戏剧性。我想要一部真正的戏剧，一部欧洲风格的戏剧，而不是通俗剧（melodrama）。总之，我失败了，但不是因为我没有尝试。我的目标是拍一部家庭电影，关于几个女孩和一位冷酷的母亲——女孩们的父亲再婚，娶了一个热情的女人，相比之下，他的前妻是个冷淡优雅的室内装潢师，从不会让这个可怜的家伙在自己家里放松，哪怕是移动一下烟灰缸。因此，这位冷酷的母亲最终走进大西洋，而她的女儿试图救她，却在救人过程中险些死去，但新妈妈给她做了口对口人工呼吸，人们称之为生命之吻，于是，孩子从更温暖、更有爱心的新妈妈那里重生了。听起来很有趣，在一个更有经验或更有天赋的剧作家手里，它或许是吧。

我的第一个失误是做了一件我以前没做过、后来也再没做的事，那就是排练。我没有耐心排练，做喜剧时听材料的次数越多，就越觉得不好笑。当我完成一个剧本、看过一遍并修改好之后，在拍摄之前我不会再去看。如果重读，它就会变得越来越平淡。

而且我缺乏真正的注意力。涉及排练要求时，我不是一个有耐心的人。这就是为什么多年来，我只拍长的主镜头（long masters），不拍备选镜头（cover）。我无法耐着性子一遍遍拍一场戏。我喜欢拍完，然后回家看篮球。演员们喜欢长的主镜头，因为他们可以全神贯注于一个场景。当然，他们没有我后来会遇到的问题：与那些不奏效的场景一起困在剪辑室里，希望自己拍了一些备选镜头。就这样，我邀请这两位出色的女演员，玛伦·斯塔普莱顿和杰拉丹·佩姬到我的公寓排练，或者至少讨论一下角色。

天哪，真是个错误。我从来没有深入到那些演员对角色的讨论中去。如果演员接受了这个角色，我就假定他或她觉得自己能演。当然，如果出现问题，我乐意回答。如果我在写作中出了差错，让演员被糟糕的句子或台词拖累，我乐意修改。我总是向演员保证，他们不必说任何他们不愿说的东西。他们可以把我的对白变成他们自己的话，他们不必穿不满意的衣服，或梳不满意的发型。我不希望他们感到不适。

所以我在这里，第五大道的高处，与我国最伟大的两位女演员陷入了麻烦，这是我第一次远离喜剧的冒险，接着又犯了第二个错误。我说："你们想喝点什么吗？"你明白接下去会发生什么。切到两小时后，她们俩都站不起来了。玛伦，我见过的最漂亮、最有趣的女人之一，正试图用老电影演员杰克·诺顿的方式找门。你会从那些 30 年代和 40 年代的电影中认出他——留着小胡子，擅长扮演摇摇晃晃的醉汉。杰拉丹，清醒时很古怪，现在变得暴躁，她已经把我家的吧台弄得干干净净，然后正要走，从一面墙弹到另一面墙。次日，玛伦回归到她那美好的自我。她真的极具魅力，无论我如何无情地嘲弄她，她都能说赢我。杰拉丹呢，我给她打了个电话，她很友善，还有些许歉意，而我吸取了教训，不能把饮酒社交和工作混为一谈。

在拍摄《我心深处》期间，戈登·威利斯和我在汉普顿一起待了很长时间，电影的一些部分就是在那里拍摄的。我们每天晚上一起吃饭，并在晚餐中决定下一部电影要用黑白宽银幕，拍一个纽约爱情故事。我们常常看到宽银幕被用于战争片和户外西部片，可以在视觉上利用这一尺寸。我们的想法是用它来表达爱情的亲密。像杰拉丹和玛伦一样，戈登喜欢小酌几口啤酒和威士忌，在汉普顿的那些冬日里，天黑得很早，没有什么事情可做，他就会在下午5点品尝一小杯拿破仑干邑白兰地。这足够让他失去知觉。第二天，他就精疲力竭。他会告诉我他的鼻窦炎发作了，我这个傻瓜就建议他服用非处方抗组胺药。

戈迪[1]是一个虐待起自己身体来无所畏惧的人。我过去常在家里为自己做很好的麦乳精，装在保温瓶里带到拍摄现场。戈迪喜欢任何不健康的东西，所以我总是为他做一杯。他会一次性干掉肝泥香肠三明治、几个热狗、麦乳精、许多骆驼牌香烟以及优惠时段的白兰地。尽管我是一个胆小的懦夫，还是就他的养生之道警告过他。有一次，在一家养老院勘景时，他审视了入院者之后说，如果我有一天变成那样，就杀了我吧。我不必这么做；他自己已经在努力了。戈迪长得像贝多芬。在各自选择的领域，他们都是天才。贝多芬变成了聋子，这是作曲家唯一害怕的事，而戈迪，一个电影摄影师，开始失去视力。不错的交易，这就是人类的存在。充满令人愉快的反讽。

[1] 戈登的昵称。

《我心深处》上映后得到一些非常好的评价。我感觉，影评人就像所有其他领域的专业人士，比如医生、警察、律师或电影导演。每种职业都有几个伟大的人、几个糟糕的人，而大多数属于中间状态，靠工作糊口的普通人。我所认识的影评人都是好人。有些乐于把电影作为一种艺术形式，有些人则说："我只是购票者的指南。"我和朱迪斯·克莱斯特很友好，她从一开始就鼓励我。吉恩·沙利特也是如此。他们都喜欢《傻瓜入狱记》和《香蕉》，并继续给予支持。他们的热情对我的成功有很大帮助。我和理查德·什克尔很要好，他是一个可爱的人和聪明的评论家，擅长写黑名单时代和鲍嘉这两个话题，他的卡赞传记是有史以来关于演艺界名人的最佳图书之一。而这些友谊并不依靠他们对我的好评。有一次，在放映别人的电影时，坐在我前面的什克尔转过来说："对不起，我就是不喜欢《我心深处》。"

我从来没有读过他关于这个话题的文章，但这一点不重要。我喜欢他，这才是最重要的。还有约翰·西蒙，虽然我和他很少见面，但彼此相识多年，有一次我向他热情地打招呼，他对我说："你非常宽容。"事实是我一直很喜欢约翰，虽然我猜想，他的意思是他在评论中抨击过我，但我不会读这些评论，于是它们不会妨碍我享受和他在一起。多年来，人们经常对我说："哦，你必须读一读文森特·坎比对你电影的评价。他明白一切，你会喜欢这个评论的。"但我从未读过。我从外部渠道知道他是我的影迷，我和他有过愉快的通信，但并非关于我的电影，而是关于特吕弗、伯格曼、布努埃尔和各位大师。

我和宝琳·凯尔相当友好，她是一位可爱的女士和优秀的作家，对她的朋友很忠诚，但她过去曾让我发疯。我偶尔会和她在维克商船餐厅吃饭，那是一家充满异国情调、光线昏暗的餐厅。她一如既往地精力充沛，拿出即将在《纽约客》上发表的评论样稿，催促我读。在烛光下，我永远无法看清印刷品，但她如此自豪，如此充满热情。我眯着眼睛读，局促不安，但这总是很艰难。如果我看过这部电影，我很有可能不同意她的评论。我告诉她，我认为她拥有一个伟大的评论家应该拥有的一切：对电影有百科全书式的知识，热情，卓越的写作风格，以及没有品位。

因此，我们总是在争论，归根到底都是因为各自的喜好和厌恶。她觉得罗伯特·奥特曼是比伯格曼更伟大的电影导演。我非常喜欢奥特曼，不过觉得伯格曼的电影更伟大。我是白种人，她是印第安人。我们会争论。但她对朋友的忠诚给我留下深刻印象，她会问我这样的问题："你能不能给谁谁谁找个活儿，为你的下一部电影提供餐饮？他是一个优秀的餐饮提供商，需要钱。"我们有许多次争论不休的晚餐，她是又一位喜欢喝点小酒的有天赋的女士。常常，当我把她送回酒店的时候，她已经因为几杯迈泰酒而变得争强好胜，我想要是我看不到一些可怕电影的伟大之处，她就要准备揍我了，这些电影现在早已被遗忘，对她来说却是杰作。她也很幽默，会想出非常风趣的句子。比如她看了乔治·C. 斯科特的电影《兴登堡遇难记》（*The Hindenburg*）后写道："空壳撞上了空话。"[1] 我喜欢斯科特，但她是风趣的行家。当她说对了的时候，读她的文章是一种乐趣。对《我心深处》的评论并不重要，因为在它上映几天后，发生了报业罢工。

来说说《曼哈顿》，我的下一部"大作"——阿瑟·克里姆过

---

[1] 原文为"Gasbag meets gasbag"，gasbag 有"气囊"和"废话"的意思，暗指空难片《兴登堡遇难记》中使用的道具飞机很虚假，内容上又废话连篇。

去会这么叫我的作品，我在电影《朱唇劫》（*Lipstick*）中见过了玛瑞儿·海明威，我认为她是一名很棒的演员。马歇尔·布瑞克曼和我写完了《曼哈顿》的剧本，觉得她非常适合这部电影。她来见茱莉叶和我，由于她没有不合格的毁容或警局案底，就被我雇用了。事实证明，她是出色的演员，可爱的人。我和她变得非常要好，我们一起去看电影，逛博物馆，并多次共进晚餐。我和她的姐姐玛菲打网球，她是很棒的网球运动员，但以典型的海明威方式（不是欧内斯特·海明威的海明威，而是这对姐妹的海明威）和我见面打网球，她穿得很好看，开车到球场时，她转过头对我说："哦——我忘了球拍。"由于这将妨碍我们的比赛，我们不得不一路回去拿。

玛瑞儿在纽约与她祖父的遗孀住在一起，当我去接她时，公寓里装饰着豹皮地毯、象牙、枪鱼和旗鱼。我想起我的童年时代，父亲带我去钓鱼，我们什么也没钓到，然后在集市上停下，买了一些新鲜的比目鱼，自豪地当成当天的收获。回想《曼哈顿》，我不得不说其中有很多是好运气。如果人生有八成靠的是你人在那儿就行，那么另外的八成，就像尤吉·贝拉说的那样，靠的是运气。❶在拍摄那部电影期间，我们听说纽约将在当晚举行有史以来最壮观的烟花表演之一。我们放下手头所有事，跑到一个朋友的贝雷斯福德公寓❷里，做好拍摄准备。运气很好，我们拍到了精彩的镜头，它们成了《曼哈顿》令人惊叹的开场。

另外，纯粹靠运气，在爱乐乐团录制格什温时，祖宾·梅塔

❶ 此处补充了伍迪·艾伦流传甚广的俏皮话"人生有八成靠的是你人在那儿就行"，"另外的八成"为故意写错，戏谑了名言"天才是百分之九十九汗水加上百分之一灵感"。

❷ The Beresford，位于中央公园西路 211 号的 23 层豪华公寓楼。

在空旷的爱乐大厅里指挥穿着厚羊毛衫和长筒靴的男男女女，当时城里还正在下暴风雪。我们迅速派摄像师到我的顶层公寓，在那里，他把电影摄像机从门卫和电梯操作员那儿偷运进去（大楼里不允许拍摄），然后从我的阳台上拍到《曼哈顿》银装素裹的华丽画面。两种情况都纯属偶然，但我总觉得运气在保佑我，它们似乎永远为我存在。

当电影拍完时，我与迈克尔 · 墨菲和玛瑞儿都变得非常好。玛瑞儿邀请我去她在爱达荷州凯彻姆的家待几天，离她祖父自杀的地方不远。从我开始阅读文学作品的那一刻起，欧内斯特 · 海明威一直是我的偶像。我赞同索尔 · 贝娄对海明威的评价，而不是约翰 · 厄普代克的。我可以拿起他的任何一本书，翻到任何一页开始读，他行文的诗意让我心动。他开枪自杀的那天，要么是我打电话给露易丝，要么就是她打给我表示慰问。那是在我们成为恋人后不久。我们相约去喝酒，将自杀浪漫化。她选择用手枪，我更愿意把我的头放进洗碗机，然后按下“全循环”。

现在，如我所说，我生活的基本原则之一是：永远不做任何人的座上宾。我多希望我当时遵从了这项个人公理。可是，玛瑞儿如此迷人、如此漂亮，而且整个海明威神话如此诱人，于是，在11 月一个寒冷的日子里，我发现自己正飞向凯彻姆，接受他们家的邀请。我非常喜欢海明威一家人。她的母亲善良美丽，两个姐姐玛葛和玛菲可爱、漂亮、精力充沛，她的父亲也非常和善。他热爱户外运动，根据家族传统，他的房间里摆满了假蝇钓鱼设备。我还是男孩时就学了假蝇钓鱼，甚至购买了所有设备，尝试自己绑苍蝇，但由于我缺乏所有技能，我的苍蝇像一团又大又笨的羽毛和绳绒线，所有鲑鱼看到它们都大笑起来。所以现在，午后刚到达的我在爱达荷州凯彻姆，与这个户外运动家庭坐下一起吃晚饭。

外面，到处是山和飞旋的雪花。呃——我真的想来这里吗？我是一个如果不在纽约医院附近就会感到焦虑的人，突然间，我正在吃玛瑞儿的父亲那天早上打的鹌鹑。每咬一口，大号铅弹就从我的嘴里掉出来，在盘子上叮当作响。晚饭后，他们匆匆带我在冰冷的黑雪中走了一大段路，因为玛瑞儿的父亲前段时间心脏病发作，根据医嘱需要锻炼。第二天，我被带去在暴风雪覆盖的山上长途徒步，我那双时髦的麂皮靴被浸湿了。但我还是和主人谈笑风生，我打算几周后去巴黎，就问玛瑞儿是否想来。这让她很恐慌，但我没有发觉，她后来在回忆录中写到这一点。她和母亲讨论了这个问题；她母亲赞成，但这将要发生的事对玛瑞儿来说太可怕了。

这是玛瑞儿对我的来访的准确记述中我唯一不同意的地方。她写道，她婉拒了我的邀请，第二天我就离开了。言下之意是我离开是因为她的拒绝，但并非如此，我真的非常喜欢这一家人，而且，如前所述，我与玛瑞儿至今仍保持着良好关系。我比原计划更早离开，是因为当我到达时，我被一则令人无法忍受的消息震惊了——我想当个独立的童子军，但我不能。我被告知，我将有自己的卧室，但将与她父亲共用一间洗手间。听到这个消息后，我脸色发白，迅速打电话给我的助理，让她订一架小飞机来接我回百老汇。自从我二十岁被放逐到好莱坞那次之后，我还没有和男性共用过一个卫生间，如今我四十岁了，我的青春和精神健康早已泡汤。我试着撑到底，但两天之后就变得无法忍受了，甚至在玛瑞儿婉拒与我一起参观埃菲尔铁塔之前，就已经预定了要提前离开。我需要私人飞机，因为没有到凯彻姆的直达航班，需要转机才能到那里，还要办理冗长的手续，我可不是一个喜欢旅行的人。

总之，我为这美好的两天感谢了他们所有人，当晚10点，我已经在伊莱恩餐厅弓身于一盘意大利饺子旁。没有铅弹。当然，吃起来也毫无特色，但我回到了曼哈顿。几年后，我又让玛瑞儿出演了一个小角色，她在快要拍摄时告诉我她想工作，而那是我唯一空缺的角色。像往常一样，她通过了。

《曼哈顿》取得了巨大的成功。巨大是以我的标准来看，但它的收入都比不上《星球大战》系列中票房最差的那部。电影公司为了提高票房想尽了办法，但最后都困惑地唏嘘不已。他们试过大的首映，小的首映，高级的广告，烂俗的商业广告，大肆宣扬我的名字，淡化我的名字，在一年中的不同时间开映，把一些大明星塞进演员表——但都无济于事。营销行家们施展他们的巫术，向我保证这些影院有了这些广告后，我们很快都会开上迈巴赫。然后，电影开映，票房猛烈下跌，随后一连串借口出现了：天气、棒球世界系列赛、股市、普珥节[1]。与此同时，没有人出现在售票处。

我的观众到底是谁呢？这个问题我已经被问过无数次。我不知道——对智障来说不可能知道。我在世界各地都有坚实的观众，我的电影在巴黎或巴塞罗那单个城市的表现比在整个美国的都好。《曼哈顿》在各地都大受欢迎。当它上映时，我发现自己上了《纽约时报杂志》的封面，并第二次上了《时代》杂志的封面。这部电影在欧洲、南美和远东都很受欢迎。被《时代》杂志誉为喜剧

[1] 犹太历亚阿达尔月的第十四日、十五日，为纪念和庆祝古代流落波斯帝国的犹太人从种族灭绝中幸存的节日。

天才的我，之于像莫扎特或达·芬奇这样的真天才，就像家长教师联谊会的主席之于美国总统一样。

我剪完《曼哈顿》时，并不喜欢这部电影。我提出如果联美公司想把它报废、停止发行的话，我愿意为他们免费拍一部电影。他们把我当怪人打发了。当它如此成功的时候，我当然感到很困惑。自然，在所有这些赞美中，也有一些反对。任何有如此多赞誉的东西都很难与盛名相符，而对我来说，《曼哈顿》远远不够。但对大多数人并非如此，它继续在全世界赢得奖项，至今仍然到处放映。它没有被好莱坞提名为最佳影片，我也没有被提名为最佳导演。有人说这是学院[1]对我在《安妮·霍尔》获奖时对奥斯卡毫无兴趣的报复，但我不是一个相信阴谋论的偏执妄想者，我不觉得学院奖的投票者对我的电影不够喜欢有什么可疑之处。我确实知道《安妮·霍尔》获奖时，学院对我有点不满，因为我不让联美在随后的报纸广告中大肆宣扬。如我所说，我不喜欢整个评奖的喧嚣，宣布获奖的大广告让我尴尬。两个星期后，学院打电话来愤怒地说："你为什么不在广告里说你的电影赢得了四项奥斯卡奖？"你应该也能感受到他们的不满。我不在乎这样或那样，我告诉联美，如果它对学院如此重要，他们可以加进去。我的意思并不是要发表任何声明，却被认为是这样。我从来没有加入过学院，尽管他们催促我加入，但我没加入只是因为我不想，没有任何其他原因。我一生中唯一报名参加过的东西，是我十岁时参加的幼童军，而我讨厌它。我甚至没有从中学会最基本的侦查技能，比如读指南针，

[1] 奥斯卡金像奖是学院奖（The Academy Awards）的流行名称，这里的"学院"指美国电影艺术与科学学院。

直到今天，为了定位真正的北面，我必须先面对扎巴餐厅[1]的方向。

在《曼哈顿》之后，我拍了《星尘往事》，一部我觉得有点被误解的电影。自然，作为承受批评的作者，我会觉得被误解，我也不是一个爱抱怨的人，但在这里，我确实认为人们纠结于电影的错误面向。我的意图是进入一个人的内心，他似乎拥有一切，财富、名声、美好的生活，但他正在遭受焦虑和抑郁，财富和名声毫无意义。由于这部电影的风格，以及它是通过主人公的角度主观描述，人们对我犯了马龙·白兰度曾经抱怨过的相同错误。马龙在一次电视采访中说："人们混淆了我和我扮演的角色。"对我也是如此。他们觉得主角不是我虚构出来的人物，认为我鄙视喜剧，对自己的成功不屑一顾，对自己的影迷很轻蔑——老天知道还有别的什么。这一切都不是事实。我很谦逊，我觉得影迷对我非常好，而且我享受喜剧。人们有时对我说，我很成功，怎么还敢让我的主人公抱怨。我觉得，是的，我很幸运。这个角色也很幸运。我是第一个说我的运气和成功比我应得的多的人，但我是在为每一个不那么幸运的人抱怨，甚至为另一些人抱怨——他们努力达到顶峰，然后发现尽管名利双收，荣耀之路还是会通向那个你知道的地方。在《星尘往事》的开场戏中，垃圾场是成功者和失败者的终结之处。

我也是在写公众与偶像或名人爱恨交织的关系。这一刻他们想要你的签名，下一刻他们就准备向你开枪。电影上映后几个月，一个忠实的歌迷杀死了约翰·列侬，我觉得我对事情的判断是正确的。不重要。我可以整年站在那里喋喋不休地谈论我的意图，

[1] 位于纽约曼哈顿上西区的一家犹太食材店，以贝果、熏鱼、橄榄和芝士闻名。

以及我觉得观众应该从这部电影中得到什么。现实是，他们得到的是别的东西，而且他们中的大多数人不喜欢。一些令人愉快的支持信让我振奋。我记得有一封来自莉莲·罗斯的短信，我不认识她，但她很尊重我；还有一封来自诺曼·梅勒的信，我略微认识他，也很尊重他。在我职业生涯的作品中，这部一直是梅勒最喜欢的。大多数人离场后都像我电影里的大众一样机械地重复着，告诉我他们更喜欢我的早期搞笑电影。但是，如果你害怕实验，你就不能履行艺术家的职责，我不想安全地停留在我知道我可以做得好的地方。我打算作为一名导演尝试并成长，尝试并深化，在不放弃喜剧的情况下向戏剧发展，但不打算试着成为一个取悦大众的人。我有自己的宏伟幻想，决心总是去做我当时感兴趣的想法，除了努力拍一部好电影外，不考虑其他因素。

现在，准备好接受一些小小的离题，一段前后不连贯的简短陈述。当我讲到这里时，你会想：我的天——这个人在抽什么？顺便说一句，我什么都不抽。我过着任何电影演员中最乏味的银幕外生活：不喝酒，不抽烟，对任何改变思维的经历都不感兴趣。我一向唯恐改变我的感觉，甚至不愿意为此戴上太阳镜。时至今日，我从未吸过一口大麻。杰克·本尼甚至在七十多岁时告诉我很想试试，他后来试了，并且很喜欢。但我从来没有任何好奇心，也不会加入他。这就是我所谓智慧的另一点：我完全没有好奇心。我没有欲望去看泰姬陵、长城、大峡谷。我不想参观金字塔或在紫禁城漫步。我也绝对不想坐上第一批前往外太空的火箭，从远处一窥地球，体验失重。事实是，我讨厌失重；我是重力的忠实拥趸，并希望它维持下去。我甚至不好奇曼哈顿街上那些从地面冒出的蒸汽是怎么回事。

尽管如此，在一个莫名其妙的疯狂时刻，在流星般上升到不配的高度的过程中，我决定短暂停顿一下，我想成为一名伟大的厨师。在那之前，我的烹饪技能与任何能搞定开罐器的公民相当。我是制作吞拿鱼三明治的能手，能泰然自若地处理溏心蛋，我想说我做的整杯冷水，会让任何蓝带厨艺学校的毕业生都羡慕。作为一个单身汉，当琼·杜马尼安或类似的同伴不能陪我在伊莱恩餐厅吃饭时，我通常会叫中餐外卖，狼吞虎咽地吃掉，一边紧紧盯着电视屏幕。我想说的是，有一天，我决定去学习如何烹饪。但我并不想只是学习加热午餐肉或做美味的速食饭。我的柯勒律治式幻想是成为一名真正的大师级厨师。我将学习厨艺的秘诀，享用圃鹀和孔雀的舌头，就算我吃饭时只是独自一人坐在沃尔特·克朗凯特❶的节目前。

而且还会有附带好处。显然，拥有埃斯科菲耶❷或戈登·拉姆齐❸的天赋会使一个人的诱惑之路更加畅通无阻。我将邀请丰满、金发的首席执行官前来就餐，她首先被我的机智和仿照葛饰北斋《神奈川冲浪里》所蓄起的大背头吸引，她会来到我家，期望着礼貌地容忍一个孤独无能的单身汉把猪油和燕麦粥扔在一起做成的某样东西；也许是解冻的“鸟眼”牌食品，或者是古拉格群岛的客人们喝的各种稀汤。她会主动提出接管，向我展示如何在短时间内由懂行的人做出一顿盛宴。但等等，这是什么？我给她带来了什么惊喜？圣雅克扇贝，也许配上一杯夏布利或长相思葡萄酒。或者是焗卡门培尔软芝士，配波尔多红葡萄酒。或者是白酱炖小

❶ CBS 的明星主播、记者，美国极负盛名的电视新闻节目主持人。
❷ 法国烹饪史上的传奇人物，他的《烹饪指南》至今仍是厨艺界经典。
❸ 英国厨师及美食评论家，主持多档美食节目，他的餐厅累计获得十八颗米其林星。

牛肉，甜点是用樱桃做的克拉芙缇。或者，如果她喜欢，我的焦糖苹果挞。这足够令人印象深刻了吗？我想是的。这应该是一趟从厨房通往闺房的快车，以便在床上消耗掉一些卡路里。

我确信再也不用勉强自己吃意面和肉丸子了，那是一道稳定性堪比图书馆厚糨糊的菜，我的第一步行动是让我的助理给茱莉亚·柴尔德[1]打电话，说伍迪·艾伦先生想请你推荐一位优秀的烹饪老师。当然，是私人课程。我从未见过柴尔德夫人，她人很好，多亏她没有把电话转给FBI，而是帮我推荐了一位名叫莱迪·马歇尔的优秀女士。约定了时间，马歇尔女士出现在我的公寓里。她仔细检查了我的锅碗瓢盆，我的炉子，我在期待中脱下的白色长围裙和厨师帽；因为感觉到有客可斩，她便打电话给她的会计师，告诉他可以为她所觊觎的那件貂皮大衣支付预付款了。

每节课都是三小时，她会带上各种食材。在我们的第一堂课开始前，已经没有足够时间让我长出稀疏的高卢式胡须。我将制作手工意面、牛肉配伯那西酱、芦笋、里昂风格煎土豆、泡芙、咖啡和马德琳蛋糕。我记不得太多别的了，只能说这些要么是我在吕特斯或青蛙餐厅[2]的菜单上看到的，要么是在普鲁斯特的书中读到的。我对她高兴地微笑，然后念错了“Bon appetit”[3]，就开始吃了。好吧，我们直接跳到大结局：我坚持了三节课，每节课结束时，我都累得站也站不住了。我太虚弱了，吃不下饭；我气喘吁吁，有两次她问我是否应该拨打911，以及我是否有任何直系亲属。

我一直是个爱运动的人，那时候经常打网球，可以轻松地单

---

[1] 美国知名厨师及电视节目主持人。

[2] 皆为在纽约曼哈顿的法式餐厅名。

[3] 法语，祝胃口好。

打三四个小时而不泄劲。但烹饪的歇斯底里和紧张感压垮了我。我在厨房里到处跑，意大利面团挂在椅背上，像太妃糖一样耷拉着，鸭子竟然着火了，我被炉子的热气熏得满头大汗，搅拌得手都麻了。我不能再搅了。我的手腕正因搅拌而受损。这会让我无法发球。我为什么要搅拌呢？我讨厌掼奶油。可如果我不再搅拌伯那西酱，就做不成那种酱汁。出于某种原因，焦糖奶油变得跟冰球毫无二致，而且，我以前从未用过灭火器，可不知怎的成功在烤鲈鱼上涂了一层厚厚的白色泡沫。正是在那一刻，乔尔·侯布雄和丹尼尔·巴鲁[1]在某处松了一口气，感觉到他们的声誉安全了，不会落到一个连清炖鲑鱼都会做失败的四眼闯入者身上。可悲的是，我将继续吃纸桶里的蘑菇鸡片，重新加热外卖比萨。我邀请来吃饭的女人会被建议中途在博派斯炸鸡店停留，并自带食物。在我努力挣取第一颗米其林星之际，这通向床帏的转场可能并不那么顺滑。

当我恢复理智后，我拍了《西力传》。自《傻瓜入狱记》以来，我就对纪录片风格的喜剧感兴趣，现在有了更多经验。有了像戈登·威利斯这样的摄影师，还有我想拍黑白片的意愿，不过这立即限制了票房（一些国家不会放映黑白电影，甚至现在黑白片都很难卖给电视）。《西力传》讲述了我们所有人都想被人接受，融入集体，不冒犯他人，因此我们经常向不同的人展示不同的自己，想知道哪个自己可能最讨喜。例如，对于喜欢《白鲸》的人，主人公会顺势而为，找到这本书值得称赞的地方。对于不喜欢这本

[1] 皆为米其林餐厅知名主厨。

书的人,《西力传》里的角色就会按照对方的期望也不喜欢它。最终,这种对从众的迷恋导致了法西斯主义。

我写好了剧本，而在等待开始前期制作时，我写了《仲夏夜性喜剧》(*A Midsummer Night's Sex Comedy*)。后者将是乡野的颂歌,赞美据传拥有魔力的森林，并以一些有趣的人的爱情和婚姻问题取乐。

我告诉联美，我会同时拍摄这两部影片。他们喜欢这个想法,他们酷爱提高生产力，而我认为这很容易。假如你是一个喜剧天才的话就更是如此——结果发现我不是，这并不容易。问题并不是体力上的。我先拍摄《仲夏夜性喜剧》中的几个场景，然后在同一地点或附近，换上服装，拍摄《西力传》中的一场戏，这不是什么问题。问题是精神上的。很难在一个世界里情绪高涨，再切换到另一个。精神能量的转换很难处理，我得先集中心神拍一个故事，然后突然要为另一边的人物和情节做出调整。我发誓我再也不会尝试这样做了。

《仲夏夜性喜剧》结果确实成了一部非常美丽和魔幻的作品,但没有人喜欢它,也没有人去看它。《西力传》的命运要好得多,“西力”这个名字从此进入了词汇表，但总是被用来指称这一创造物的从属属性。它经常被用来表示到处露面的人，他们在流行的社交场合与富人、名流一起出现，是无处不在的无名之辈。可是,“西力”的主要意思并非如此，它应该用来形容这么一种人：他们不断放弃自己的立场，并采用流行的新立场。

在这两部电影中，我有了一个新的女主角，米亚·法罗。那是怎么发生的呢？为此，我必须回过头来做些稍稍有趣的解释。

几年前，我收到一封来自米亚的影迷信，我从未见过她，只是读了她的信。我一直觉得她非常非常漂亮。米亚让我想起露易丝，这是一个好的开始。她的信赞扬了我最近的电影或我的所有作品，我忘了是哪个。但它结尾的句子我还记得，那就是："简单来说，我爱你。"这是一封令人非常愉快的信，来自一位著名的女士，而且是一位美丽的女士。我写了一封感谢信，几年来这件事就这样过去了。当我被苏·门格斯[1]——我和她相当要好——拉到好莱坞的一个小派对上时，我终于见到了她。苏住在纽约时，我就已经认识她，在她搬到洛杉矶后，她和丈夫让－克劳德在我去那里时都会亲切接待我。我们一起在巴黎时，她第一次带我去了马克西姆餐厅，还在圣诞夜带我去了银塔餐厅，此后多年，这成了我和朋友们一个小小的节日仪式。作为经常到她在比弗利山庄的家里吃饭的客人，苏总是试图给我介绍一个又一个可爱的电影女演员，但不管是什么原因，似乎从来没有成功过。她非常有趣，关于她的故事都是传奇，尽管在好莱坞派对上打量人群这点上，没有人能超越她，她将这群人称作辛德勒的 B 名单。

这天晚上，米亚刚好参加了这个聚会。我们被介绍认识，有一些礼貌的闲谈，没有地动山摇，我们就各奔东西了。几年后，我在伊莱恩餐厅再次遇到她。她和迈克尔·凯恩一起进门，经过我的桌子，我们打招呼，她在其他地方坐下来，我又开始吃我的意大利饺。意大利饺是那里少数能吃的东西之一，如果一个人对口味的要求保持在最低限度，那味道还算过得去。我经常告诉伊莱恩，她家的食物可能会被唐纳山口的迷路者拒绝。

那是米亚和我为数不多的几次相遇。接着到了新年派对。我

[1] 好莱坞明星经纪人。

从来不是派对爱好者。主要是因为我有进门恐惧症。一旦我进门，我就好多了。不是好极了，但好得多。我真的需要有人把我拖进去，这对成熟的成年人来说是一桩令人厌烦的事，但尽管努力了，我还是无法进门。所以在感恩节期间，我的朋友琼·杜马尼安和乔·舒马赫力劝我办一场新年前夜派对，当上主人就不必进门了。经过一番纠结，我同意了，尤其是因为乔说他会帮忙。他的确帮了忙。他知道花、音乐、灯光，以及所有能使派对精彩的东西该找谁来操办。为了这场伟大的派对，我租下哈克尼斯大楼，那是丽贝卡·哈克尼斯曾经拥有的豪宅，在她死后成了一所芭蕾舞学校。它宽敞而宏伟，有一个罗宾汉电影中的国王会在里面吃下整头烤野猪的大厅，它非凡的一楼会提醒你，大楼已故的前主人在迎接你。也就是说，有一个装着丽贝卡·哈克尼斯的骨灰盒在那儿，它由萨尔瓦多·达利设计，上面有会飞舞的机械蝴蝶。

我们把一层楼做成迪斯科舞厅，另一层是社交空间；有鱼子酱，一间蚝吧，我为此不得不去找一打善于剥蛤蜊的人。有葡萄酒、香槟和烈酒，各种丰盛的咸味小吃和糖果点心；有大量鲜花，男人们看起来很优雅，女人们盛装打扮，酩酊大醉，缺的只是在外面等候的敞篷车。每个人都受邀，每个人都来了。演艺界、艺术圈、政界、体育界、新闻界和社会上的每个人。在一组人中，你可能会发现市长正与沃尔特·弗雷泽[1]、S. J. 佩雷尔曼、鲍勃和雷[2]、汤姆·威克[3]交谈。几英尺外的那组人可能是阿瑟·克里姆、泰德·索

---

❶ NBA 明星，曾效力于纽约尼克斯队和克里夫兰骑士队。

❷ 鲍勃 · 埃利奥特和雷 · 古尔丁组成的喜剧二人组。

❸《纽约时报》记者及专栏作家。

伦森[1]、比尔·布拉德利[2]、丽莎·明奈利、里奥·卡斯特里[3]、鲍勃·福斯、诺曼·梅勒。派对持续了一整夜，大约在凌晨3点，巨大的地下室会供应早餐，许多人下楼去吃火腿和鸡蛋，喝咖啡和更多酒。我为一个盖茨比式的夜晚得到赞扬，但所有的功劳应该归于乔·舒马赫和我的助手们，他们做了大部分工作。

我发誓再也不参与这样的活动了，但几年后被说服又做了一次，并完成了任务，即使没有第一次那样自然的光芒，也很接近。又一次，整个纽约都出现了，在这一整群人中，有米亚和一些朋友。我相信其中有桑德海姆，还有米亚漂亮的妹妹斯蒂芬妮。又一次，米亚和我愉快地打招呼，随后消失在人群中。当时我正在和杰西卡·哈珀约会，《星尘往事》中那个性感、聪明、有才华的女孩。派对结束后几天，我收到一封短信和一本书，是米亚的礼物。她感谢我让她度过美好时光，并寄了一本《美杜莎与蜗牛》（*The Medusa and the Snail*）。我回了一封短信，感谢她送的书，然后随便提出一个建议，这个建议最终会改变很多人的生活。我说，如果你哪天有空，我们一起吃午饭吧。

当时，如我所说，我是一个单身汉，与我电影中的女主角约会，她非常出色，我喜欢她，但这是一件漫不经心的事；我们没有相爱，没有对彼此承诺。杰西卡很可爱，但她喜欢浮潜，一想到可能最终会与刺魟面对面，我就夜不能寐。我并非对米亚有什么企图。我不了解她。如果她是那种对营养学或占星术感兴趣的女演员呢？如果她的宗教信仰包括耍蛇或者她不喜欢《偷自行车的人》呢？

---

[1] 美国律师、作家及演讲稿撰稿人，约翰·肯尼迪的主要演讲稿撰稿人。

[2] 美国政治家，前职业篮球运动员。

[3] 意大利裔美国当代艺术画商。

我只知道，她是一个令人愉快的美女，多年来以最随意的方式多次与我擦肩而过。我们约定下周在吕特斯见面，因为我不久后就要去巴黎了。于是我坐在那里，等着她，她很晚才出现，看起来像数百万美元般耀眼，在午餐和葡萄酒之后，我们商定在我从巴黎回来的那晚共进晚餐。我买了单，给她叫了辆出租车，自己也回了家，两天后，我就和琼·杜马尼安坐在光明之城的马克西姆餐厅了。一周后，我得赶回来补拍《星尘往事》。

愉快的一周后，我回来了，带米亚去吃饭；我的秘书安排了这个约会。“伍迪 9 号会回来，他能在晚上 8 点来接你吗？”我就这样和她约会了几个月，我从不打电话。总是我的秘书来打：“伍迪正在拍戏，但周四晚 8 点 30 分可以吗？”她会说可以。然后我们就约会了。事实证明她很聪明、漂亮、会演戏、会画画、懂音乐，而且她有七个孩子。❶镜头摇起。❷从情景喜剧的角度看，我正在与一位有七个孩子的女人建立恋爱关系，这很好笑，但在那个时候，这不过是关于她的另一项事实。我是否本该意识到她有三个亲生孩子，然后又收养了四个孩子？并不。这很不寻常，但很难说是不祥。也许对一个更敏锐的人来说，这或许将预示着一些比不寻常更不寻常的事，但在烛光下，那张脸回望着我，人们便倾向于不去寻找那些无法通融的东西。此外，我喜欢孩子，

❶ 米亚此时的七个孩子分别为：与第三任丈夫安德烈·普列文的三个亲生儿子，马修和萨沙（双胞胎），弗莱彻；和安德烈的婚姻期间领养的两名越南裔婴儿和一名韩裔孩童宋宜；与安德烈离婚后，于 1980 年领养的患有脑瘫的韩裔孤儿摩西·法罗。

之后与伍迪·艾伦恋爱期间，米亚 1985 年收养了约两周大的迪伦·法罗，1987 年和伍迪生下她的第四个亲生儿子罗南·法罗（即后文提及的萨奇）。1992 年至 1995 年期间，米亚先后又收养了五名孩子（其中撒迪厄斯、塔姆、拉克在后文有提及）。

❷ 原文 tilt 指电影拍摄时的垂直运动镜头，用于了解环境和揭示真相。

总是和他们相处得很好。我从未对拥有自己的孩子有任何明显的感觉。如果在我与哈琳或露易丝结婚时，她们都说不想要孩子，那我也不会介意。她们任何一个说，我想要五个孩子，那或许也是可以的。

作为一名作家或电影导演，孩子并不在我的考虑范围或日程表内，但如果配偶很想要，我也很乐意做一个父亲。我更情愿要女孩，但也喜欢男孩，我的儿子摩西可以证明这一点。我教他打棒球、篮球，带他去钓鱼。我想我是老派的父亲，在两个正在上大学的女儿眼里，我是糊涂却充满爱的父亲，非常专注于宠爱她们。所以米亚有七个孩子，没有引起我的焦虑。我们刚认识，她的生活目标与我不同，她很聪明、很有说服力地阐述了这些目标。与《星尘往事》女主角的调情优雅地消逝了，我开始与一位美丽的电影明星交往，她再好不过了，简直不能再甜美，也极度关心我的需求。她要求不高，比我更有见识，更有文化，适度好色，我的朋友觉得她很有魅力，而且最重要的是，她就住在中央公园对面，可以节省大量车费。

现在回想起来，我应该看到任何示警红旗吗？我想是的，但如果你在和这个梦想中的女人约会，即使看到示警红旗，你也多少会朝另一个方向看。记住，我不是街区里最有洞察力的人，特别是在涉及丘比特先生的问题上。回想起来，示警红旗每隔几英尺就有一面，但大自然为我们提供了一种否认机制，否则日子就不能过下去了，正如弗洛伊德教给我们的，正如尼采教给我们的，正如奥尼尔教给我们的，正如 T. S. 艾略特教给我们的。不幸的是，我从来不是一个好学生。

比如说：我们开始约会后不久，米亚宣布她在康涅狄格州买了一栋乡村别墅。她说需要在暑假期间为孩子们找一个地方，我觉得这完全可以理解。她说她知道我是个城市男孩，如果我有任何问题，她会把它卖掉。我知道她很喜欢乡村，但作为一直把大自然放在第二位的人，我讨厌乡村。白天我还不太介意，虽然我对鞋子上的露水不感到兴奋，但到了晚上，天黑了，一片寂静，我总是想着会看到一只被剥皮的手从湖里伸出来，或者在窗口看到两只红眼睛。总之，在如何生活、在哪里生活和怎么消遣方面，我感觉我们有完全不同的品味，这最终可能会成为问题，但我选择忽略它。

第二面红旗在我们开始约会后不久就出现了，确切地说，是约会几个星期后。在看电影《我的璀璨生涯》(*My Brilliant Career*)时，米亚扭过头对我说："我想怀你的孩子。"由于不习惯接受比"你要吃最后一块鲱鱼吗？"更强硬的要求，我大吃一惊，但还是像个优雅的游击手[1]一样应付了过去。我记得我把话题转移到割草机上，把她的问题当成戏剧性的表达。毕竟，她是个演员，惯于演戏。

此后不久——又来，我说的是几个星期后——在一家中餐馆，她突然提议结婚。她说的时候我正吃着蛋卷，我想也许她没有戴隐形眼镜，把我当成了别人。当我意识到她是认真的，我告诉她，且不说我们只约会了很短一段时间，婚姻于我而言是一种不必要的仪式。我结过两次婚，她也是，多年来我懂得了，如果一段关系会行得通那就行得通，一纸契约并不能帮助人们增进爱，也不能纠正已经恶化的情况。我很高兴能与她处于一段关系中，但是，不是针对个人，我只是对把它仪式化的想法不感到兴奋。接下来

[1] 棒球比赛中负责防守二、三垒间的球员。

我大概是转而谈起尼克松的跳棋演讲，并唱起了《画舫璇宫》中的歌曲《老人河》。[1] 毫无疑问，她听到我的逃避之辞后明显感到恼火。她使性子般收回提议，怪我搞砸了事情，我想她的意思是，我们相遇、约会、喜欢彼此，而我突然间不愿意再进一步了。她对再进一步的想法是跑出去结婚。但是，她这么快就求婚，以及当我没有立即答应时的烦躁反应，本该让我知道，我面对的是一个更复杂的人，而不仅仅是一个脆弱而美丽的超级妈妈。

事实是，这在当时确实让我感到震惊，但所造成的创伤还不足以让我觉得应该迅速打点行装，进入证人保护计划。我本该受宠若惊吗？反正我没有。我们从未结婚。我们甚至从来没有住在一起，在我们约会的十三年里，我没有在她的纽约公寓里睡过一次。我们分开住，除了第一、二年，她可能有几次会在我那儿住一晚。学校一放假，她匆匆带着她的一大窝孩子去康涅狄格州，除了独立日周末或劳动节周末，我都是独自在曼哈顿度过夏天。让我们在一起的，是一个非常方便和愉快的约定，我很快就会讲到它，但我还要列举从一开始就错过或有意错过的红旗。

来看下一面。我们的出身有很大不同。我在一个中下阶层的犹太家庭长大。我的父母、表兄弟姐妹、姑姑和叔叔们都有他们的怪癖和争端，但都在合理范围内。没有暴力、离婚、自杀、毒品或酒精。除了哭穷，就是抱怨给鲁西做隆鼻手术的医生不够好，也许应该找“拉斯和女儿们”餐厅里那个切鲟鱼的来开刀。米亚的家庭则充斥着极其不祥的行为，在我认识她的这些年里，这种行为越来越多。兄弟姐妹的酗酒和严重的毒品问题，犯罪记录，

---

❶ 跳棋演讲是尼克松身陷贪腐丑闻时为自己辩护的一场煽情演讲；《老人河》展现了黑人劳工的艰苦。

自杀，因精神问题被送进病院，最终有一个哥哥被判犯有猥亵儿童罪而入狱。每一个法罗家的人都为缺陷所苦，范围从雅典剧场的悲剧到《失去的周末》（*The Lost Weekend*）[1]——似乎只有米亚例外。我很惊讶，她怎么能踮着脚穿越那片疯狂的雷区长大，结果还很有魅力，有创造力，讨人喜欢，而且未受伤害。但她并不是没有受过伤害，我本该多长个心眼。

以我的立场来说，由于我们没有住在一起，我对她家庭究竟在发生什么知之甚少。我对她对待孩子们的方式一无所知，也不知道那些被收养的孩子与她的亲生孩子受到的对待有何差别。就像摩西和宋宜所描述的，她非常小心地瞒着我，也瞒着全世界。稍后，我将为你们详细介绍其中一些情况，你们会大吃一惊。另一面红旗：她与她儿子弗莱彻反常地亲密。太亲密了。这一点连我都看出来了，虽然看起来非常奇怪，而且有点吓人，但她的家庭关系不关我的事。她不是我打算与之结婚或同居的人，所以我对这种母子关系的看法是，这是她自己的事。但这显然很奇怪。我停车接她去约会。她从公寓里溜达出来，坐进林肯车，就会立即拿起车载电话打给弗莱彻，可她才刚离开。好吧，这孩子害怕分离。没有人比我更能体会到分离焦虑。但几周过后，她开始在我们约会时经常带着他。在伊莱恩餐厅，当所有成年人吃喝玩乐、聊到半夜时，这孩子就躺在桌子底下睡觉。我说，他这样会不会太累，明天没力气去学校？但如果他有任何不想去学校的原因，她就不送他去。他是唯一受宠的孩子，他说了算。

当我提议花一周时间一块儿去巴黎时，冲突的时刻出现了。

---

[1] 比利·怀尔德 1945 年执导的电影，探讨酗酒和自杀问题。

她的回答是，除非带上弗莱彻，否则，她宁愿不去。当然，她说的比我刚才写的还要动听。但是其他孩子不会对这种明显的偏袒感到愤恨吗？只带他去巴黎？不要担心这个问题。我们可以带他去吗？不，我说。本来打算两个人去一周或几天的。一个只有大人的假期。不带这个孩子，她不会让步。顺带一说：我们没去。我和琼·杜马尼安去了巴黎。我们住在丽兹酒店，在香榭丽舍漫步，一对漫游者，猛喝着罗曼尼康帝酒庄的酒。我当时刚刚接触葡萄酒，我记得当时有点醉了，看着协和广场的夜景，它如此美丽，而我像巴尔扎克笔下的人物那样对巴黎挥舞着拳头，俏皮地说："你这个老妓女。"不幸的是，我当时面对的是一位来自底特律的女游客，她对此并不买账。

有一些关于米亚的传闻，我没有理会，因为它们只是传闻。其中一则是，在多莉和安德烈·普列文的婚姻期间，米亚对多莉·普列文做了件非常恶劣的事：她潜入他们家，怀上了安德烈的孩子，并把安德烈从多莉身边偷走，给多莉造成了可怕的精神折磨。多莉写过一首关于米亚如何背叛她的名曲，叫作《当心年轻女孩》("Beware of Young Girls")，我不知道这首歌。事实是，我既不认识多莉也不认识安德烈，也不打算因为一些传闻就抛弃一段新的恋爱关系。在几年之后，当我与米亚公开争夺监护权时，从未和我见过面或说过一句话的多莉才联系我，她告诉我传闻是真的，还说了米亚是多么狡猾，我必须提防米亚。多莉还提醒我，注意她写的一首歌，歌词提及一个小女孩和她父亲在阁楼上发生的某次遭遇。这首歌叫《阁楼上的爸爸》("Daddy in the Attic")，歌词是这样的：

而他将演奏
他的单簧管
当我绝望时
与我的
爸爸待在阁楼上

她告诉我米亚会唱这首歌，确信它让米亚有了想法，会捏造一个阁楼上的猥亵指控。但我还没说到这事。

我很早就听到的另一则传闻是，米亚的兄弟在成长过程中侵犯了美丽的法罗姐妹。那位因猥亵儿童而在监狱服刑多年的法罗兄弟，声称自己被父亲猥亵过，父亲也很可能猥亵过他的兄弟姐妹。摩西说，米亚曾告诉他，她在自己的家庭中也曾是未遂猥亵的受害者。米亚的父亲有不忠丈夫的名声。米亚自己告诉我，她当场抓到他与一位著名电影女演员在一起。米亚有三个漂亮的姐姐和三个兄弟。一个哥哥在事故中死在飞机驾驶舱里。另一个哥哥开枪自杀。三弟因猥亵男孩，被判入狱。

现在我知道你在想什么：我是有多蠢啊？考虑到我刚才一口气说出的情况，我为什么不离开，伪造自己的死亡，在一个不太可能燃烧情感的情况下重新开始？我没有答案。我只知道，一个迷人的人和一双蓝色的大眼睛总能使千艘战舰齐发[1]。就这样，我被一位聪明美艳的女演员蒙蔽了双眼，把我的四腔室小器官[2]放在她的手中，我还告诉自己，米亚逃过所有这些家庭乱麻是多么令人惊讶。无论需要花多大力气来控制自己，来隐藏事物，表现正常，

[1] 暗指“使千艘战舰齐发的容颜”，典出《荷马史诗》，指海伦的美引起特洛伊战争。
[2] 指心脏。

施展魅力，她都以出色的演技成功做到了。

她的孩子们都有礼貌、有教养。他们从不抱怨。我和他们所有人都相处得很好，尽管我发现宋宜有点闷闷不乐。我特别喜欢摩西，一个戴着黑框眼镜、有部分韩国血统的小个孩子。后来，我读了摩西的家庭成长记录和宋宜的悲伤故事后，才知道米亚在心理上和肉体上都规训了他们，让他们被动地服从。

例如，摩西写道："我目睹了兄弟姐妹被拖下楼梯，扔进卧室或壁橱，然后从外面锁上门，他们有些还是盲人或身体残疾。她甚至把我的弟弟撒迪厄斯——因小儿麻痹症而截瘫——关在室外的工棚里过夜，以惩罚一个小过失。"米亚当然否认这一点，但朱迪·霍利斯特和桑迪·博鲁奇，两位当时在家里工作的女士，都确证了这件事属实。（摩西的文章令人震惊，我建议你们自己去读他的博客。）

摩西之前的名字叫米沙，但在一次篮球比赛中，米亚看着伟大的摩西·马龙打球就喜欢上摩西这个名字，给儿子改了名。

我对这次改名没有意见，因为我喜欢摩西这个名字，不喜欢米沙。米亚总是喜欢改名字。她把迪伦的名字改成了伊莱扎，然后又改成马龙，她还想把宋宜的名字改成吉吉，但宋宜不愿意接受。罗南从前是萨奇，然后改成哈蒙，又改成谢默斯，最后才是罗南。另一方面，我总是倾向于用我的非洲裔美国偶像的名字来命名孩子。罗南出生时，我给他取名为萨奇，来自萨奇·佩吉。我和宋宜收养的两个女孩，我为她们取名为贝彻和曼齐，以伟大的爵士演奏家西德尼·贝彻和西德尼的鼓手曼齐·约翰逊命名。多年来，我受到一些批评，说我在电影中没有使用非裔美国人。虽然平权行动在许多情况下是很好的解决办法，但在选角方面并不奏效。

我总是选择在我心目中最适合这个角色的人。谈到种族政治，我一直是典型的自由派，有时甚至可能是激进的。我与马丁·路德·金一起在华盛顿游行，在美国公民自由联盟需要额外资金推动选举法案时向他们提供了大量捐款，以我的非裔偶像的名字为我的孩子命名，并在60年代公开表示：我赞成非裔美国人通过任何必要手段实现他们的目标。总之，当涉及选角时，我不以政治为导向，而是看我感觉什么最正确。

回到我的个人生活。有一段时间，我和米亚之间的约定似乎对我们两个都很方便。我们并不相爱，但我们为彼此提供了合理的陪伴。冬天我们经常出去吃饭，看电影，一起拍电影。夏天她会带孩子们去乡下，我则留在曼哈顿做夏季单身汉。我在独立日拜访，在蚊子、湿气、蜜蜂和蚂蚁之中咬紧牙关过周末。孩子们都穿着泳衣玩耍，他们游泳，在草地上打滚，在树林里踩着树叶。我总是穿着长裤和长袖衬衫，永远戴着帽子，没有一个孩子被虱子咬，我却得了莱姆病[1]。

除了独立日，我还在另一个日子去拜访，那就是劳动节。因此，在某些年里，我每年夏天都有三四天会见到米亚和法罗家族成员。当他们回到城市，我们又开始约会，但到那时，她在我的公寓里度过的夜晚越来越少，而由于我从未在她的公寓里住过，这种关系并没有真的恶化，而是渐渐变成一种轻松的约会。偶尔还是会有亲密接触，但越来越少，也没有什么进展。在接下来的几年里，我们拍了几部电影。然后，在其间某处，米亚向我解释她想要更多孩子。这对我来说是不可理解的，因为她的孩子太多了，但她

[1] 一种由伯氏疏螺旋体属生物引起的细菌性传染病。

用那种真诚的、高智商的方式解释说，我喜欢拍电影，而她喜欢养孩子。当我指出似乎不可能投入足够时间来妥善地养育这么多孩子时，她说我错了，说我对养育孩子一无所知，因为我只知道我所看到的我母亲和姨妈做的事。我虽然持怀疑态度，但同意她一定比我懂得多。

她曾经和宋宜飞到得克萨斯州收养一个墨西哥婴儿，但在她的纽约公寓住了几天后，她就把婴儿送了回去，原因只有她自己知道。我还记得她收养了一个脊柱裂的小男孩，他在公寓里住了几个星期，但她的儿子弗莱彻觉得他很烦人，所以就被送回去了。如果还有其他被她收养并送回的孩子，我就不知道了——如我所说，我住在公园另一边。差不多在那个时候，她告诉我，相比再收养一个孩子，她真的很想再次怀孕。我回头去看她在和谁说话，但她指的是我。我不想生孩子。在那时的情况下不可能。除了摩西，我没有和她的任何孩子相处过，并不是我不喜欢他们，不过讽刺的是，宋宜无法忍受我。米亚向我保证，我可以在任何程度上参与养育一个新的孩子。如果我想成为一名亲力亲为的父亲，那很好；如果不想，她会抚养，我还是我一直以来的自由灵魂。她会悲伤地说：我一把年纪，就快生不了了，你知道我对做母亲的感觉，而且你没有任何义务。毕竟，当你来的时候，多一张新面孔住在我公寓里算得上什么呢？她说的都对——除了她错了。

接下来的几个月，我试图让她怀孕，尽管尝试了各种方法，除了让我穿上羽毛并跳一段生育舞外，似乎无法让这事成真。随着时间推移，我们继续一起工作，拍了半打电影，我将在后面简要谈及。最后，她投降放弃了，收养了一个年幼女婴，取名为迪伦。

我对整件事完全无动于衷，潜心于拍电影。不过，我想，如果这能让米亚高兴就好。但事实并非如此。我很快发现这个小女婴很可爱，并发现自己越来越想抱她，陪她一起玩，并完全爱上了她，我很高兴能成为她的父亲。一两年后，我对她宠爱过度，米亚还对我说："孩子，你真的准备好做父亲了。"我当时也会和摩西下棋，一起做很多运动。他曾要求我做他的父亲，我觉得他是个好孩子，就同意了。那时我没有在法律上收养他，但他会告诉你，我在每一个实质性方面都是他的父亲。现在有了一个额外的宝贝。我发现自己会从堵在路上的出租车里冲出来，这样就能在米亚让迪伦睡觉前赶到。随着她的成长，我带她去学前班并接她放学，因为学校离我住的地方比较近。这是我生活中一项令人愉快的新内容，我可以拥抱一个可爱的孩子，给她讲故事，试图教她唱科尔·波特的歌，不过也许是在做无用功。我是一个非常有爱心的父亲，但并没有真正成为法律上的父亲。不过我从未想过我需要一纸公文。米亚似乎对我的热情没有意见。她甚至写过，当我最终接受迪伦时，我对她来说是多么好的父亲，迪伦也多么喜欢我。

然后有一天，米亚宣布她怀孕了。我自然而然地认为孩子是我的，她布下的狼毒终于起作用了；尽管她暗示萨奇是弗兰克·辛纳特拉[1]的孩子，可我认为是我的，哪怕我永远不会真正知道真相。她可能仍然在和弗兰克睡，就像她暗示的那样，据我所知也可能有外遇。正如我所说，我们分开居住。这个消息并没有让我心烦意乱，因为我非常喜欢迪伦，想到又有了一个孩子，我就很兴奋。我为米亚写了一个剧本，其中有个怀孕的角色，这样她就可以在显露

---

[1] 弗兰克·辛纳特拉是美国著名歌手和演员，1966 年与米亚·法罗结婚，两年后离婚，之后仍保持朋友关系。

出怀孕迹象时演戏。我称之为《另一个女人》(*Another Woman*)，并非常荣幸地与吉娜·罗兰兹和吉恩·哈克曼（太短暂了）合作。这是我第一次使用英格玛·伯格曼的摄影师斯文·尼科维斯特。斯文是个大块头，讨人喜欢的才俊，过去与米亚有过一段情，而我们都合作得很好。米亚的表演非常出色，在《情怀九月天》(*September*)中更出色，这是我观众最少的电影，连我的好朋友乔·舒马赫都说："我看了之后觉得，你为什么会想拍那部电影？"

好吧，我想拍，是因为几年前我曾看到《万尼亚舅舅》被拍成了一部俄语电影，我想安德烈·康查洛夫斯基拍了一部多么美丽的作品，我想做类似的事。问题是，有个令人困惑的无形因素被忽略了，所以尽管我做了所有契诃夫可能做的事，可我忽略了这么一个重要的、不可量化的因素——天赋。契诃夫自动为他的作品注入了天赋，这是你无法学习或控制的东西，因此，即使像我这样的人，作为一个戏剧家做了所有正确的事，汤汁也不会变浓稠。不过，由于我所热衷的是拍电影，扮演一名俄罗斯戏剧家很有意思。

米亚在这两部电影中都非常出色，我一直觉得她的演技从未得到应有评价。许多年前，宝琳·凯尔曾给我打电话说，你知道你应该和谁合作吗？米亚·法罗。当时我没有适合米亚的角色，但这似乎是一个合理的想法，而最终，事情就是这样的[1]，正如钦定版《圣经》的作者所言。

我和米亚的恋爱关系，如我所说，已经成熟发展为一种愉快的关系，激情变少，但在天体交合时，仍然是肉欲的。然后，它

[1] It came to pass.《圣经》里反复出现的句子，中文和合本中一般未译出。

突然出现了相当不祥的转变。

这是我的解释——请注意，这只是我对事情的看法。得看你自己怎么想。很早以前，如前所述，米亚在我们看电影时扭过头来对我说：“我想怀你的孩子。”

现在已经过了好几年，她终于得到她想要的，因为本人真的使她受孕了。自中了新生儿大奖的那一刻起，她就对我失去了兴趣，就像黛安·基顿当时在新奥尔良对生蚝的态度一样。基顿以前很喜欢吃生蚝，她和我一起站在酒吧里，高兴地吃着墨西哥湾沿岸地区的双壳类动物，那时她突然意识到要放进嘴里的东西是什么。她把它扔回到碎冰之上，这辈子再也没有吃过一个。以同样完整未经删节的方式，米亚找到我，说她再也不会睡在我家了，我不应该和即将出生的孩子走得太近，因为她对我们的关系能否继续存在疑问。几年前她给了我公寓钥匙，现在她想要回去。虽然我知道，在过去几年里，我们的关系已经变得更像是实用性的，并没有全情投入，但这仍然让我大吃一惊——尤其因为迪伦来了之后，我更频繁地到米亚的公寓去看望迪伦，经常使用这把钥匙。

迪伦到来后，我甚至更经常地去乡下住。我一般宁愿待在城里，因为乡村生活对我的影响就像氯仿[1]一样，我永远无法习惯飞蛾撞上灭虫器的声音。这就像莱普克[2]被判上电椅死刑一样。事实上，我几乎每周末都驾车去乡下，与迪伦和摩西玩，我对他们有强烈的感情。我试图重新唤起童年时对鱼竿和鱼线轮的热爱，缓解在那里的无聊，但我无法搞定。不过，我还是教会了摩西钓鱼，还成功飞钓了，很高兴我还没有失去把我的假蝇饵放在树上某处

---

❶ 可用作麻醉剂或镇静剂，短时间吸入便会产生晕眩、疲倦、头痛等症状。

❷ 即路易斯·莱普克·布哈尔特，纽约犹太黑帮头目，因谋杀罪被处以电椅死刑。

的老技能。作为城里长大的孩子，我搞砸了青蛙谷的事，因为当米亚买下这个地方时，她那很大的池塘里满是青蛙，它们把蚊子都吃光了。我，自以为在帮她的忙，就在池塘里放养了鲈鱼。谁知道鲈鱼会吃青蛙，然后就没有东西再去吃蚊子了？

但所有这些都发生在米亚怀孕之前。现在她想要回公寓的钥匙，而当我周末去她家时，她变得更冷淡，对我漠不关心。我的猜测是——我花了很久才意识到——我使她实现了怀孕的目的，已经变得不重要了。我曾经写过一个短剧，露易丝和我在其中扮演蜘蛛。她是一只黑寡妇，我让她受孕，然后就像在自然界一样，她杀死并吃掉了我。哎呀，我觉得，基于米亚的行为，你不也认为——？当我去康涅狄格州拜访时，以前会和我打招呼的米亚，现在很少停下她手上的活儿来招呼我。

这种关系——始终保持礼貌——以越来越快的速度继续消退，回到城里也是如此。每天的日程降格如下：我早上 5 点 30 起床，6 点 30 之前穿过中央公园到她家。我会与迪伦和摩西一起吃早餐，然后在回家路上把迪伦送到学校。我是负责迪伦的家长，布里尔利的一位老师在法庭上作证时也是这么说的。她发誓说只有我去过迪伦的家长会，米亚似乎没有足够兴趣出席。这位老师解释说，只有我参与讨论迪伦的成绩和表现的定期报告。我会送迪伦去学校，回家，然后工作。我不会一整天都看到米亚，除非我们在拍戏，而一年只拍大约八周。

其余时间，我会在顶层公寓里写作，在下午 6 点左右去米亚的公寓，陪迪伦和摩西吃晚饭。我会再待上一小会儿，也许和摩西下几盘棋，或者编些故事逗迪伦开心。然后我会跟米亚道晚安，她通常很早就回房间了，接着我自己去见朋友，去伊莱恩餐厅吃饭。

每隔一段时间，米亚和我可能会出门吃饭，但已经变得越来越少。当萨奇出生后，事情发生了更黑暗的量子跃迁。从萨奇出生开始，米亚就征用了他。她把他带进卧室，她的床上，并坚持给他喂母乳。她一直告诉我，她打算喂很多年，以及人类学研究表明，在母乳喂养持续时间比上西区长得多的部落中，结果是积极的。几年后，在米亚家工作的两位非常专业和敏锐的女性，桑迪·博鲁奇和朱迪·霍利斯特——前者是婴儿保姆，后者是管家——描述了好几件事。桑迪报告说，看到米亚好几次裸体与萨奇(现在的罗南)睡觉，直到他十一岁。我不知道人类学家对此会怎么说，但我可以想象台球室里的那些家伙会说些什么。

当然，那时的示警红旗已经有点晚了。但这里不是红旗，而是一个被举得高高的骷髅头，要么我太笨，要么太专注于第二幕之类的电影问题，以至于没有注意到在萨奇出生时，米亚没有把我的名字写在他的出生证明上。她为什么漏掉了呢？为什么在说了那些想要我的孩子的真心胡言之后，把我排除在外？他真的不是我的孩子吗？显然，在我们戏剧性的分手之前，我早就被护送出局了。米亚试图绕过这个骗局，说由于我们没有结婚，医院要求我签署一张单独的表格。她声称向我提交过一份表格，而我把它交给了我的律师，但从未归还——这并不符合事实。很明显，这说不通。我本来很乐意作为萨奇的父亲签字的。我期待着他的出生，当他突然出生时，我在产房里握着米亚的手，给他取名叫萨奇，在之后一再要求成为迪伦和摩西的法定父亲。但米亚从未告诉我这是必须的，也没有给我任何表格填写。如果她想让我成为孩子的父亲并给我一张表格，她本可以说，嘿——我给你的表格在哪里？

不管怎么说，米亚被萨奇搞得神经错乱。她独占他的时间，如果我不强求——这可能会导致某种监护权诉讼，而我在其中的地位相当脆弱——他很少有空见我。我说脆弱，是因为我对迪伦和摩西没有法定权利，如果我过于强硬地要求接触萨奇，我很容易失去他们。我手忙脚乱地设法解决米亚对我们的新生儿的反常迷恋行为，这比她对弗莱彻的疯狂行为还糟糕。弗莱彻当时出现了一些学业问题，无疑是他母亲让他随心所欲地选择去上学或留在家的结果。

随着萨奇年龄增长并展现出高智商，他最终会取代弗莱彻的位置，成为最受欢迎的孩子。米亚几乎没有什么育儿时间可以花在摩西、迪伦或其他任何孩子身上。毕竟，他们是被收养的，摩西和宋宜都描述了被收养孩子的二等公民身份。弗莱彻和马修都是亲生的，她很喜欢他们。萨沙，马修的双胞胎兄弟，是亲生孩子中她最不喜欢的，经常被她揶揄。一度，他隔着房间听到她讲话，都会哭起来。宋宜指出，米亚喜欢收养孩子，热爱那种兴奋感，就像一个人买了一件新玩具一样；她喜欢圣人的名声，充满赞美的报道，但她不喜欢抚养孩子，也没有真正照顾他们。当她的几个孩子因偷窃被抓时，我被指定到媒体面前淡化这种尴尬，我觉得很奇怪。两个被她收养的孩子最终自杀身亡，这并不出人意料。还有个孩子也计划过自杀，另有一个可爱的女儿，三十多岁时与HIV阳性作抗争，却被米亚抛弃在医院，在一个圣诞节早晨独自死于艾滋病。

如我的心理医生所说，我主要是这个家庭的赞助人。我雇用米亚拍了十部电影，雇用了她的姐姐、弟弟和母亲，赠予了她免税的一百万美元，以便她能更好地供养所有这些可怜的孩子，而不仅仅是我的孩子。最后，我在一个清醒的时刻决定，不做迪伦和摩西的法定父亲不可接受。多年来，我作为他们的父亲，对他们两人承担了全部责任。他们现在也是我的孩子，如果我曾经对萨奇的奇怪抚养方式表示反对——我知道这将导致米亚的爆发——那对另外两个孩子，我需要父亲身份的法律影响力。有趣的是，她一直希望我成为她孩子的父亲，但当我提出时，她突然对我收养迪伦和摩西的想法无动于衷。(那时候，我还完全不知道自己被排除在萨奇的出生证明之外。) 但迪伦和摩西很喜欢我。通常，在清晨，我去米亚的公寓，把迪伦和摩西一把抱起，而米亚永远独自和萨奇在卧室里，大门紧闭，其他孩子随他们自便。我把迪伦和摩西带到我的剪辑室，在那里剪辑我的电影。在剪辑师和我剪片子时，他们可以玩耍。他们喜欢我们所有人对他们的关注，喜欢玩所有的电影器材，还有外卖食物。有时我会把摩西和迪伦带到我的公寓，我们会玩游戏，或者我为他们表演一些魔术。

随着时间推移，我尽力将萨奇纳入我的育儿工作中，但他总是更难见到。我主要是在晚上工作结束后过来时看到他。萨奇总是非常可爱和聪明，摩西也一样可爱，在此之前，我总觉得小女孩比小男孩更可爱。可能是因为我曾是个小男孩，在小男孩中长大，知道小男孩长大后会成为那种使用“在我看来”或“在这个特定的时间点上”等术语的讨厌鬼，或者告诉你“你的作品集还不错”。我认识的男孩们打架、放火、逃学，成绩很差，而第九十九学校的所有女孩都很干净、可爱，从不向任何老师竖中指，她们都有工整的笔迹。我在一个有爱心的女性家庭中长大，与我的大表姐关系密切，与我的妹妹关系也很好，难怪这些年来，我对执导女性感觉特别自信。和我共事的人之中有很多是女性。我的制片人、剪辑师、医生、律师、助理。但我一直很喜欢摩西和萨奇，尽管我被预先警告不要和萨奇走得太近。

于是我向米亚提出了我合法收养摩西和迪伦的想法。她非常警惕，过了很久才同意。但毕竟，有一天她同意了。不知道是什么促成了这种改变。也许她在脑子里做了算术，看到我在财务上对他们俩负责的一些好处。也许她因为工作原因想让事情保持低调，也可能因为这两个孩子不是亲生的，所以她对他们的占有欲没有那么强。有时我想，如果你当时问米亚，她很可能会说她爱我，但如果她这么说，那就是欺骗。如果她爱我，那么她的表现方式真蹊跷；没有亲密关系，不经常一起吃饭，没有旅行，不再给房子的钥匙，不关心我是否在夏天来访，事实上对我有点恼火，有礼貌但不热情，只规划她自己的未来，不管我是否在其中——我可以继续列举下去。如果迪伦和摩西不存在，在萨奇出生之前，我就绝不会再去她的公寓了。毫无去的理由。

我们的关系没有了生气。我们的生活越来越疏远。在那些有晚宴、有活动的场合，我们是社交伙伴，但活动结束后，她会回她家，我也会回我家。在萨奇出生之前，我曾想过，既然我每天会去看迪伦和摩西两次，那么也许搬到一起住会奏效，但我们俩对这个想法都没有太多热情，想法很快就消逝了。我猜测，我当时是觉得和迪伦和摩西住在一起会很有意思，甚至米亚和我也会变得更亲密。我从我和露易丝的惨淡收场中什么都没学到，现实是我们俩都不想一起生活。经过几周的设想，甚至还去看了几套大公寓，幸好我们都放弃了这个想法。随着萨奇的出生，她清楚地表明，与她建立任何深层关系的想法都可能只是愚蠢的幻想。总之，出于只有上帝才知道的原因，她最终同意了收养，而我成为迪伦和摩西的合法父亲。

现在，在我回到我的电影之前，让我向你们介绍一下宋宜和我是如何从两个从未特别喜欢对方的人，变成至今结婚超过二十年并仍然热恋着的夫妻。宋宜在韩国从未见过自己的父亲，她的母亲要么没钱抚养她，要么不愿意照顾她。在记忆中，她穷到只能吃土。农村生活对幼小的宋宜来说是一场噩梦，她五岁时离家出走，在首尔的大街上游荡，就像布努埃尔《被遗忘的人们》（*Los Olvidados*）中的小乞丐。她从垃圾箱里找东西吃，有一次她饿得不行，以至于从垃圾桶里捡起一块肥皂，想把它吃掉。她被修女带离街头，最终进了一家孤儿院。

她对我说了孤儿院的好话。修女对孩子们都很好。然后有一天，米亚出现并收养了她。这是我认识米亚之前好多年的事，但宋宜记得很清楚。宋宜在这件事上没有发言权。人们会认为这是好运，但当时七岁的宋宜不这么认为。她很快就开始讨厌米亚，米亚的出现把她从已经习惯并喜欢的生活和朋友中拉了出来，而且米亚没有表现出任何温暖或共情。然后，米亚把她带离了她所熟悉的环境，还带她参观其他孤儿院，米亚在那里寻找新的孤儿，就像在书店翻找人们不要的书。一旦没能找到她喜欢的人类，米亚就继续前进。她把宋宜带到她的酒店房间，将她扔进浴缸，独自留在那里。宋宜以前从未进过浴缸，不会说英语，也不知道发生了什么事。米亚很严格，没有耐心，脾气暴躁。随着时间推移，她试图教宋宜英语，但对于一个七岁的孤儿来说，要在一夜之间学会英语并不是一件容易的事。米亚会在半夜叫醒宋宜，训练她，大骂她学得不够快。宋宜在英语方面有困难，米亚就会变得愤怒和沮丧。后来，她为了惩罚宋宜不能更快地学习拼写，把她倒吊起来，并威胁说如果她不能学得更快，就把她送进精神病院。这时，米亚和她的丈夫安德烈已经关系不和，他们大吵大闹，吵醒宋宜并让她害怕。

米亚认为宋宜笨得无可救药。我记得有一次，她在我们见面后不久就轻蔑地对我说，四岁的弗莱彻脑子比九岁的宋宜更好。我根本不了解这些孩子，以为米亚是个超级妈妈，就像媒体声称的那样，我心不在焉地听着表示同意。但我后来了解到，宋宜不仅仅是一块未经雕琢的璞玉，还圆润无瑕。米亚也不是超级妈妈，甚至不是合格的妈妈，她从来没有费心去了解她的养女。

米亚从未试图培养她。他们首先在伦敦住了最初的两年，在离伦敦大约一小时车程的一个小镇上，住在一栋漂亮的房子里（多年后宋宜带我去看过，确实很漂亮）。米亚对宋宜从来没有任何兴趣，因为在孩子中只有宋宜敢于挑战米亚残酷的权威。尽管离伦敦很近，但米亚一次也没有带宋宜去看演出或博物馆。他们最终搬到纽约，在那里生活了很多年，而这种对于抚养她的冷漠态度仍在继续。在曼哈顿，她的母亲一次也没有带她去看电影、演出、博物馆，连在中央公园散步也没有。她没有得到基本的教育，因为米亚把孩子们搬来搬去，以适应她的拍片档期。他们会读点书，但仅此而已。在伦敦、埃及、波拉波拉、科罗拉多、洛杉矶、马萨葡萄园岛，在所有这些地方都没有稳定的教育，他们在上西区定居，宋宜和她的兄弟姐妹们被安排进一些平庸的幼儿园，然后突然被送进“伦理文化”，一所高端、竞争激烈、要求严格的学校。可想而知，去那里的所有孩子都不得不转学，因为没有人能够胜任。但米亚和宋宜总是有矛盾。像其他被收养的女孩一样，宋宜被要求做家务，而这其实是她母亲的责任。当我妹妹去米亚的公寓串门时，她以为另一个养女拉克是仆人，听到她是家人时很惊讶。米亚对被收养的孩子的真正需求漠不关心。

摩西讲述过这个令人痛心的故事："大多数媒体声称，我的妹妹塔姆在二十一岁时死于'心脏衰竭'。事实上，塔姆一生中大部分时间都在与抑郁症做斗争，由于我母亲拒绝提供帮助，坚持认为塔姆只是'喜怒无常'，她的病情更加严重。2000 年的一个下午，塔姆与米亚有过争吵，之后我母亲离开了家，塔姆服药过量，了结了性命。我母亲则会告诉别人，服药过量只是意外。"

几年后，宋宜在高中踢足球时摔断了脚踝，米亚甚至懒得带她去看医生，只是叫她自己去，并关照不要拍 X 光片，因为费用太高。一个因脚踝骨折而疼痛难忍的高中女生，自己坐巴士前往诊室，还怕医生给她的脚踝照 X 光。最后，这位多疑的医生打电话给她的母亲，并坚持要拍片。她做了 X 光检查，但违背米亚的命令就意味着惩罚，被打是常有的事。

宋宜还目睹过类似情况在她身边发生。米亚不太想带摩西去看医生或急诊，只好由拉克或宋宜来带。宋宜在很小的时候，就不得不每天乘好几路公交车，送她的弟弟妹妹上学；她必须每晚为摩西瘫痪的腿做所有的按摩治疗。米亚很自豪地宣传自己是一个愿意收养脑瘫儿童的妈妈，但其中的奉献和工作落到其他孩子身上。当宋宜去参观大学时，米亚没有兴趣，没和她一起去，让她独自前往。最后，她朋友的母亲对这种疏于照管感到非常震惊，就陪宋宜一起去看了学校。米亚甚至都懒得去参加她养子撒迪厄斯的毕业典礼。据摩西说，米亚让撒迪厄斯在公开场合戴上沉重的铁制腿套，而不是较轻的塑料腿套，因为轻腿套会被戴在裤子里面，不会被媒体摄影师看到，而米亚希望她收养残疾人的事得到宣传。铁支架在镜头前是可见的，它们戴在裤子外面。摩西的说法得到管家朱迪和保姆桑迪的证实。撒迪厄斯，就是被她锁在室外棚屋里过夜的那个孩子。他在离母亲的房子十分钟路程的地方开枪自杀，这很令人惊讶吗？米亚对撒迪厄斯的自杀表现得很意外，但事实是他在六七年前就试过自杀，当时他服药过量，不得不被紧急送往医院洗胃。

我提供这些背景，是为了说明宋宜和我一起离开，并不是某个忘恩负义的孤儿背叛了将她的生活由穷变富的善良有爱的女恩人的简单故事。而且，宋宜的个性很强；她不是一个缩头乌龟。（她必须有一些胆量，才能在五岁时上街自谋生路。你能吗？我做不到。我五岁的时候还要有人哼唱才能睡得着呢。）宋宜是唯一一个站出来反对米亚并引起她愤怒的被领养孩子。因此，她挨了打——用梳子打，用电话打——有一次，米亚朝她扔了一只陶瓷兔，差点击中她的头。这个小装饰品在房间里碎成无数碎片。孩子们告诉我，他们很喜欢我带米亚出去吃饭，这样就可以摆脱她，自由地喘口气。有好几次，宋宜的姐妹们偷偷来找我，问我是否有办法让她们不用在周末去乡下，因为这意味着拉克要做家务，做饭，打扫卫生。对宋宜来说则是看孩子的家务和无聊，她想和她的朋友们在一起，像其他青少年一样。

我和宋宜对了解彼此毫无兴趣。我认为她是一个安静、无聊的孩子，而她认为我是她妈妈的替身。我所缺少的只是一个鼻环。多年后我们讨论这个问题时，我为自己辩护说，每当我来到公寓或拜访乡间别墅时，我都没有看到动荡或暴政的迹象。宋宜说，我不在的时候，情况完全不同，而我愚蠢地认为米亚曾经爱过我，如同她对迈克·尼科尔斯的浪漫想法，此人是她的朋友兼邻居。

当迈克与妻子安娜贝尔离婚后迅速再婚时，米亚为之感到颇为伤心和沮丧。宋宜把我当成了没有辨别能力的伊格纳兹[1]，作为广受关注、有影响力的一方，我为米亚服务，使她的事业不断发展。

不管怎么说，多年来我从未考虑过宋宜。我太忙于工作了。我出演了一部由保罗·马祖斯基导演的电影，叫《爱情外一章》（*Scenes from a Mall*）。我听说那是一部很糟糕的电影。我演这部电影有两个原因。第一个原因是钱，但更重要的第二个原因是，我非常尊重保罗·马祖斯基，很想与他合作。我发现他非常有趣，讲故事很棒，是一个优秀导演和好人。我得以与贝特·米德勒合作，我喜欢她。我们和理查德·普赖尔同一天生日。（没什么含义，除非你是信星座的傻人。）贝特有趣而友好，她有一个小女儿索菲，长大后成了一名优秀的演员。我在《无理之人》（*Irrational Man*）中用了索菲，甚至给她加了戏，因为我认为她有真正的表演天赋。马祖斯基刚刚完成了一个奥斯卡获奖项目，但到了我和贝特的这次合作，不管是什么原因，这部电影直接冲进了卫生间的下水道里。我认为不是我们演得不好——但谁知道呢？我从来没有看过它。

而在那之后，我忙着导演《影与雾》（*Shadows and Fog*），一部我知道注定要在商业上失败的电影，但你不能让这些事情吓倒你，否则你会一直做安全的中庸项目。我的电影设定在二三十年代的德国，由卡洛·迪帕尔马用黑白胶卷拍摄。桑托·洛奎斯多在皇后区的考夫曼·阿斯托里亚制片厂搭建了有史以来最大的布景，而整部电影，无论外景还是内景，都在室内拍摄。在UFA[2]，

[1] 由美国漫画家乔治·约瑟夫·赫里曼创作的疯狂老鼠角色。

[2] 即全球电影股份公司（Universum Film AG），通称乌发电影公司。

德国人就经常这样做，而我想要那种布景。这是一个存在主义的谋杀故事，你应该看看在第一次试映会结束时，当灯光亮起，那些猎户座影业西装佬的脸色。他们期待的是一个传统的连环杀手故事，不过是滑稽的那种。相反，他们得到的是我对生命和死亡的个人看法，采用了一个阴森但希望是有趣的比喻。如果说这部电影的票房不佳，那都算是戴着乐观的眼镜在描述它。这想法不坏，但你必须得有兴致做这件事，而营销测试表明它对智人确实没有吸引力。

此后，我拍了我最好的电影之一——按照我的观点。当我写完《丈夫、太太与情人》（*Husbands and Wives*）时，我决定主要以手持方式拍摄这部电影，不遵守任何电影制作规则。我想剪就剪，不用担心演员是否面朝正确方向，我会跳接[1]，追求与漂亮或制作精良相反的效果。

结果这是部好电影，我自己觉得——而我对自己的作品并不宽容。正是在这个项目进行到某处时，要么是写作、前期制作或者是拍摄时，我和宋宜之间的关系开始升温。早些时候，我带她去看了一场篮球比赛，因为我有季票。有一两次我对米亚说，宋宜好像很孤僻，也许她需要一个心理医生。米亚说："你为什么不带她去散步或者去看篮球赛？你总是在找人一起去。"

这是真的。我拥有四张麦迪逊广场花园的季票，有时身边没有人和我一样感兴趣。我最后问宋宜她是否喜欢篮球。她很喜欢，就答应了，可能觉得能吃到免费的爆米花。于是我真的带她去看了一场比赛，虽然很尴尬，但我还是向她提出了我们从未相处融洽的事实，并说她似乎不喜欢我。她向我保证，与其说她不喜欢

[1] 一种剪辑方法，以一定的逻辑性将不同时空的场景接在一起。

我，不如说她认为我是个心不在焉的人，是她母亲的棒棒糖，梦游着穿过一个令人尴尬的、如同土耳其骗局一样明显的圈套。显然，没费什么劲，她就主动坦白她对我的看法，而我忍住没有用我急智的抖机灵刺破她高超的判断力。她觉得她母亲把我当成了名副其实的工具人，而我是个完美的傻瓜，没有明白这点。我很快就了解到她和米亚相处得不好，我不在的时候，他们家的生活很不一样。我开始意识到她并不像米亚描述的那样是个空洞的年轻女人，反而相当聪明、有感情、有洞察力。这是一段友谊的开始，随着时间推移，友谊会渐渐增长，达到顶点，我们会荒唐地意识到我们非常关心彼此。从一开始到这种相互关心，我们花了很长很长时间，但它终会发生，使我们俩都感到惊讶。

不过，尽管在第一场篮球赛上有一段意外的美好时光，我还是太过忙碌，甚至只想着电影。尽管她的母亲打电话给别人，坚持说宋宜是“弱智”，她还是从大学毕业了，在哥伦比亚大学拿到硕士学位，工作并养家糊口，但这些都是以后的事。其间，米亚和我还在单调地过日子，这要归功于那可靠的万能防水胶——惯性。尽管我四处打听，想看看是否能发现米亚行为的阴暗面，但除了她对萨奇的迷恋之外，我从未看见她打过任何人或发脾气。这对我来说没问题，因为我喜欢看到我的孩子们，无论多么有限，我也喜欢工作、玩爵士乐。我的小型爵士乐队很好玩，宋宜把它比作拉尔夫·克拉姆登[1]的浣熊旅馆俱乐部。

一旦遇到任何有趣的女人，我就又堪再摘了，接下来顺理成章：宋宜从大学来到城里，又陪我去看篮球。我期待着见到她，叙旧，

---

[1] 情景喜剧《蜜月期》里的巴士司机角色，他所在的俱乐部要求成员模仿浣熊，场面非常有喜感。

交换亲密的忏悔和笑声。当我们在比赛中聊天时，我意识到我喜欢她的陪伴，超过本该有的程度。我询问她母亲拯救她的事，以及在中央公园西路的公寓、乡村住宅和私立学校是否比孤儿院好得多？不，她说。她更喜欢修女。

此时，尼克斯队正在输球，我的注意力需要放在球场上，诅咒对方队伍倒霉。我送她回家，在她的公寓楼前把她放下，然后飞奔进夜晚，想着我这段时间里终于第一次度过了一个真正美好的夜晚，她是多么了不起的年轻女性，经历了很多事。她所说的关于她母亲的大部分内容，让我意识到那些早期的示警红旗，在回忆汹涌的风中疯狂地飘扬——请原谅我这段企图冲击国家图书奖的文字。

我只知道我又带她去看了一场篮球赛，尽管那张著名的照片中我们看起来像是手拉手，但我从未牵过她的手。首先，当时我和她还没有那种关系——如果有，我也绝对不会在公众场合做任何事，更不会在这个灯光明亮、人头攒动的麦迪逊广场花园场馆里做。我还不至于这么作死。我们聊天，又度过一段非常愉快的时光。由于谈到了电影，我问她是否知道英格玛·伯格曼的电影（他一直在为瑞典电影寻找完美的女性形象）。她不知道，我当时又说得兴起，就决定在放映室为她播放一场《第七封印》（*The Seventh Seal*）。这是我的浪漫之举——《第七封印》。

我有一个放映室，我在那里剪辑电影。剪辑师和我剪完，然后到另一个房间放映，不满意就回到剪辑机前重新剪。现在，谁能说我不是一个有趣的人？面对一个有魅力的青年女大学生——还有什么能比看到一部以中世纪斯堪的纳维亚半岛为背景，关于瘟疫、死亡和人生之空洞的黑白电影更令人愉快的呢？她愿意甚至急于想看。于是我们决定在她来城里的某个下午放映。

切到后来的某个时候。我当时在拍摄《丈夫、太太与情人》，在一个星期六休息日，宋宜从大学过来，我放映了《第七封印》。伯格曼的电影结束了，我们单独在放映室里，我卖弄地讲解着克尔凯郭尔和理性骑士，她恭顺地听着，努力睁大眼睛，然后颇为顺利地——不是我吹牛——我俯身吻了她，没有打翻任何东西。我准备好要挨一记上勾拳，这是不朽的前次中量级冠军基德·加维兰的专长。但它没有到来。相反，她与我串通一气地接吻，一如既往地直入主题，说："我还在想你什么时候会出手。"

出手？饶了我吧。我和你母亲还保持着某种形式的恋爱关系呢。诚然，在过去几年里，我和她只是在例行公事，但我们这是在搞什么？可这阻止不了什么。我们彼此吸引，最终会有一段漫长美好的婚姻，下文则是随后发生的可怕细节。

在我拍摄《丈夫、太太与情人》时，宋宜和我开始了一段恋情。恋情始于她下一次从大学里过来。从那天起，我们就充满激情，现在已经有了许多幸福年头和一个美好的家庭。谁会预料到呢？我只知道她不是她母亲所否定且不放在眼里的无用之人。米亚看错了。她是一名敏锐、优雅、美妙的年轻女性；非常聪明，充满潜质，并准备好出色地变得成熟，只要有人对她表示一点兴趣，给予一点支持，以及最重要的，一些爱。我们花了好几个下午散步、交谈，享受彼此的陪伴，当然，还有上床。

一个周末下午，我们坐在我的公寓里，当时有人送过我一台宝丽来相机作为礼物，他不知道我对相机没有兴趣。人们总是给我宝丽来相机，认为它们很容易操作，连我都能拍。我会拿自己和任何种类的小工具开玩笑，接下来，麻烦事一桩接着一桩，像风暴云正在我顶层公寓的窗外聚集。

在我们新关系的早期阶段，当欲望占据上风以至于无法让自己的手离开对方时，一个想法出现了，即如果我能够弄清楚如何操作这该死的相机，我们就可以拍摄一些色情照片。结果她会操作，而且，因为它们是色情照片，经过精心设计，可以让人的血液上升到 212 华氏度[1]。总之，你很可能在小报上读到余下的内容。由于我是个聪明人，就把照片藏在一个抽屉里——但正如事实证明，不是所有的挑逗性快照都放在里面了。

在柯达吐出这些照片时，我聪明绝顶地把其中几张放到了壁炉台上。壁炉与眼睛平齐，也许再高一点，所以这场史诗级拍摄结束后，壁炉台上的那几张仍然留在那里，我看不到它们，也忘记了这回事，其余的则被安全地私下藏好。他们说，如果拿破仑再高几英寸，欧洲的历史就会截然不同。好吧，如果我再高一两英寸，只要能够看得见壁炉台，那么可与拿破仑战争相提并论的大屠杀或许就不会在曼哈顿发生。是的，有几张就在那里，供偶然的观众欣赏，不过还好我一个人住。只是，我不是那种能藏住外遇的人。我更像一个无用之人。克拉克 · 盖博或加里 · 格兰特[2]会把这种能当罪证的照片直接留在壁炉台上吗？只有糊涂虫、大笨蛋才会，比如杰瑞 · 刘易斯[3]。诚然，我有一位打扫卫生和除尘的管家，她可能会在寻找可以打碎的新物品时发现这些照片，但我确信，作为法国人，她会带着欧洲大陆式的老练对这些照片视

[1] 等于 100 摄氏度。

[2] 克拉克 · 盖博和加里 · 格兰特均为好莱坞知名男星，常出演英俊、完美的情人角色。

[3] 喜剧演员，常出演丑角，被誉为“喜剧之王”，曾有发表厌女言论、婚内出轨、性骚扰等争议行为。

而不见，只给我一个克洛德夫人[1]般的眼色。改变人生的失灵出现在次日，当时萨奇被带到我的公寓，因为他每周都要与一位儿童心理医生进行私人面谈，以解决一些个人问题。有时米亚会陪他来参加这些面谈。

她总是坐在客厅里看书，他则被心理医生带到相当大的顶层公寓的另一处去研究他的问题。一个小时后，他就会被带回到母亲身边。总之，这个星期一，男孩结束咨询时晚了一两分钟，他的母亲不耐烦地走到房子的另一部分，想看看是什么原因留住了他，而她的目光在壁炉架上徘徊，就发现了那组全世界都将听说的宝丽来。

当然，我理解她的震惊、沮丧、愤怒，她的所有一切。这是正确的反应。宋宜和我认为我们可以有一时的放纵，保持秘密，因为宋宜并不住在家里，而我像个单身汉一样独自生活。我认为这将是一次很好的经历，宋宜最终很可能会在大学里遇到某个男人，进入一段更传统的关系。我没有意识到我们已经变得如此依恋对方。开始时还很缓慢，一旦点燃，这种依恋便成真了。如果不是因为这些照片被发现，谁知道我去米亚公寓看望孩子这种累死人又“方便”的生活方式会持续多久？当然，我们中的一个迟早会离开，因为即使不是例行公事，在精神上也肯定已经结束了。宋宜说，她的母亲曾表示要是她能在几年前就搬到其他男人那里住就好了。如前所述，是米亚自己当时经常幻想和迈克·尼科尔斯搞在一起。我是不是故意让照片曝光，把我与米亚的关系搞得很紧张？这是我在没有真正意识到的情况下造成分手的方法吗？

---

[1] 克洛德夫人，上世纪 60 年代在巴黎组织了庞大的性工作者服务网络，服务对象主要为政要与黑手党成员。

不是的。这只是一个蠢人犯下的大错。有时，一支雪茄也只是一个蠢人犯下的大错。[1]

精神病专家说，人在身处危机的时候，只会变得更像自己。米亚发现恋情的那天，她把所有的孩子叫到一起，对他们什么都不隐瞒。她解释说我强奸了宋宜——这导致四岁的萨奇告诉人们“我父亲在操我姐姐”——然后打电话告诉人们，我强奸了她未成年的弱智女儿。她把宋宜锁在卧室里，对她拳打脚踢，然后她和安德烈不再支付她的大学学费。随后，米亚还好几次在半夜给我打电话，告诉我宋宜内疚不已，想自杀。米亚是个好演员，这个歇斯底里的女人在凌晨3点叫醒你，告诉你有人要自杀，就会让人很不安。宋宜当然不被允许使用电话，这是在前手机时代。在一位著名的精神病专家邻居的建议下，米亚被说服让宋宜去看一位著名的主任医师。一出家门，宋宜就给我打电话，说她当然没有要自杀，也不后悔我们在一起度过的每一秒，但米亚把她关了起来，并不时使用暴力。补充报道：米亚用电话打她。

当宋宜多年后接受《纽约》杂志采访描述这一情况时，杂志问她是否有目击者。我想，对了——在米亚公寓的卧室里，有行人、建筑工人、外地人组成的巴士旅行团、摩门教会唱诗班，宋宜的卧室里应该总是有很多人才对嘛。这本杂志为了不找麻烦，淡化了宋宜的叙述，只写米亚掌掴了她。但米亚是用电话打的。补充报道的补充报道：为《纽约》杂志写宋宜报道的达芙妮·默尔金，讲述了罗南是如何在报道出版前打电话给杂志社施压，让他们不

---

[1] 此处挪用了弗洛伊德名言：“有时候，雪茄就只是一支雪茄而已。”精神分析理论认为，出现在梦中的棒状物象征男性性器官。弗洛伊德嗜好雪茄，据传被问及抽雪茄体现何种欲望时，他便以此作答，但此事未经证实。

要刊登。他们不愿意，但他向他们施压，于是他们在好几处以可能不会冒犯法罗家的方式软化了报道。再举个例子：达芙妮和我也许一年才见一次面吃一顿午饭，但杂志编造说我们是密友，所以看上去她可能会偏向我。除了刚提到的用电话打人被粉饰了之外，他们本来还打算把这篇报道放上封面，但在接到罗南电话后放弃了。罗南写书批评 NBC 试图扼杀他关于哈维 · 韦恩斯坦的报道，而这难道不是伪善的典范吗？但是，我猜无论如何这招奏效了。

好吧——为什么我不直接对宋宜说，“保释”出来和我一起生活？因为孩子的探视权和监护权是一个真正的问题，根据律师建议，我必须非常谨慎，直到那个问题得到解决。我试图平衡宋宜的问题和我自己的问题，还有迪伦、摩西和萨奇的问题——米亚拥有他们，完全控制他们，愿意在必要时把他们当作棋子。我建议宋宜“坚持住”，翻译过来的意思就是我还不知道该如何处理这件事，只能说当米亚想打你时就躲开。

所有这些都发生在短短几个星期内。在宋宜与那位非常优秀的纽约精神分析师进行了一次介绍性治疗后，米亚被医生要求与他会面。医生只与米亚会谈一次，就看出她是一个精神失常的危险女人，立即干预以保护宋宜。首先，他要求我把钱存入银行，确保宋宜接受大学教育。我当然照做了。尽管她母亲不再支付她的学费，她还是得以回到德鲁大学。精神病医生认为，宋宜迫切需要离开她的母亲。幸运的是，宋宜的哥哥在一个夏令营工作，米亚开始坚持让宋宜在那里找份工作。那是在缅因州，米亚觉得她可以安全地远离我，而宋宜的心理医生认为她可以安全地远离米亚。然而事实是，宋宜和我彼此相爱，我们在电话中交谈，营地方面也告诉了米亚。没过多久，米亚比以往更加猛烈地爆发了，宋宜讨厌营地和缅因州的冰冷夜晚。她回到纽约，却不敢回家，就搬到一个朋友家，这位朋友的母亲对宋宜来说一直比她自己冷漠的母亲更有爱。

她让宋宜住了一段时间，而没过多久我们就又在一起了。我们不想让宋宜和我住在一起，因为我正陷入孩子的探视权或监护权的谈判中，如果我们住在一起，就不可能在法庭上周旋了。米亚知道我们相爱，同时律师们摆出姿态，威胁我以最少量、最扭曲的方式探视孩子。我确实有一项法律诉求——但比法律诉求更有力的是，米亚拥有所有权。我幻想着绑架他们，把宋宜召集来，然后航行到南洋，以芒果和椰子为生，但把他们带到八十六街的木瓜摊上更实际。差不多就在那时，米亚给我妹妹打了那个臭名昭著、令人心寒的电话。她告诉她："他带走了我的女儿，现在我也要带走他的。"

她的意思似乎是说，她知道我有多爱迪伦，所以正着手实施一项计划，以确保我不能再见到她。迪伦的感受不重要。失去她所爱的父亲，也不重要。她将被用来报复。米亚的丑陋计划需要费点力，但它是否已经在她的头脑中成形？另一个谩骂电话，这次是打给我的，最后说 ："我为你准备了一些东西。"我开玩笑说，在我的汽车引擎盖下放炸弹不是一个相称的反应。她说："会更糟糕。"在那些恶毒的电话中，她是如此愤怒和语无伦次，这些电话会在白天和晚上的任何时候打来，我很惊讶她竟能控制得住自己，来拟定一个比按下我的门铃就跑更复杂的策略。

试图缓和局势的努力没有奏效，我想这对我来说很容易，因为她才是受伤的一方，但她的这种愤怒跨越了界限，从可以理解到不可原谅，再到不合情理的地步。这不仅对我来说很恶毒，对可怜的迪伦来说也很可怕，她刚满七岁，太年轻，无法明察事理。

她也不关心对她的宝贝儿子萨奇会产生什么影响，萨奇从四岁起就被教育要恨他的强奸犯父亲。摩西已经十几岁了，没有那么容易操控。虽然已过了被洗脑的脆弱年纪，但那时他对母亲更忠诚一些。我一直徒劳地试图运用理智；我和米亚关系已成泡影，多年没有亲密关系，而宋宜不是孩子了，她是一名大学生，显然不是弱智，也不是未成年，是的，这很混乱，但我们难道不能试着解决诚然由我造成的混乱，冷静下来，试着向孩子们解释事情，如果与他们妥当地交谈而不是激怒或惊吓他们，他们的处境肯定会更好。大叫着强奸是不是有点歇斯底里？当她并非未成年时，告诉别人她未成年会有帮助吗？还有，为什么威胁要“带走我的女儿”？难道要用孩子来报复？你真的想通过剥夺迪伦的父亲来惩罚我吗？你的复仇是没有限度的吗？

还有，你为我准备的这件可怕的事是什么？难道我们就没有办法冷静下来，做对孩子们最好的事情？关于我对宋宜的爱，摩西说：“孩子们认为它反传统，但这关系本身对我们家庭的破坏性，远远不及母亲坚持把这种背叛作为我们此后所有生活的中心。”

在一个初夏的周六，我去米亚的乡间别墅看望孩子们，一起吃烧烤。这是一项临时协商的权利。当然，我没有和米亚睡在同一个房间，而是睡在房子另一部分不同楼层的客房里。不管有什么庆祝活动或法兰克福香肠出现，我都四处游荡，试图享受与迪伦、摩西，以及如果可能的话，与萨奇在一起的短暂时光。我回到自己的房间，发现米亚在我的卧室门上钉了一张纸条。上面写着：“猥亵者在烤肉。猥亵了一个女儿，现在又是一个。”我知道米亚很喜欢告诉别人我猥亵了她的未成年女儿，事实上宋宜已经二十二岁了，当然还有我们的爱情，和之后长达二十年的婚姻，这根本不是猥亵。请记住她钉在我门上的这张丑陋的纸条，是在任何关于性侵的暗示之前。她是在为将来的诬陷奠定基础吗？我从纸条上推测，她在精神上已经失控，而我从来没有想到，我会被一个假指控诬陷。谁会这样想呢？在那张疯狂的纸条出现几周后，仍在任何指控之前，她打电话给迪伦的医生苏珊·科茨，说："必须阻止他。"科茨医生提醒了我，并在听证会上为我作证。事后看来(这是我擅长的)，很明显，对猥亵的虚假指控将是比杀了我还糟糕的计划。

因此，1992 年 8 月 4 日，我去往康涅狄格州看我的孩子，这是我们的律师讨价还价的结果。这是一个平淡的下午。米亚出门购物，我和一屋子人一起看了会儿电视，大家都被警告要留心我。(请读摩西的叙述，他当时在场。）当他们继续看电视时，我独自去了游泳池，还打了一两个电话消磨时间。不久，米亚回来了。大家决定我在她的客房过夜，米亚和我稍后将共进晚餐，讨论更多关于监护和探视的细节。不久，太阳下山，夜幕在乡村降临，我还确认了一下米亚在照镜子时是有映像的。我们去镇上快速吃了点东西。气氛应该说是冰冷的。只差我转过身去，她就把戒指里的毒药倒在我的饮料里。谈话不多但有礼貌。我没什么聪明的表现，她也没有琼·克劳馥式的时刻。回到房子里。我回到与世隔绝的区域，一边打瞌睡，一边紧握壁炉的火钳，以防狄克或贝利[1]，甚至米亚出现，我记得她给过我一张充满敌意的情人节卡片，上面有一把真正的、可怕的菜刀，狠狠地插在心脏上。第二天早上，我起床，吃了早餐，和迪伦和萨奇待了一个小时，他们忘乎所以地把目录上的每一个玩具都勾出来，希望我下次来的时候能带来。

[1] 即理查·尤金·"狄克"·希柯克和贝利·史密斯，美国"克拉特家族灭门案"的凶手，杜鲁门·卡波特在非虚构作品《冷血》中有详细记载。

对我们三个来说，这是一个极好的早晨。谁知道这将是最后一次呢？不管怎么说，我回到城市，继续我的生活，没有蚊子，幸运地生活在混凝土上。暂时不再有带芒羊茅草了。

第二天，我按约定去见苏珊·科茨，迪伦的心理医生，我与她商议，试图顺利通过这摊浑水，做对孩子们最好的事。她告诉我，我被指控犯有猥亵罪，她必须举报此事。这是法律。

我惊呆了，无法相信。我认为这整件事是荒谬的。我说没问题，去举报吧。科茨会作证说，与真正的性侵者不同，我没有试图劝阻她举报。因为我什么都没做，并且认为没有一个神志正常的人会把我猥亵任何人的想法当真。

事情是这样的，在我访问期间，当米亚去买东西、在向每个人解释了必须小心观察我之后，所有的孩子和保姆都在房间里看电视，一屋子的人。没有我的座位，所以我坐在地板上，可能把头靠在沙发上迪伦的腿上一会儿。我当然没有对她做任何不恰当的事。午后，我在一个满是人的房间里看电视。艾莉森，米亚朋友孩子的紧张保姆——米亚提醒她要高度警惕——向她的雇主凯西报告说，我一度把头放在迪伦的腿上。即使是这样，这也是完全无害，而且完全合适的。没有人说我猥亵迪伦，但是当凯西次日打电话给米亚，说她的保姆报告称我的头在迪伦的腿上，米亚就跑去找了迪伦。据保姆莫妮卡说，米亚当时说："我逮到他了。"随着时间推移，头在腿上不知怎么演变成我在阁楼上猥亵她，而多莉·普列文歌里的情节将在稍后重演。

在那个时候，"我可能需要一名刑事律师"这个想法，绝不会在我雷达范围内的任何地方出现。我有一个家庭律师，他经常与米亚的律师联系，但我从来没有一秒钟想过，在纽约，一个完全不存在的事件，显然由一个渴望寻仇的女人编造，会变成一场国际盛会，一个将花费数百万美元和伤害许多生命的产业。

顺便说一下，我在二十多岁的时候就曾经成为虚假指控的受害者，如果说米亚的那次是三月兔[1]时间的话——瞧瞧这回：我才二十五岁。我正在做喜剧演员的工作。突然，我接到经纪人的电话，说一个女人要起诉我。她声称我是费迪南德·戈利亚。你会问：谁？费迪南德·戈利亚，她失散多年的丈夫。突然间，戈利亚夫人把我告上了法庭。我的经纪人说，她在电视上看到我，声称我是她的丈夫，说我抛弃了她。你一定是在开玩笑，我回答说，而积雨云正在我头顶聚集。不，我的经纪人说，她说费迪南德，一个汽车修理工，总是和你开同样的玩笑，而她在电视上看到你时，他已经抛弃她，你和他戴着同样的眼镜，你拖欠她一大笔赡养费。（我告诉过你这很疯狂，我是费迪南德·戈利亚？）

同时，由于这起古怪的诉讼真的发生了，我的律师事务所“贝克和伦敦”对我摇起了警示旗，我的收入也开始打水漂。我必须上法庭为自己辩护。信不信由你，我必须证明我不是费迪南德·戈利亚，从未与安娜贝尔·戈利亚结婚。这似乎很离奇。我可以确定我的律师在想，是否有可能这个女人说的是真的。我的律师问我的经纪人杰克·罗林斯，我是否可能曾以另一个名字与她结婚，然后逃走？我的经纪人让我的律师冷静下来，保证我不是被指控的逃亡配偶，但就算是罗林斯也是凭信心行事。尽管杰克·罗林斯了解我过去的生活，我也有可能是一个搞诈骗的逃债人。那么，在几个月后，在许多宝贵的硬币分发给我熟练精明的律师之后，

[1] 《爱丽丝梦游仙境》中的癫狂角色，另有英语俗语“疯如三月兔”（mad as a March hare），原指欧洲野兔在三月份的繁殖季，指代无法预测和控制的疯狂时期。

是什么拯救了我？只能说那个女人是真正的疯子，当我出现在法庭上时（尽量不要穿成我想象中的费迪南德·戈利亚的样子），她却没有出现。我们带着能搜集到的所有证据来了，最后法庭认为我不是安娜贝尔的前夫，他比我老得多，他逃离了她，这也难怪。她是个疯子，感谢上帝，她没有再出现过。

所以，回到我最新的超现实冒险。试着想象一下，我在这件事上的动机。我从未对迪伦动过一根手指，从未对她做过任何甚至可以被误解为虐待她的事；这完全是彻头彻尾的捏造，每一颗亚原子粒子都是如此，和声称我是戈利亚这个人物并无二致。这件事纯粹的反逻辑在我看来是决定性证据。我的意思是，它完全说不通，为什么一个五十七岁的男人，在人生中从未被指控有任何不当行为，同时身处有争议的、非常公开的监护权争夺战中，会开车到属于最恨他的女人的乡村住宅的恶劣环境中，在一个满是同情她的人的房子里，这个男人还因为他最近刚刚找到生命中的真爱而感到兴奋，继而将与她结婚并建立家庭，却突然选择在这个时间和地点染上恋童癖，侵犯他爱的七岁女儿。这违背简单的常识。特别是因为这些年来我曾多次与迪伦在我的公寓里独处，如果我真的是个恶魔，我有足够机会表现得像个恶魔。然而，这个愤怒的女人宣布要带走我的女儿，制订一个比要我死更可怕的计划，她诉诸监护权争夺中最常见的陈词滥调，指责配偶虐待孩子，这完全合理。

然而，尽管这一切都很明显，但很快就可以看出，这个在任何时空都不曾发生、如今转变为笨拙行动的老妇人童话[1]，不但不

[1] 原文为意第绪语 bubbe-meise，直译为老妇人的童话，意指不实之词。

会消失，反而会像我说的那样开花结果，成为一项产业。难道没有人怀疑过是米亚把猥亵的想法教给迪伦的？迪伦并没有来找她的母亲说她被摸了。是米亚来到迪伦身边，向她暗示了这一点。迪伦否认。米亚需要让她改变否认的态度。她带她去看医生，寻找可以作为证据的东西。医生问迪伦她是否被虐待过。迪伦说没有。米亚带她“去吃冰淇淋”，然后回到医生办公室，这时这个七岁的孩子已经不知怎么改变了她的说法。

我们看到这种模式一次次重复，正如摩西所生动描述的那样。也就是说，被训练、威胁，甚至殴打，以学习背诵米亚所强加的虚假故事。摩西令人痛心的叙述证实了这一点。摩西写道：“有一年夏天，我们要重做墙纸，我正准备睡觉的时候，母亲走到我的床边，找到一把卷尺。她尖厉地看了我一眼——询问是不是我拿了它，害她找了一整天。我站在她面前，愣住了。她问为什么它在我床上。我告诉她我不知道，也许是一个工人把它留在那里。她一遍又一遍问。当我没有给出她想要的答案时，她打了我的脸，打掉我的眼镜。她告诉我，我在撒谎，命令我告诉兄弟姐妹，是我拿了卷尺。我含着泪，听她解释说，我们将排练原本发生的事。她会走进房间，我会告诉她，我很抱歉拿了卷尺来玩，我再也不会这样做了。她让我至少排练了六次。她就是这样开始指导、训练、编写剧本和排练的——实质上，就是洗脑。”

然后，米亚强迫迪伦在好几天里裸体录像，试图让她说出米亚编造的故事。由于没能制作出让人信服的录像带——事实上，它适得其反，展示出米亚威胁性的训练技巧——在绝望中，她让这份只有她才拥有的材料，神奇地送到了福克斯新闻那里。这是她对赤裸的七岁孩子的利用，为了谋求私利而丧失了母性。

摩西回忆说："是（保姆）莫妮卡后来作证说，她看到了米亚录下迪伦描述所谓伍迪在阁楼上如何抚摸迪伦的情景，她说米亚花了两三天时间制作录像。在（莫妮卡的）证词中，她说：'我记得法罗女士当时对迪伦说："迪伦，爸爸做了什么……他接下来又做了什么？"迪伦似乎不感兴趣，法罗女士会停止一会儿，然后继续。'我可以为此作证，我目睹了这一过程的某些部分。迪伦的另一位治疗师南希·舒尔茨博士批评视频的制作，质疑内容的合法性，她也立刻被米亚解雇了。"又一次，是常识：一个母亲为什么要强迫七岁女儿长时间裸体录像——如果是真的——这将会是创伤性的经历，不就是为了要引人注目，试图伤害父亲？那么，发生了什么事难道不是很明显吗？这甚至还需要调查吗？

然而，调查不只有一次，而是有两次大型调查。一次由耶鲁－纽黑文医院的儿童性侵诊所进行，警方常利用他们来调查此类事件，另一次由纽约州儿童福利局进行。与许多投诉性行为不端的妇女不同，米亚的指控得到了最认真的对待，而不是被束之高阁，不被重视。它将由法律跟进，由几个专家小组调查，包括全国最知名的专家小组，即上面提到的耶鲁－纽黑文儿童性侵诊所，警方聘请了他们。我引用他们的书面结论：

"我们的专家意见是迪伦没有遭到艾伦先生的性侵犯。此外，我们认为迪伦在录像带上的陈述和她在我们评估期间的陈述，都和1992年8月4日实际发生在她身上的事情无关……在形成我们的意见时，我们考虑了三种假设来解释迪伦的陈述。第一，迪伦的陈述是真实的，艾伦先生对她进行了性侵犯；第二，迪伦的陈述不是真实的，而是由一个情绪脆弱的孩子编造的，她陷入一个不安稳的家庭，并对家庭中的压力做出反应；第三，迪伦受到了她母亲法罗女士的指导或影响。

“虽然我们可以得出结论，迪伦没有遭到性侵，但我们不能确定第二种构想本身或第三种构想本身是否真实。我们认为，更有可能的是，这两种构想的结合能最好地解释迪伦关于性侵的指控。”

现在是否是一个好时机，来指出迪伦在这些事情发生之前很久，就被米亚带去看儿科心理医生，因为迪伦在区分现实和幻想方面有严重问题？我的意思是，她的妈妈让她相信自己被性侵了，因为就没有比她更容易操控的目标？一个小女孩，刚满七岁，一直在接受治疗，因为她在正常情况下无法分辨什么是真实、什么是幻想，她被永远从爱她的父亲身边带走，在一场情感混乱的危机中放在她失控的母亲手中，而她的母亲暗示她，她被性侵了，然后在多年来只与父母一方接触的情况下，她的否认通过策略被改变了，随着时间推移，她被引导着相信她被猥亵了。米亚指导的事不是由我提出的。这是耶鲁调查得出的结论。

除了耶鲁的调查之外，纽约州儿童福利局的调查人员也排除了猥亵指控，他们严格审查了这个案件十四个月，得出如下结论。从 1993 年 10 月 7 日收到的信中，我引述如下：“没有发现可靠证据表明该指控中提及的儿童受到虐待或侵害。因此，该指控被认为缺乏根据。”

但在这些报道出来之前，法庭已经安排了一次监护权听证会。仍然有人认为监护权听证会是某种审判，而我以某种方式逃脱了想象中的刑罚。还有一些疯子认为，我娶的是自己的女儿，他们觉得宋宜是我的孩子，米亚是我的妻子，我收养了宋宜，以及奥巴马不是美国人。但从来没有过任何审判。我从未被指控任何罪名，因为对调查人员来说，显然什么都没有发生。

接下来的几个月里，是一场疯狂夺食和愚蠢撒钱的运动，浪费的主要是我的钱。心理学家接受采访，儿科医生、私家侦探被雇用，公关人员有钱可赚，八卦小报大挣一笔。监护权听证会在埃利奥特·维尔克法官面前举行，他从看到我的那一分钟起就讨厌我，谁能怪他呢？从他的角度来看，一个收养残疾儿童的优秀美丽的母亲信任了一个不道德、狡诈的男友，这个酒色之徒勾引了比他年轻三十五岁的女儿，并利用这个可怜的大学生拍摄色情照片。在他对我的印象中，我的地下室里应该有一个地牢，我在那里把女学生锁在墙上。人们对维尔克法官则早有熟悉的第一印象，尽管有所有相反的证据，但这种印象永远无法被抹除。维尔克在政治上是个自由派，墙上一度挂着切·格瓦拉的照片。我后来发现，他并不是高贵的女性保护者，他是为了得到米亚认可而在扮演这个角色。事实上，如果基于自己的优越地位而试图对女性进行性利用算是骚扰的话，维尔克会在 #MeToo 的审判席前大汗淋漓。他和我都不喜欢对方，而且都没有试图掩饰，这对我不利，在这场战斗中他是裁决者。当媒体引用我的话“这个案子需要一个所罗门，不幸的是，我们有的是罗伊·比恩[1]”时，我可没有讨他的欢心。

在监护权听证会后不久，维尔克死于脑瘤，这很有讽刺意味，因为在审理开始时，一家杂志问我，失去孩子的监护权是不是可能发生在我身上的最糟糕的事情，我说不是，最糟糕的事情是患

[1] 19 世纪美国西部小镇的一位野蛮法官。

上做不了手术的脑瘤。这个诚实的回答让正直的人不太高兴，他们对我作为父母的奉献精神产生怀疑。尽管如此，我没有撒谎。然后发生了什么？那位可怜的法官就得了这病。致命的脑瘤。我恨这位法官，但听到他如此悲惨的诊断结果时，我感到难过。我身边更严厉的人对他的困境无动于衷，打趣说这是他职业生涯中唯一一次正义得到伸张。我无法说服自己将之视为命运对他的妥当回应，尽管他引起了那么多麻烦。

在讨论我对宋宜的爱时，公众也对我大加挞伐，我当时的回应是：心自有其向往。他们认为这很自私，但很少有人——如果有的话——意识到我只是在引用索尔·贝娄对艾米莉·狄金森的引用，而不是真的描述我自己的哲学。[1] 总之，维尔克不负责任的伤害远远超出了我与他相处的经历。一位儿童心理学家告诉我，他所处理过的孩子遭罪的最糟糕案例，不出所料地来自维尔克法庭的误判。另一位哭泣的母亲告诉我，维尔克对她做出了不利裁决，因为她不得不推迟开庭日期去参加她孩子的生日，但他不允许。另一位女人告诉我，他判她胜诉，但拒绝执行他的裁决，所以她跟输掉这个案子没什么两样。最后，有天赋的剧照摄影师林恩·戈德史密斯告诉了我一个故事。她曾在维尔克法官面前打官司，他做出了有利于她的裁决。一天后，他突然出现在她的公寓，并试图与她上床。当她抵抗并指出他已婚时，这没有用。他继续坚持。她最终摆脱了他。这就是他如何利用自己的地位。但是，我却要任凭这种人摆布。不过，当耶鲁调查得出结论，米亚可能指导了迪伦，且猥亵行为没有发生时，我觉得他至少本该对事情有更公

[1] “心自有其向往”（The heart wants what it wants.）是诗人艾米莉·狄金森的名句。

平的看法。但显然，他对调查的结果深感失望，扭扭捏捏地要寻找一些挽回面子的角度，最后批评耶鲁销毁了他们的记录。事实证明，这是耶鲁和联邦调查局保护隐私的标准程序，人们可以想象，如果耶鲁得出我猥亵迪伦的结论，他们销毁记录的事实就不会成为问题，他或许会让报告重印成金箔版本。

警方的负责人弗兰克·马科雇用了耶鲁。迪伦的心理医生科茨指出康涅狄格州警方的反犹倾向，可我从来不喜欢打这种牌。当科茨在康涅狄格州接受询问时，一位警察告诉她："法罗小姐做了女孩被侵犯时应该做的事。她给所有孩子重新洗礼。"[1]当耶鲁得出没有发生猥亵行为的结论时，可怜的马科一定被击垮了。带着这样一个高调的案子上法庭，本可以成就他的事业，可输了就不行了，当现实来临，他不得不悲哀地认识到，利用法罗案来推进他的光荣理想的幻想都已破灭。他过了好几个月才结案，在监护权听证会期间保持待定，这么做毫无益处，除了给米亚一方带去很大帮助。但为什么呢？他伤害我有什么好处？前面提到的桑迪·博鲁奇和朱迪·霍利斯特当时在米亚家工作，她们分别描述了马科如何不时地突然出现，浑身散发着廉价古龙水的味道（她们的原话），米亚会化妆打扮，和他一起出去吃饭。这显然就是马科所谓的公正、无偏见的调查。

马科最终放弃了这个案子，并说他本可以继续追查，但不想让迪伦难过，这无疑很不寻常。一些律师告诉我这种做法并不合乎道德，《纽约时报》上有一篇文章表示同意，称马科的行为侵犯了我的公民自由。不可否认的是，试图让我的无罪或有罪问题继

[1] 犹太人认为自己生来洁净，无须接受洗礼，这被部分人视为邪恶行为。

续存在（尽管已有结论得出没有发生猥亵行为），是给米亚送了一份大礼。但说实话——你真的认为他最后结案是因为他不想伤害迪伦吗？这个借口出自这么一个小丑——他让可怜的七岁孩子接受警方询问，从不提及米亚拍摄她裸体的事，也从来没有抗议过超级妈妈把迪伦拖到医生那里，用麻醉剂把可怜的孩子弄晕，以便对她进行阴道检查，寻找蛛丝马迹，但当然没有找到任何证据。我觉得有理智的人可能不会同意这样的说法：因为关心迪伦，地区检察官马科才让他的案子淡出。

事实是，马科是可悲的笨蛋，我相信如果他有丝毫获胜机会，他就会举起右臂和迪伦的双手支持起诉。当然，你自己聘请了专家调查，他们得出什么都没有发生的结论，那个女孩又反复无常，一度告诉调查人员她没有被猥亵，也没有和她的父亲在阁楼上，而且似乎是由她的母亲指导的，那么定罪的机会就大大减少了。他曾讨好米亚，而米亚能迷住最老练的男人，更何况一个幻想自己会成为她的骑士和救主的小丑。最后，如果你不相信我，这是维尔克法官就马科声称他有理由起诉一事所写的："证据表明，（艾伦）不太可能因性侵而被成功起诉。"

在法庭程序中，我是如此天真。我以为如果你为自己作伪证，你就会进监狱，但在法庭上被揭露为骗子似乎并不要紧。米亚会在宣誓后一口咬定我正在而且一直在看心理医生，因为我与年轻女孩有不正当关系。当这种说法被完全推翻时，撒谎没有受到任何惩罚。还有个人说，迪伦有一次抓住我的拇指并吸吮它。（摩西说他在我们俩身边这么多年，从来没有见过这样的事情。他当然没见过，因为从未发生。）尽管如此，即使是这样的捏造，也与罗南多年后编造的谎言相去甚远，罗南写的是，我会把拇指强行塞进迪伦的嘴里。米亚的密探们联系了斯泰西·内尔金，直截了当地问她能否撒谎说我们约会时她还未成年。当然，她不愿意。

这里有一个有趣的亮点：米亚的团队杀到，指控我最近与应召女郎有非法性行为。他们在利用任何可以把我描绘成卑鄙小人的事。我否认，他们声称有证据。我仍然否认，但可以看出我的律师们相互对视，琢磨着我是否对他们诚实。这帮坏家伙送来了他们的证据。印有我名字的信用卡复印件，用于支付一些“地陪”和按摩大师的费用。我坚持否认，现在每个人都向我投来怀疑的眼神。仔细调查后发现，这是另一个伍迪·艾伦。某个来自中西部的可怜人，在纽约用一帮妓女犒劳自己。谁会想到还有一个伍迪·艾伦？下次收到慈善活动邀请时，我一定要想起来。

我说到哪儿了？好吧，我一直非常欣赏的自由主义者令我失望。默里·坎普顿曾是我的偶像。他有一天来报道听证会，在他之后的专栏文章中抨击我。他指责我有一大批律师，而米亚只有一两个。可我需要儿童监护权律师，我还被指控犯有刑事罪——猥亵——所以需要刑事律师。但他说得好像我是一个有钱有势的人，用大把钱和很多律师来对抗这个可怜的、被背叛的母亲。我想知道为什么他没有深入调查假的猥亵指控，就对我如此严厉，仅仅因为我记不起我带孩子去买鞋的鞋店的确切名字。他真的对我有意见，让我回想起几年前他想采访我，他喜欢我在《纽约客》上的文章。我受宠若惊地同意了，但我不想接受《纽约邮报》采访，因为在当时这是一份特别糟糕的小报。我们为此来回争辩。他说重点在于他是为我写的。事实上，他是一位优秀的、富有斗争精神的自由主义者，但在那些年里，我不想以任何方式给《纽约邮报》卖力，所以我坚持己见并拒绝了采访。他等了很久才报复，但他确实报复了，还变本加厉。格洛丽亚·斯泰纳姆是另一位我非常欣赏的记者，她怒斥了我。似乎没人有兴趣追究这至少有可能是不公的审判。斯泰纳姆简单地把这一指控当真，尽管她多年来富有洞察力，但在这里她错了。

法庭上另一个有趣的时刻是艾伦·德肖维茨[1]在证人席上对一名律师大喊："伪证者！伪证者！"问题出在我的律师曾指责德肖维茨，后者声称可以用七百万美元让整个案件消失。有四位律师都在同一个法庭里作证说德肖维茨出了这个价。他愤怒地否认，他的母亲也在法庭上，骄傲地旁观儿子的表演。但我理解这一点，也一直公开说我不认为这是我的律师所认为的敲诈，他只是试图避免米亚和我陷入混乱的公开冲突。我记得他说，这个问题不应该上法庭，而是要悄悄地解决，让我们两个人都不至于陷入恶意中伤的宣传。他和米亚计算了我的孩子们读完大学的所有费用：三个孩子的抚养费，和私立学校、大学的学费。不管怎么说，他的加法器算出来的结果是七百万绿钞。但我不愿意和解。我说我不在乎糟糕的媒体关注。我从来没有侵犯过迪伦，不会为和解付一毛钱。

我并不害怕真相，也不打算购买沉默。我根本不在乎名誉。我已经准备好上法庭，完全诚实地宣布我一生中从未侵犯过任何人，我也准备好公开捍卫这一声明。让耶鲁去调查吧。让纽约州去调查吧。我欢迎专业人士仔细调查。我接受了康涅狄格州警方中最受尊敬的保罗·迈纳的测谎测试。他曾在1978年至1987年间担任联邦调查局的首席测谎师。我很容易就通过了，但当我们

---

[1] 即米亚·法罗当时的辩护律师，也是美国最知名的律师之一，曾为O.J.辛普森、哈维·韦恩斯坦、朱利安·阿桑奇、杰弗里·爱泼斯坦、唐纳德·特朗普等名人辩护。

要求米亚接受同样的测试时，她拒绝了。我知道真理在我这一边，而我现在知道这并不能保证什么，我的姨妈莫莉为我的成年礼买的那些威廉·史泰格[1]袖扣上，画着一个被长矛刺穿身体的人，图注是“人都他妈的不是好人”，这比安妮·弗兰克的洞见还要深刻。

我承认我需要一位顶级儿童监护权律师和一位有经验的刑事律师，尽管我在这些领域完全是个新手，最终还是找到两位强大的专业人士：希拉·里塞尔和埃尔坎·阿布拉莫维茨。埃尔坎是高大的自由派民主党人，曾担任南区美国联邦检察官办公室刑事部主任，纽约市副市长助理，美国众议院犯罪问题特别委员会的特别顾问。

他同意见我，我口若悬河地说出整个故事。他当即表示，不与康涅狄格州警方交谈的策略现在应该倒过来。他认为我的故事如此清晰一致，他将和我一起去那里，我应该把它告诉警察。我以前的律师一直不让我去，我必须说这也是有理由的。我们此前接受了康涅狄格州警方的要求，同意与他们面谈，条件是有速记员记下面谈内容。马科不希望有任何记录。这让我们的团队对他失去信任，所以我们没有去。然而，埃尔坎在听完我的整个故事后，觉得我很明显是无辜的，我们应该去。我去了，他们问问题，我回答。他们很有礼貌，没有敌意，没有好警察－坏警察的胡闹。

我确实记得在接下来的一周里，有一个令人毛骨悚然的时刻。他们问我是否愿意给他们头发样本。我的头发剩得不多，但我觉得可以搞定几撮，于是建议给灰头发。我按了指纹——就像我从小着迷的罪犯一样。然后他们让我坐下，从我的头上猛然扯下几

[1] 美国知名漫画家，长期为《纽约客》作画，亦是动画片《怪物史莱克》原作者。

根头发。因为我是名人，他们告诉我他们是在轻轻地拔头发——让我“舒适”，这是他们的说法。当我坐在那里，第一次意识到作为一个非名人、一个穷人、一个黑人会是什么样子。他不会得到这种特殊待遇；他的头发会被无情地拔掉，他的痛苦完全不被考虑。这是我接触到的真实世界，尽管它对每个人来说都是真实的，但对一些人来说更真实。

在听证会上，有人告诉我一个非常热门的地下消息来源。有个与黑社会有联系的私人侦探，可以得到任何人的内幕消息、发现任何针对我的不择手段的坏点子、使我对手的案件陷入困境。他来到我的公寓，我详细地告诉他如今已经很乏味的故事。我提供了对手的电话号码、日常习惯，任何我可以提供帮助的东西。他离开了。这是我最后一次听到他的消息。他是个骗子吗？一个双重间谍？是我说了什么让他不高兴吗？他没有做任何事情来伤害我，只是消失了。

在监护权听证会的旋涡中，有两种专业人士意外地令我感到失望。一种是私家侦探。毕竟，我一度考虑成为侦探。我着迷于萨姆·斯佩德和迈克·哈默[1]，设想有自己的办公室，脚搁在桌子上，反戴着浅顶软呢帽，肩上有枪套，美丽的秘书热恋着我，而我比那些笨拙的警察破案快得多。我没有想过我可能会被殴打致死或在巷子里被子弹打穿双眼之类的现实。

我遇见和打交道的那些探子完全不像鲍嘉或威廉·鲍威尔。他们大多数是超重的前警察，在警队里有一些老朋友，能够接触到一些精力充沛的高中新生也能获得的基本信息。想到他们在跟

[1] 小说《马耳他之鹰》(*The Maltese Falcon*) 和《审判者》(*I, the Jury*) 中的侦探角色。

踪某人时没有掉进窨井，或解决比乱穿马路更复杂的犯罪问题，就感到荒唐可笑。至于名侦探身边都有的金发尤物——你把这些大腹便便的探子扔到荒岛上，给他们壮阳药和一个女性瘾者，他们都无法搞定她——想到维罗妮卡·莱克要让他们兴奋起来，我就更觉得好笑。我花了很多钱，却没得到什么好处。

另一些没成事的人是儿童精神病学家。他们是多么害怕米亚啊。有几个私下向我抱怨说，他们必须听从命令，否则就会被解雇。一个儿童心理医生打电话求我不要让他被叫到证人席上，他非常害怕，晚上都睡不着。另一位也没办法，他抱怨无法让米亚和萨奇分开，而治疗的第一步就是让她去另一个房间。一位心理医生悲伤地问我，是否可以帮助他的儿子进入电影业，因为这个孩子迷失了方向。所有的心理医生都对米亚极度谨慎，让她得以阻止我与我的孩子有任何接触。在康涅狄格州会见迪伦的心理医生直接听令于米亚，因为他的女儿曾被米亚雇为某种助理。在我指出这一点时，监督此案的维尔克法官声称没有发现任何问题。但也是同一个法官，在读了耶鲁的报告后，仍然认为没有证据表明米亚指导过迪伦。尽管耶鲁进行了长期细致的调查，而他的调查完全为零。这家伙是要击败什么？为什么他要想方设法来帮助米亚？

在听证会期间，耶鲁的报告完成了，调查人员把米亚和我都叫到他们的办公室，亲自为我们宣读结果。我们坐在那里，听他们宣读他们的结论：

“迪伦没有受到艾伦先生的侵犯。”她的陈述里有“排练过的特质”。它们很可能“受到她母亲的指导或影响”。

摩西说：“这些结论与我自己的童年经历完全吻合：指导、影响和排练这三个词正好概括了我母亲试图抚养我们的方式。”

米亚怒气冲冲地站起来。她总是容易发脾气，正如摩西、宋宜描述的，以及耶鲁的报告所证实的那样。她冲出房间。我说了再见，急于想回到纽约。在离开的时候，我和一位调查人员聊了一会儿，他告诉我，迪伦的说法反复无常，甚至一度说我从来没有猥亵过她，她也从来没有和我一起在阁楼上。在桑迪·博鲁奇开始在法罗家工作后不久，她看到迪伦在哭，就问她为什么哭，孩子说：“妈妈要我撒谎。”过了不久，迪伦就得到了一个以前不给买的新娃娃作为奖励。

维尔克对耶鲁报告的反应有明显的偏见，还对其发表了保全面子的两面派评论，但它一直是一份有效、详细、结论正确的报告。调查花了六个月，每一个能想到的相关人员都接受了面谈，迪伦九次，还有我、米亚、孩子、保姆、用人。然后，突然间，马科和维尔克为米亚扮演英雄的梦想化为乌有。监护权听证会结束了，像马科一样，维尔克法官匆忙写了一份能对我造成最大伤害的总结。为了彻底破坏报告，他能想出的最好办法如下：“相比耶鲁－纽黑文团队，我不那么确定……证据最终证明没有性侵。”当然，维尔克的结论是基于他从未做过任何调查，只是一厢情愿的想法，而耶鲁－纽黑文对该案进行了长达数月的详细调查。

如果维尔克旁听一次典型的耶鲁调查会，他可能会看到我将向你描述的这次。请看这个画面。米亚和我都坐在纽黑文办公室里三个有经验的专业调查员面前。米亚坚持说我猥亵了迪伦，声称可怜的迪伦被侵犯后非常难过，她立刻跑到隔壁房间，投入她姐姐拉克的怀抱寻求安慰。米亚详细描述了迪伦如何拥抱拉克，被这一经历所震惊，向姐姐倾诉心声，她的姐姐使她平静下来。我，这个谨慎而狡猾的人，仔细听着米亚向调查人员戏剧性地讲述这个故事，等着打出我的王牌。我说："你是在说迪伦受了很大创伤，哭着逃进拉克的怀抱？"米亚坚持己见，一直说着孩子需要哥哥姐姐的救助。"你为什么这么问？"调查人员询问我。"因为，"我说，我像林肯一样站起来准备发言，说那天晚上没有满月，只有一轮残月。"因为，"我解释说，"当你声称发生那件事时，拉克不在康涅狄格州。她在纽约，所以迪伦怎么可能跑去拥抱她？"空气中弥漫着尴尬的沉默，米亚立刻做出反应，仓促回答说："我知道拉克当时在纽约，但迪伦在精神上拥抱了她。"这就是我所面对的那种踢踏舞，它有可能投维尔克法官及米亚之所好，但并没有骗过调查人员。

至于人们总是问我的一个下流问题：马科和米亚，或者维尔克和米亚之间是否有过亲密关系？我觉得这很难让人相信，但我在这种问题上往往很天真。在《双重赔偿》(*Double Indemnity*) 中，当弗莱德·麦克莫瑞和芭芭拉·斯坦威克在肮脏的公寓卧室里热吻对方时，画面渐渐淡出，我以为那是为了不让我们看到他们的性事彩蛋。我对马科充满蔑视，对维尔克毫无敬意，但我也只能这样说。我也必须要说，维尔克为我和孩子们规定了一个愚蠢、报复性和有害的探视计划。我会解释一下；看看你们怎么想。

首先，完全没有对迪伦的探视权。这为什么是公平或好的？对我还是对她？尽管调查结论是没有猥亵行为，但我仍然不能见她。就因为维尔克，孩子与她的父亲完全隔绝，在那个灌输她、指导她、拍摄她裸体的母亲的保护之下，而我永远无法与她有任何接触。于是，在那次裁决之后，我再也没能和迪伦说话。因为法院的法令和控制，从她七岁起，我们之间再也没有传过一个字的讯息或被允许讲过一句话。这对我来说是残酷的打击，对迪伦来说是残酷的剥夺，却成功实现了“你带走了我的女儿，现在我要带走你的”。

迪伦告诉耶鲁调查员，我妈咪说爸爸做了一件坏事，但我仍然爱他。迪伦和我有很深的感情，米亚带走我女儿的计划对我造成了很大伤害，毫无疑问，对一个刚满七岁的孩子来说，她失去了她喜欢的父亲。我很喜欢迪伦，从她还是婴儿时起就尽可能多花时间陪她。我和她一起玩，给她买了无数玩具，娃娃、毛绒填充动物、小马宝莉。在那些日子里，F. A. O. 施瓦茨玩具店是孩子们的天堂，他们经常让我在开门前提前进入，这样我就可以为迪伦和萨奇买东西。小时候，我父亲有一个芝加哥的百万富翁朋友，他时不时会到纽约出差，总是希望我父亲能当他司机。我父亲会抛下一切，来给这位洛伦兹先生开车。有一次，他把我父亲带到 F. A. O. 施瓦茨玩具店说，给你儿子买任何你想要的东西，我付钱。我父亲给我买了一整套逼真的牛仔服装，包括两把六发左轮手枪。我当时大约七岁，非常兴奋。我看起来可太棒了，只是我的马刺被床单夹住，整个人栽了跟头，还打碎了一盏灯。有一次，我父亲赚到了钱，他去 F. A. O. 施瓦茨玩具店给我买了一套巨大的莱昂内尔化学玩具套装，因为我对科学表现出兴趣。由于担心我的安全，他给药剂师朋友打电话，读每一种化学品清单给对方听，问哪些是危险品。他把那些危险的东西冲进马桶，给我留下了半套。我还是设法制造出一种橙色染料，把我母亲的深棕色海狸皮大衣染成了橙色。不知为什么，她很不高兴，想用沙拉叉子杀了我。我把这一幕放进了《无线电时代》（*Radio Days*）里。我记得她在屋里追着我，挥舞着她的鞋子。我以为他们会像《毛猿》（*The Hairy*

Ape）中那样用水管把她冲倒。

说到鞋子，顺便提一下，有一次迪伦对《绿野仙踪》里多萝西穿的红宝石拖鞋情有独钟。我熬夜到半夜，让我的电影服装部给她做了一双，这样可以把它们放在她床上，她早上醒来时就会发现。

当米亚的计划成功后，我很伤心，法官为她说好话，确保我不会见到迪伦。一年来，我一直梦见她回到我身边，但我每次醒着时想去看她、给她写信、跟她说话的企图都受挫了。当她长大一点，我想象她会意识到她是如何被利用时，我给她写信，只是甜蜜、亲切、简短的信，问她过得怎么样。里面没有我的辩解广告。这些信都被罗南截获了，而我收到唐突无礼、含糊其辞的答复，开头是："我把你的信告诉了迪伦，她不感兴趣。"（在希区柯克的《美人计》中，有同样不自然的、令人毛骨悚然的母子关系上演。克劳德·雷恩斯和他的母亲把英格丽·褒曼关在家里，他们慢慢对她下毒，就像米亚对可怜的迪伦的大脑所做的那样。他们切断了褒曼的电话，让她无法与加里·格兰特联系。最后，格兰特跑去救出了她，但这是电影。在现实生活中，如果我像加里·格兰特那样去尝试，我无法通过门卫这关。）

我最终写信给萨奇说："你总是打开你妹妹的邮件读吗？"没有回答，他只是回信说如果我真的想帮忙，就应该寄钱。我已经依法慷慨地支持他们，但如果米亚关于萨奇是弗兰克·辛纳特拉儿子的说法是对的，那么我就真的被骗了。

我一生中最悲伤的事情之一，就是我被剥夺了抚养迪伦的岁月，只能在梦里向她展示曼哈顿、巴黎和罗马的乐趣。时至今日，如果迪伦愿意像摩西那样向我们伸出手，我和宋宜会张开双臂欢迎她，但到目前为止，这仍然只是一个梦。无论如何，你们认为在现有选择之中，那是一个明智的司法决定吗？我认为这不仅对我来说是刻意的残忍，对迪伦来说也是灾难性的，你们以后会看到。

至于萨奇，我被允许在监督下探视。但为什么是在监督下？没有合理理由。“监督”意味着在我探视期间必须有个受雇的人陪同并时刻在场，往往每周都是不同的人。为什么要这样做？如果没有发生过猥亵行为，我们是在谈论什么呢？（并不是说我被指控对萨奇动手动脚，尽管书面记录显示米亚一度如此分裂，试图让人相信我可能猥亵了他们两个人的说法，但当对萨奇的说法不成立，而迪伦更容易受到伤害时，她就把注意力放在她身上。）但为什么我必须受监督？这只能向萨奇证实他的父亲是值得害怕的，是个威胁。但我爱他，想见到他。因此，我必须接受维尔克裁决的唯一探视途径，每一周，在从他母亲那里听到我是强奸犯和怪物之后，这个可怜的孩子就被打发从康涅狄格州乘一个半小时车到纽约，与这位捕食性的老人在一起。

负责此案的精神病专家说，监护权应归于父母中的一方，这一方应不会毒害孩子来反对父母中的另一方。你现在读到的是一位持反对意见的上诉法院法官所写的内容，请记住这一点：他认为对我和萨奇的探视规则过于严格。他的意见来自两位经验丰富的专业监护监督员弗朗西斯 · 格林伯格和弗吉尼亚 · 雷曼的两份目击者报告，他们都是独立社工，负责在纽约监督我对萨奇的探视。

他们向上诉法官之一J. 卡罗报告他们的调查结果，后者写道：“在记录中，中立的观察者提供了强有力的证据，表明艾伦先生和萨奇从根本上来说有着温暖和爱的父子关系，但这种关系正处于危险之中，在很大程度上是因为艾伦先生由于目前的监护和探视安排，与儿子疏远和疏离。弗朗西斯·格林伯格和弗吉尼亚·雷曼，两位受雇监督探视萨奇的独立社工作证说：‘艾伦先生会拥抱萨奇来欢迎他，告诉他有多爱他，以及他有多想念他。’两位监督员还描述了一连串画面：艾伦先生可能会说，我爱你就像河流一样多，而萨奇会说一些东西，大意是，我爱你就像纽约市一样多……然后艾伦先生可能会说，我爱你就像星星一样多，而萨奇会说，我爱你就像宇宙一样多。可悲的是，这些证人还作证说，萨奇曾告诉艾伦先生：‘我喜欢你，但我不应该爱你。’当时艾伦先生问萨奇，在按计划与法罗女士去加利福尼亚旅行时，是否会给他寄明信片，萨奇说：‘我不能，（因为）妈妈不让我寄。’然后有一次，萨奇暗示他想和艾伦先生待得更久些，超过规定的两小时访问时间，‘萨奇确实说，他不能待更久，他妈妈告诉他，两小时就够了’。也许最令人痛苦的是，萨奇‘向艾伦先生表示，他正在看医生，这位医生将帮助他不再见艾伦先生，他表示他被要求看这个医生，也许八到十次，结束时他将不再需要见艾伦先生了’。与法罗女士向萨奇表达的关于艾伦先生的看法明显不同，‘根据报告，艾伦先生只对萨奇说关于法罗女士的正面话语，并且通过萨奇向摩西和迪伦只传达爱的问候’。”

我的天，维尔克法官将两个孩子都移交给米亚后，法罗家发生的事，还有人没看够吗？两位独立社工的证词与摩西目睹的持续洗脑有什么不同吗？因此，在米亚折磨了五岁的萨奇几个月后，洗脑就开始了。专业监督员很难找到，费用也昂贵，而兼职监督员来来去去。通常是年轻女性，也许是读大学的年纪，也许稍大一点，在每个探视日出现在米亚家。米亚为她们与我的相遇做准备。她给其他保姆指示，让她们密切关注我，并以法官对我说的一两句难听话为武器，她把我们的儿子送上了曼哈顿地狱之旅，而他已经准备好鄙视我。这就好比我在监督员见到米亚之前，把耶鲁报告给她看。她们会用非常不同的眼光来看待她。

自然，随着时间推移，孩子与监督员一起进入我的公寓，晕车，带着敌对情绪，涌动着矛盾的心态，已被告诫我是穿着拉夫劳伦灯芯绒裤的摩洛克神[1]。然后是僵硬、不自然、尴尬的监督访问的一团糟。这意味着，没有父亲和儿子一起做事的美好时光，而是总有一个第三方在场，确保我不会强奸这个可怜的孩子。不仅如此，如果我带他去吃午餐或冰激凌，也会有第三个人与我们同桌。如果没有监督员，我就不能带他去散步；不掏钱多买一张票，就不能带他去看篮球比赛或电影。大多数女孩监督员都很好；有几个很善良，能看到正在发生的丑陋的不公平现象，尽可能让我们独处。有几个很笨，被米亚有毒的情况通报吓到。他们在访问中给我出难题，充当枯燥乏味的严格执行纪律的人。在如此胡闹一年之后，我结束了探访，因为意识到这并没有使萨奇更接近我，而是将他推得更远。

这就是婚姻法庭上的情况。总有人像维尔克法官一样。有权力的、变化无常的人控制家庭。有几次，我在街上被陌生人拦住。伤心的人乞求我帮助他们见到在监护权裁决中被带走的孩子。有个人还边说边哭。跟我可以干预似的。好像我是个名人，就一定有点权力。与此同时，我自己被监督，而米亚被赋予对孩子的自由支配权。在她扭曲的统治下，发生了多么可怕的事情。当这个小插曲发生时，摩西就在那里——正如白兰芝所说，“只有坡先生，

---

[1] 传说中，作为祭品的儿童常在摩洛克神前被活活烧死。

埃德加·爱伦·坡先生[1]”。

听听当时在场的摩西描述的事情：“罗南读完法学院后，米亚让他接受整形手术，延长他的腿，增加几英寸身高。我告诉她，我无法想象为了整形而让人经历这种折磨。我母亲的回答很简单：‘你需要高大的身躯才能拥有政治生涯。’当然，这对罗南来说是一个漫长而痛苦的过程，他的腿被打断几次，再重建以延长它们。保险公司看不出这次医疗的必要性并拒绝赔付。当然，米亚和罗南讲了一个不同的故事，但事情就是这样。”关于罗南的膝盖问题、他的助行器和几个月的恢复期，出现了一些掩人耳目的报道，都基于他在国外工作时实际感染的一种疾病。这本来是为了说明手术的原因，但在这个痛苦的过程中，摩西大多也在场见证了。与之相反，米亚让罗南经历这种断腿的野蛮行为，可能是为了满足她对他未来的计划，而法官仍让我陷在监视器之中。

是的，维尔克惩罚了我，可他把两个孩子留给一个能够做出某些冒险行为的女人独自拥有。孩子们成了棋子，被剥夺了一位爱他们的亲人，被教导要害怕和憎恨他们的父亲。可怜的迪伦在无情鼓吹她被性侵的虚假故事中长大。萨奇也是如此。七岁和四岁的孩子是软柿子，只能依赖他们控制欲强的母亲。

我并非不喜欢米亚的律师。法庭是一个对抗性的地方，人们会对那些堕落的诡计和恶意的指控感到愤怒，但律师是受雇于人的，米亚可以轻易雇用我的，我也可以雇用她的。我有两个出色的律师，希拉·里塞尔和埃尔坎·阿布拉莫维茨，他们带来了胜诉。不过，哪怕猥亵的胡言被专家看穿，到了维尔克的婚姻法庭

[1] 《欲望号街车》中的台词，“只有埃德加·爱伦·坡先生，能主持正义”。

上，希拉·里塞尔还是发现自己陷入了一场暗中安排好赢家的比赛。我喜欢艾伦·德肖维茨。我相信他试图找到一种方法来减少对我们声誉的损害，但他并不了解米亚，不知道她是一个极其麻烦的女人，一个令人信服的女演员，她的话不能被指望。也许我本该说些什么，比如在听证会期间，米亚与维尔克的法庭书记员建立了友谊，他多次晚上从法院开车送她回家。这公平吗？当然，这是一个通往法官的不公平渠道。不管怎么说，现在亡羊补牢为时已晚。

关注报纸报道的人读完后会说，所有演艺界人士都过着疯狂的生活。伍迪·艾伦是疯子，米亚也好不到哪里去。他们都精神错乱。许多人将之视为“他说——她说——”式的各执一词，将我们的冲突视为一种虚假的对等。真正的事实是，“她说”之后不只是“他说”，还有“对真相的调查都证实了他的说法”。这不是简单的两种平衡立场之间的争论，而是一种已经确定有效的立场和另一种经过严格审查后被发现是错误的立场之间的争论。尽管如此，这对公众来说并不重要，为什么会这样呢？在这个世界上，有紧迫得多的事情需要关注，急过几个“高傲者与苦恼者”[1]的小报冒险故事和他们闹剧般的情感。

所以现在回来讲宋宜和我躲在我的顶层公寓里。我们待在屋里，躲开大楼周围的狗仔队，在大屋顶花园丰盛、美丽、过分繁茂的植物组成的自然中散步。顶层公寓是我小时候幻想的地方。它来自我在黑暗的电影院里度过的下午，我盯着所有那些35毫米胶片电影中的男神和女神把冰块扔进苏格兰威士忌酒杯里，然后

[1] 此处挪用了漫画家威廉·史泰格的作品合集书名 *Strutters and Fretters*，其作品常体现沮丧、困惑、焦虑等心理状况。

猛力推开通往露台的法式玻璃门[1]，曼哈顿展现在眼前。多年来，我一直住在一个可以成为电影布景的公寓里，高居第五大道之上。我装上几乎落地的大型玻璃窗，城市景观确实令人惊叹。我看到美妙的日落，在暴风雨期间，巨大的闪电有时从乔治·华盛顿大桥延伸到炮台公园。在响亮的雷声之前，雄伟的闪电会出现在中央公园西路上空，新泽西州上空，永恒的上空。有一次，我看到一道闪电在西边的天空闪过，然后划出一个完美的圆圈，一个巨大的字母O。

有一回，我的大楼被闪电击中，准确地说，是我露台的栏杆。致命的石块从大楼侧面断裂，坠落到第五大道上，整栋楼都在摇晃。幸好暴雨让行人不敢上街，所以没有砸到人。之后的几个月里，这个街区一直被封锁，同时大楼也修复了。虽然闪电击中的是二十层楼高处，但在地下室的工人也感受到了第五大道930号在摇晃。

此后很多次，当我坐在我的全金属奥林匹亚手提打字机前，在电闪雷鸣中写作，我很担心在我噼噼啪啪地打出对当代习俗的淘气讽刺时，有一道闪电会击穿玻璃，击中我的打字机，把我烤焦。风雪和雪暴是另一种经历，但同样令人敬畏。在一个冬日早晨醒来，看到中央公园的每一寸土地都被雪覆盖；城市寂静而空旷。也许一辆红色消防车会在完美的白色中疾行。如此多的东西依赖于中央公园里雪地里的一辆红色消防车，旁边有几只白色的鸡。[2]接近了。当4月到来时，同样巨大的愉悦来临，你可以看见树在发芽。起

---

❶ 有木框做支架的玻璃门，源自早期法国殖民地魁北克，亦称“法国门”。

❷ 这里是对美国诗人威廉·卡洛斯·威廉斯《红色手推车》的戏仿，原诗如下：“如此多的事物/依赖于/一辆红色/手推车/在雨中闪光/在它旁边/有几只/白色的鸡。”

初是一丁点儿，第二天多一些。再过几天之后激增，到处都是绿色，春天来到曼哈顿，在中央公园，你看到鲜花与花瓣展开，空气里弥漫着怀旧的味道，而你想自杀。为什么？因为美得让人受不了；松果腺分泌出“无法言喻的忧郁汁液”，你不知道该把所有这些在体内乱窜的感觉放在哪里，在那个时间点，上帝不会允许你的爱情生活进行得太顺利。去拿左轮手枪吧。

秋天完全不同，但也一样令人激动。对我来说，这是一年中最可爱的时刻。你看，纽约的夏天是个坏消息。炎热，闷热潮湿，每个人都离开了，是的，你可以在车辆较少的情况下四处走动，但很沉闷，因为所有的朋友都不在，一切都有点黏稠和潮湿。总之，秋天来了，城里开始活跃起来。纽约人度假归来，天气转凉。当我还是一名布鲁克林孩子时，夏天是天赐之物，因为它意味着不用上学，我可以整天打球，去看电影。这很有趣，但即使在那时候，秋天也意味着所有可爱的女孩都从营地归来，哪怕书本和教室的噩梦逼近，至少会有一些曲线毕露的身体来加速血液循环。我从来没有参加过夏令营，我讨厌这个想法，仅仅试过一次，为期一天。那里被吹捧为香格里拉，我作为一名少年辅导员报名，坐火车到了州北部，立刻看清了形势，叫我父亲来接我。他总是害怕麻烦，于是找来他的朋友阿蒂，一个魁梧的杀手，他一条腿瘫痪，带着枪，开车把我从这个可爱的小犹太夏令营里营救了出来。不用说，没有发生枪战。

最后，当你从顶层公寓的窗户望出去，看到那些树叶改变颜色时，令人震惊，又令人清醒。震惊是因为自然界中的红色和黄色胜过所有颜料管的水平，无论画家如何充满灵感地将颜料结合在一起；清醒则是因为这些叶子很快就会死掉，以典型的契诃夫的方式落下，你知道有一天你也会干枯掉落；同样愚蠢、粗暴的仪式会突然侵袭你自己所有可爱的小中微子，真的是这样的吗？另一方面，一切都是角度问题。对一个人来说，秋色的树叶非常漂亮。对红叶或黄叶来说，我可以保证它们觉得绿叶更可爱。

就这样，我这家伙住到了纽约的二十层高，拥有一套塞德里克·吉本森[1]式的顶层公寓，但米高梅没有告诉你或从未在电影中展现的是，顶层公寓会漏水。那些昂贵的顶层公寓，天际线令人兴奋，罗伯特·蒙哥马利掏出一支烟，在烟盒上敲打，对着卡洛·朗白微笑，与我的情形不同的是，当壁炉里有熊熊大火时，他不会忘记打开烟道，屋里也没有一处漏水。我在屋顶小巢住了三十五年，它从来没有不漏过。我请了工程师，拆花园、重修屋顶、填缝、安装铜盆，但一下雨就得拿出水桶，因为我说的漏水，不是指几滴令人不安的水珠——而是指水桶迅速装满，以及不得不每年重新粉刷。

而且，这就像爱上了一个伟大、美丽而令人恼怒的女人。就像露易丝。兴奋感胜过了仓促放桶接雨水，如果宋宜和我没有孩子，不需要更多空间，我很可能仍然会住在那里。当我和宋宜制造出的喧嚣，成为所有狗仔队所向往的目标时，我们在顶层公寓躲了几个星期，在偌大的屋顶花园里散步，这正是电影中那种“你和我对抗全世界”的故事，它让人们越来越相爱，确实如此。就婚姻而言，我们俩都没有将关系正式化的强烈需要。我们都觉得，如果双方不满意，任何契约都不值得打印在纸上。我们彼此相爱，没有必要诉诸立法机构。我们肯定不会结婚，就这样吧。然后，

[1] 米高梅电影公司的艺术总监和布景师，获过十一次奥斯卡最佳美术指导奖。

我们就结婚了。为什么？不是出于浪漫，完全是经济原因。我爱慕宋宜，也知道自己年长得多，随时都可能死掉。如果我死了，我希望她能得到法律保护，自动得到我的所有财产，没有任何麻烦。由于法律规定，丈夫死后，妻子就可以接管丈夫的一切，所以我坚持这样做。

尽管结婚的理由很实际，婚礼却非常浪漫。我们决定举行一个安静、秘密的婚礼。只有我妹妹和一两个朋友参加。我们决定在威尼斯结婚，一个我们都喜欢的城市。市长将在他大楼的一间办公室里秘密为我们举行婚礼。没有人会知道。所有的安排都秘密进行。1997 年 12 月的一个寒冷阴暗的日子里，宋宜、我的妹妹和密友阿德里亚娜 · 迪帕尔马，她是已故摄影师卡洛 · 迪帕尔马的遗孀，漫步穿过威尼斯的街道，我则像詹姆斯 · 邦德一样，数到五百，然后，熄灭灯光，从我们在格瑞提皇宫酒店的套房里秘密脱身，乘上一条贡多拉船，静静滑过运河和死水，从另一个方向抵达同一座大楼。市长被单独带进一间隐蔽的房间，为我们举行婚礼。我和宋宜毫不招摇地分别离开，在无人注意的情况下出了大楼，然后走不同路线，在酒店再次相遇。当我们进入套房时，电话响了。是《纽约邮报》第六版的记者。他们听说我们刚刚在威尼斯结了婚。我检查了下床底，随后才圆房完婚。两天后，我们在巴黎的丽兹酒店度蜜月，那时这个秘密已经变成头条新闻。宋宜和我成了夫妻。这对股市影响不大，虽然赞安诺[1]涨了十个点。

回顾我和米亚一起拍的电影，除了一切爆发时的《丈夫、太

[1] 一种治疗焦虑症的药物。

太与情人》，我不得不说这是一段有意思的经历，创意上算是起起伏伏。在拍摄《丈夫、太太与情人》的最后一个星期，与米亚的事情爆发了。自然，空气中充满紧张感，但我们完成拍摄，咬紧牙关，双方都非常专业。米亚不太愿意和我一起工作，因为她刚刚发现我和宋宜有一段情。我也不喜欢米亚打电话告诉所有人，说我强奸了她的未成年弱智女儿。《丈夫、太太与情人》是我和米亚一起拍的最后一部电影。

我们的合作从十三年前的《仲夏夜性喜剧》开始。我一直想做一部电影，向乡村的欢乐和美丽致敬。不要问我为什么。我讨厌乡村。但魔法的想法和门德尔松的音乐吸引了我。于是，我们从头开始建造故事发生的房子。我们在沉睡谷[1]的洛克菲勒庄园的林子里拍摄。我希望能像我在纽约电影中为曼哈顿所做的那样，也为乡村做一些事：带着爱来展示它。我不爱乡村的事实并不重要。毕竟，我是一位艺术家，一名创造者，一个织梦人，一个陷入困境的笨蛋。米亚很出色，而且我喜欢和何塞·费勒一起工作，他的专业知识和学养，从莎士比亚到爵士乐，都给我留下深刻印象。如果你需要一个角色唱舒伯特的浪漫曲，你能找到几个真的能背上来并且会唱的演员呢？在一本关于建筑的书里，我们看到了完美适合这个故事的房子。它位于中西部某处。我们完全复制了维多利亚时代的外观，并在波坎蒂克山的洛克菲勒庄园里重建了它。

电影上映后，我们被原来房子的主人告上法庭，说我们偷了他的设计。我想我们赢了那场官司。与此同时，当电影杀青时，

[1] 纽约州的一个村落，离曼哈顿约五十公里。

有人买下这栋房子。他们把它运到长岛，按照合法的建筑规范装修内部，至今还住在那里，希望他们过得幸福。同一时期，我拍了《西力传》，描述了身为变色龙的情感压力。没有人来看《仲夏夜性喜剧》，但《西力传》要成功得多。《西力传》更容易拍摄，因为我们的目标是使它看起来像一部使用了旧电影档案的纪录片。另一方面，那部性喜剧发生在一天之内，却拍了三个多月，在季节变化的情况下保持灯光效果稳定不变是一项真正的壮举。我们得不断把棕色的树叶涂成绿色。

接下来和米亚一起拍的是《丹尼玫瑰》(*Broadway Danny Rose*)。作为一名演员，我的戏路可以说很窄。我可以演一个知识分子，我在身材上很像，但如我所说，我的知识分子形象确实是演出来的。我看起来像个书呆子，所以也可以在银幕上成为书呆子；我演大学教授也有可信度，也许还可以演心理医生、律师、受过教育的专业人士。但我也可以演一个社会渣滓，因为我天生就是这样的人。我可以是不入流的骗子、赌徒、街头混混。丹尼玫瑰就是这么一个粗俗的家伙，没有受过教育的失败者，小混混。

在那些年里，我经常带米亚去拉奥餐厅，这家伟大的意大利餐厅无须介绍。让我这样描述：一对来自得克萨斯州的夫妇打电话来预订晚餐。他们要来纽约，听说这里的食物很美味。弗兰基，在他不幸早逝之前经营这个地方，说可以在十四个月之后给他们一张桌子。米亚和我经常谈及她想扮演一个像安妮·拉奥那样的角色。安妮和文森特负责烹饪和经营店面。安妮本人就是个极好的角色，金发盘起，香烟悬荡，她纽约式的说话风格，她的烤辣椒酱。噢，还有永远戴着的太阳眼镜。这就是《丹尼玫瑰》中的米亚，与通常的米亚·法罗非常不同，她演得非常好。那是一部有趣的电影，我得以和一些伟大的演员一起工作。阿尔巴，那位驯鸟女士，拥有所有那些会说话的鸟，还给了米亚一只，结果它死活不愿说点漂亮话。

尼克·阿波罗·福特扮演这位意大利老兄，丹尼是他的三流经纪人，而尼克演得很好。我为这个角色面试了所有的歌手，从吉米·罗塞利到罗伯特·古莱，拍摄了他们中的一些人。我在众多可能的人选中无法做出决定，于是叫来我的北极星基顿，给她看试镜，她说，尼克·阿波罗就对了，这就是我要听到的，因为我对她品味的信心从未动摇。基顿是对的。他很自然。他是来自马萨诸塞州的二流歌手，出身于那些意大利家庭——我记得是渔民家庭。他给我讲他们如何捕鱼谋生的故事：在水里投炸药，接着许多死鱼浮上来，当天的收获就有了。尼克以前从未拍过电影，而我以为当我们从那么多优秀歌手中选择他做主角时，他会谦卑地表示感谢，但他说，你们想要我，就得带上我的鼓手——哦，我还写了一首我想用的歌。我们带上了那个鼓手，他很好。尼克“写”的那首歌，《焦虑》（“Agita”），关于一个紧张的胃，我们用了，也很好。附注：我们因此被起诉，因为某人声称尼克从他那里偷走了这首歌。我不知道结局如何。

我和米亚的下一部电影是《开罗紫玫瑰》。我认为那是我拍的最好的电影之一，《丹尼玫瑰》也大获成功，让人很好地了解了米亚的戏路，以及她是如何在一部又一部电影中变得越来越好的。我最初选择了迈克尔·基顿，一位出色的演员，来演杰夫·丹尼尔斯的角色，但有两个问题。迈克尔在银幕上显得非常当代，我很难相信他是一个 30 年代的角色。再加上他刚刚做了父亲，孩子让他彻夜难眠，他两眼昏花来工作是可以理解的。很难告诉一个演员你要替换他，因为他们天生有不安全感，相信是你不喜欢他们的表演。我们用茱莉叶·泰勒新发现的演员取代了迈克尔，她催促我去看看这位演员，我出于懒惰、害羞、自毁等不管什么原因拒绝了，但当杰夫·丹尼尔斯一进来读剧本时，我们的情绪立刻高涨。我们知道我们中了头彩。这里有一件真正无意义的琐事：我们已经与迈克尔·基顿一起拍摄了一些段落，包括故事中在废弃游乐园里一个长长的俯视夜景镜头。那个在周围溜达的小黑影不是杰夫·丹尼尔斯，而是迈克尔·基顿。我们想，既然没有人能分辨出来，为什么要在寒风中熬夜，花一大笔钱重新拍摄一个累赘的场景呢？总之，我告诉过你，这是琐事一桩。杰夫没有辜负我们最美好的愿望，他后来在舞台和银幕上都拥有出色的表演生涯。

我从不试映我的电影。我对与观众合作制作电影不感兴趣。一旦我把它交上去，它就完成了。电影公司可以试映并让观众填写卡片——如果这有助于他们的营销策略的话，但不要告诉我，我不感兴趣，也不会修改任何东西。联美在波士顿试映《开罗紫玫瑰》后，我接到一位主管的电话，他说试映很顺利。我感谢他周到的电话。然后他非常小心翼翼地说，你知道吗，如果你能让结局更大团圆一些，它真的可以赚些钱。他的意思是，希望米亚和杰夫·丹尼尔斯以某种方式走到一起，就像《美人鱼》（*Splash*）中的美人鱼和汤姆·汉克斯那样。我非常有礼貌地解释说这是不可能的，他非常仁慈地放弃了这个话题。我拥有最终剪辑权，但从未被迫以势压人，总是与电影公司和发行商保持良好关系。

有一次，当哈维·韦恩斯坦发行《人人都说我爱你》（*Everyone Says I Love You*）时——他花了很多钱买下这部电影——他看完很讨厌它，要求我把说唱曲中的"混账"（motherfucker）这个词去掉。我解释说，我不打算这样做。他说，如果我能把这个词删掉，这部电影就可以作为音乐片在无线电城音乐厅里上映了。我说我理解，但我拍电影不是为了迎合电影院。顺便提一句，与报纸上刊登的内容不同，哈维从未制作过我的任何电影。他也从未资助过我。他只发行过几部已经完成的电影，而且发行得不错。除了发行技巧外，他对非主流的艺术电影也很有眼光，放映过许多这样的片子。不过，我绝不会允许哈维资助或制作我的电影，因为他是个事事过问的制片人，会修改和重剪导演的电影。我们永远不可能一起工作。

关于让我的电影在无线电城音乐厅首映，我以前经历过一次，但并不喜欢。那不是我导演的电影，只是我编剧的《呆头鹅》。它在那里表现不佳，两周后被撤下，放到东区的一座小艺术影院放映，在那里表现得非常好。另外，我认为无线电城的放映效果也不是很好。我对齐格飞电影院的放映同样失望。投影距离太远，无法获得真正生动的、色彩饱和的画面。最后，由于我拒绝了哈维剪辑的要求，《人人都说我爱你》未被允许进入无线电城。它在别处上映，票房表现还不错。只是还不错。于是《开罗紫玫瑰》也带着悲伤的结局上映，表现也还不错。

最初我的想法是，米亚扮演一位忠实的影迷，通过看电影把自己从悲伤的生活中解脱出来（这就是我[1]），最后她看的电影中有个角色，每天都看到她在观众席上，就和她说起话，并走下银幕和她发生了一段恋情。我写了前五十页，发现故事写不下去，

[1] 原文为法语，c'est moi。

这五十页就在抽屉里躺了几个月。然后有一天，我想到：那个扮演与米亚交谈的银幕角色的现实演员来到城里，于是有了两个长相一样的人，走下银幕的虚构人物和从好莱坞进城的活生生的演员，许多可能性就此打开。剧本突然流动起来，我拍出了我最喜欢的电影之一。

在此之后，米亚和我一起拍了《汉娜姐妹》（*Hannah and Her Sisters*）。男主角最初是为美国演员写的。我本来有机会让杰克·尼科尔森出演，他也想演这个角色，但他正在和安杰丽卡 · 休斯顿谈恋爱，后者的父亲约翰 · 休斯顿正努力筹拍《普里兹家族的荣誉》（*Prizzi's Honor*），如果他能让它启动，杰克就要被迫去拍那个，而非《汉娜姐妹》。结果休斯顿真的把《普里兹家族的荣誉》拍出来了，而我失去了用杰克的机会，转而求助迈克尔 · 凯恩，尽管我一直拒绝使用英国演员。不过，我还是愿意为了有一个像迈克尔这样的伟大演员，而牺牲掉这个角色是美国人的想法。最终结果是，杰克·尼科尔森获得那一年的奥斯卡最佳男主角，迈克尔·凯恩获得最佳男配角奖。黛安 · 韦斯特也因在《汉娜姐妹》中的表演获得奥斯卡奖。

韦斯特是我的另一个朋友，她在我的电影中赢得两项奥斯卡奖。她是我们最伟大的女演员之一，即使是在《情怀九月天》这样没能吸引本土观众的电影中——虽然我听说在桑给巴尔群岛[1]票房不错——黛安也很出色。我们是在米亚现实中的公寓里拍摄《汉娜姐妹》的，电影结束后，她得到剧组补偿的装修费。我有机会给劳伊德 · 诺兰导戏，这是仅次于给范 · 强生导戏的待遇，在

[1] 东非坦桑尼亚联合共和国东部的半自治区。

我成长过程中，他们俩常在我在布鲁克林电影宫看的很多电影里。劳伊德在拍摄《汉娜姐妹》时身患癌症，必须在拍摄间隙休息，但他的表演能量从未减弱。在《汉娜姐妹》中，我也有机会与米亚的母亲合作，她演技很好，也是一位优秀的说书人。莫琳·奥沙利文年轻时美得惊艳，也很性感。泰山[1]可真是一个幸运的丛林居民。莫琳告诉我，当她演《赌马风波》（*A Day at the Races*）时，她对格劳乔有一些好感，但从未告诉过他。因此，他从未把她当成目标。多年来，我从未向他提及此事，因为错过莫琳投怀送抱可能会使他患上冠心病。

莫琳众多生动的故事之一是，当她还是一位尚未成名的年轻女演员时，嘉宝看上了她。她回避了，如她所说，当嘉宝的助理说"嘉宝小姐希望你到她的更衣室去"时，她没有理会。

李，汉娜性感的妹妹，由芭芭拉·赫希扮演，她是一名出色的演员。我一直想与芭芭拉合作，她在银幕上很有吸引力，我曾邀请她在《安妮·霍尔》中出演，但那个角色最终给了珍妮特·玛戈林。芭芭拉当时拒绝了，我很失望，因为我被她表演的深度深深吸引，觉得她可以为我和马歇尔·布瑞克曼写的剧本做出巨大贡献。最后，我终于得以和她合作，就好像她的表演天赋还不够强大似的，她还秀色可餐，重新定义了"厄洛斯"[2]一词。迈克尔·凯恩告诉我，你会有这样一种感觉：只要走到她身边，触摸她，她就会有高潮。在这点上，我每天早上都会和马克斯·冯·叙多夫[3]握手。

有时，我很难弄懂我正在导演《第七封印》中的骑士这一事实。

---

[1] 米亚的母亲莫琳·奥沙利文曾在《泰山》系列电影中扮演泰山的恋人。

[2] 希腊神话中的爱与情欲之神。

[3] 丹麦知名演员，曾在《第七封印》中饰演与死神下棋的骑士。

在那部伟大的电影中，马克斯的角色想在死前做一件有意义的事。他在暴风雨中保护了一个家庭穿过死神潜伏的不祥森林。我试着想了想，在我的生命中，我是否做过任何有意义的行为，但除了在雨中的第六大道上为一位老太太拦下出租车外，我想不出别的。《汉娜姐妹》开演时受到热烈欢迎，有一些人想改变普利策奖的规则，这样就可以给它一个奖了，但电影剧本没有资格入围。颁奖这回事全然不可控。颁奖典礼显然是人们爱看的东西。当然，对于制作这些节目的人来说，它们可以赚大钱，尽管他们没有向获得荣誉的明星支付任何费用。我想说的是金球奖或肯尼迪中心荣誉奖。甚至奥斯卡奖也如此。至少拿了诺贝尔奖，你还能赚几个谢克尔[1]。但是，许多奖项只有在获奖者同意到现场领奖的情况下才会颁给他们。不然，他们就把它颁给会出席的人。显然，这与真正的成就无关，只关乎利用想被奉承的大人物。在奥逊·威尔斯的晚年，如果你想给他颁奖，他会向你收费，这有什么奇怪呢？

在《无线电时代》中，米亚做了一项特殊的工作。她表演了直白喜剧，而且还唱歌。她的儿子弗莱彻在影片中看起来非常英俊。《无线电时代》松散地改编自我的童年。非常松散。雇用伟大的表演者并让他们自由发挥。这一直是我的导演秘诀。另一个秘诀是下午5点就下班。黛安·韦斯特、朱莉·卡夫娜如此出色。还有基顿客串唱的科尔·波特。我喜欢拍那部电影，雅基·萨夫拉在片中非常好笑，他演了演讲班的学生。他也在《星尘往事》中出现，就是那个在停着的自行车上非常好笑的人。还有蒙面复仇者的角色，由沃利·肖恩[2]来扮演这个电台英雄。最初茱莉叶·泰勒把沃

[1] 以色列货币单位。
[2] 即华莱士·肖恩的昵称。

利 · 肖恩介绍给我是为了《曼哈顿》中的一个角色。他扮演基顿的前夫，她总是用那些难以忍受、具有性攻击性的词语来描述他，不过沃利的性格并非如此。他很安静，爱沉思，自然而然地有趣。当我们拍《曼哈顿》里他的那场戏时，工作人员都大笑不止。他是一位伟大的演员，也是出色的剧作家，写了《与安德烈晚餐》（*My Dinner with Andre*），一部只有两个角色的电影，导演路易 · 马勒要我与安德烈 · 格雷戈里演对手戏，但我没有专业精神去背诵长篇台词。总之，最后沃利演了这个角色，而且比我演得出色得多。

米亚的戏路很广。在《无线电时代》中，她可以先扮演呆头呆脑的香烟女孩，又变成做作的八卦专栏主播，又在随后拍摄的电影《情怀九月天》中发挥她的表演，后面这部喜剧提出了一个问题：一群受尽折磨的灵魂，在我这个本该还在为百老汇专栏作家写丈母娘笑话的人的执导下，能否与他们的悲惨生活和解？

在这里，正如我所说，我想做一些契诃夫式的事情；设置一个场景，人们在乡下的房子里，展现冲突和混乱的情绪。我安排它的结构，使之可以全部在室内拍摄，在桑托搭建的场景中拍摄，优秀的演员全都陷入极度焦虑的情绪中。它将唤起一种夏末的忧郁情绪，而我将被誉为悲剧诗人，也许在卡内基熟食店会有一款以我名字命名的三明治。其中一个男主角，我雇用了克里斯 · 沃肯[1]，我曾在《安妮·霍尔》中与他合作过。他扮演安妮的疯哥哥。克里斯本是我们最好的演员之一，可当事情不顺利时，我却在错误的地方寻找原因。我研究了他的表演以找出问题所在，我本应该研究剧本的。当事情不奏效时，总是应该先看剧本。随着时间

[1] 即克里斯托弗 · 沃肯的昵称。

推移，克里斯演这个角色越来越不自在。最后，他以最友好、最绅士的方式退出了，并向我保证，他认为我是一名出色的导演，一旦我克服了妄想性自我崇拜的问题，就会有美好的未来。我们友好地分手，但我一直后悔让这位伟大的演员失望。我用山姆·夏普德取代了克里斯，我非常喜欢他。山姆在说我的台词时总是不自在，而且作为一名优秀的编剧，总是更愿意修改我的台词。我从不介意这一点，直到今天我也不介意演员选择用自己的话表达，只要场景的要点得到阐明。

总之，我和山姆相处得很好，我们经常谈论爵士乐，因为他的父亲是鼓手。山姆对我的导演水平评价很低，公开说罗伯特·奥特曼和我对于给演员导戏一无所知。我偶尔会碰到他，聊一会儿，总是很友好，很坦诚，关系一直很好。当山姆的父亲去世时，他留下成箱的爵士唱片，山姆把它们作为礼物都送给了我。他是一个很棒的人，也是又一个我使之失望的演员。我怀疑起自己是不是真的擅长拍戏剧，也许更适合拍那些戴着鼓鼓的橡胶鼻子、挥舞着充气猪膀胱的打闹角色。

《情怀九月天》的主演之中，不仅有米亚，还有她的母亲。现在我来告诉你，她讲起故事来有多么迷人和生动，我就假定了她的幽默和能量会转译为她所扮演的浮夸、自恋的银幕角色：一个自私的前演员，身处一个不那么令人兴奋的凡人家庭中。不管怎么说，并没有成功。当我完成拍摄，剪辑在一起，再看我的工作成果时，它当然是契诃夫式的——不过这个契诃夫是某位叫莫·契诃夫的下水道工人。

无论多少有想象力的剪辑都无法挽救它，在一个自大型妄想症发作的时刻，我决定重新拍摄整部电影。这并不如听上去那样像埃里克·冯·施特罗海姆[1]，因为预算很低，布景就在摄影棚里，而我有可能花六个星期完成一个新版本，仍不超过原来的预算。我把我的决定告诉了猎户座影业，只要我的花费不超过他们最初给我的预算，他们就没有意见。由于演员们已经继续去干别的活，我不得不重新选角。米亚的母亲让我最失望，虽然她在生活中很有魅力，也很外向，但她无法积蓄能量来演这个自恋的主角。由于我正在和她的女儿约会，我并不想解雇她，也没有任何借口来帮她挽回面子。她的这个角色就是演得很糟糕。

上帝帮助我脱离了困境，她病了，不是很严重，但足以让她没法演戏，我用伊莱恩·斯特里奇取代了她。突然间，这个角色有了很大起色。斯特里奇令人倾倒。她聪明、有主见、风趣，非常适合合作，而且由于她嫁给了一个英国松饼大亨，此后多年，圣诞节我都会收到一箱箱英国松饼。像玛伦·斯塔普莱顿一样，与斯特里奇打趣和骂人也很有乐趣，她们俩都会胜过我，让我从她们正中要害的表演中一瘸一拐地离开。在带斯特里奇去曼哈顿一家高档餐厅吃饭时，我喜欢她会把所有的小圆面包装进钱包当宵夜。可是，尽管她很伟大，也无法拯救我的剧本，每个人都有精彩表演，《情怀九月天》还是举步维艰。我用我最喜欢的演员之一萨姆·沃特森取代了山姆·夏普德，黛安·韦斯特仍是一贯的优秀。米亚也给了我她一生中最好的表演之一，尽管这无济于事。

因此，在证明了我不是契诃夫之后，我打算证明我不是英格玛·伯格曼。我拍了《另一个女人》，甚至使用了英格玛的摄影师斯文·尼科维斯特。就像西西弗斯一样，我把严肃戏剧的巨石推

[1] 美国电影导演，因着迷于电影布景真实性出名，厌恶摄影棚场景。

上山头，而满足感就在尝试的过程中。不幸的是，这块巨石不断往回滚，不仅压垮了我，也压垮了我的投资者，他们不知道加缪，更喜欢引用已故的、伟大的杰克·罗林斯的话——“有趣才能赚钱。”

很久以前我就有了这个想法，即人们可以通过公寓里的热风口偷听谈话。我的第一个想法是，在一位心理医生的办公室，我听到一个可爱女孩在生活中最亲密的想法和需求，由于我扮演的是业余魔术师，我出人意料地成功与她见面，发展出一段关系，使她所有的梦想成真，因为我知道她的梦想。多年后，我与朱莉娅·罗伯茨在《人人都说我爱你》中以滑稽浪漫的形式采用了这个想法。但在那之前几年，我还和米亚在一起时，她怀孕了，所以我试图解决三个问题：写一个关于偷听某人的故事，创造一个米亚可以在怀孕和有怀孕迹象时演的角色，以及最终确立自己欧洲风格戏剧大师的地位。

我有了一个想法，符合这三个标准中的两个，设定本身并不坏，尽管有点做作和处理不当。我想让这个女人（由伟大的吉娜·罗兰兹扮演，当然，演得很出色）过着令人不满意的冷漠生活。我想让她把生活中不愉快、恐惧或者太痛苦以至于无法处理的一切都拒之门外，但最终，真相会穿透墙壁，在通风口出现。这是个不错的想法，在更有技巧的人手里或许会更成功。我尽了最大努力，与吉娜合作，还有一个小角色由吉恩·哈克曼出演。我还和斯文一起工作，他是与米亚有过恋情的众多杰出男性之一。我记得第一次与米亚约会时，我被她比下去了。她很美丽，在好莱坞的王室中长大。她认识电影界的每个人，从贝蒂·戴维斯到凯瑟琳·赫本再到查尔斯·博耶，我带她去拉奥餐厅吃饭，在那之前我们会看一部伯格曼的电影，然后她会告诉我，她与出色的摄影师斯文·尼科维斯特的罗曼史。在去吃饭的路上，汽车收音机里传来她的前夫安德烈·普列文指挥的莫扎特交响曲，他是一个音乐天才，而她认识所有伟大的古典乐艺术家：丹尼尔·巴伦博伊姆、弗拉基米尔·阿什肯纳齐、伊扎克·帕尔曼、平夏斯·祖克曼。与此同时，我坐在那里，希望能以某种方式打动这位美丽的金发女郎。然后在拉奥餐厅，点唱机正在播放辛纳特拉——对我来说，一个神，对她来说，又一个情人，一位前夫；关于弗兰克、他的家庭、棕榈泉和拉斯维加斯，还有无数故事和轶事。

我认识谁？米基·罗斯，我和他一起写了《傻瓜入狱记》和《香蕉》，我打二垒时他打三垒，他把吞拿鱼罐头留在城中各处。我认识马歇尔·布瑞克曼，和我一起漫步街头的有趣家伙，我们会一起为这种事困惑：当开车经过一个身材姣好的女人，我们想看她的脸，对方却本能地知道把头转开。还有大卫·帕尼奇，他在公寓每间房间触手可及的地方都各放了一把上膛的枪，因为他怀疑纳粹即将暴动。米亚还认识康登和格林[1]以及史蒂夫·桑德海姆[2]。我则认识基顿，她的姐妹，她的霍尔祖母，以及她的租房佬乔治的梗：这位老兄拒绝在拉斯维加斯掷骰子，因为他相信每个人在生活中的运气是恒定的，不想在垃圾桌上用掉其中的任何部分。不过我又扯远了，说回电影吧，对我来说，唯一有意义的部分是不久之后，米亚有了萨奇，她在下一部电影中把他带到片场。

在《另一个女人》之后，我参与了一部名为《大都会传奇》（*New York Stories*）的电影，这是三部短片，每部由不同的导演拍摄。弗朗西斯·科波拉拍了一部，斯科塞斯拍了一部，还有我。突然间，

[1] 指百老汇传奇编剧组合贝蒂·康登和阿多夫·格林。
[2] 美国作曲家史蒂芬·桑德海姆的昵称，他被誉为“美国音乐剧领域最重要的人物”。

我加入了这两位伟大的导演。有一张我们三个人在广场饭店外的照片，它的图注应该是：“这张照片出了什么问题？”他们是有史以来我最喜欢的两位导演，而我的喜剧短片加入了他们的作品中。我见过很多伟大的导演，虽然我不曾接近过他们中的任何一位，但确实很享受与每个人相处的短暂时光。

我与伯格曼共进过晚餐，有过几次长时间的电话交谈，就只是闲聊。他有我们都有的那种不安全感，他会出现在片场，然后突然被恐慌攫住，因为他不知道该把摄像机放在哪里。我觉得他是我一生中遇到的最好的导演，而他和我有一样的恐惧。如果他不知道把摄像机放在哪里才能拍出最有用的镜头，我又怎么会知道？但不知何故，尽管有焦虑，我们总能成功找到正确的位置——或者至少他能。伯格曼几次邀请我去他的小岛，我总是回避。我崇拜这位艺术家，但谁愿意乘一架小飞机，到一座只有羊的俄属岛屿上吃酸奶当午餐呢？我可没那么有献身精神。

我遇到过特吕弗。在休·门格斯[1]的家里。他和我在上同一个人的语言课，他学英语，我学法语。因此，我们每个人都只知道对方语言中的几个词。我们就像黑夜中驶过的船只。巨大的语言暗礁。但他喜欢我的电影，不用说我也为他的电影疯狂。我曾与戈达尔短暂合作，与雷奈会面并共进晚餐，与安东尼奥尼相处了很长时间，他是卡洛·迪帕尔马的好朋友，也是冷酷的一流艺术家。毫无幽默感，但很聪明。他告诉我他有一个喜剧的想法，也告诉了杰克·尼科尔森，想让尼科尔森来演，结果尼科尔森大笑起来。安东尼奥尼说：“你觉得有那么好笑吗？”尼科尔森说：“不，我笑

[1] 好莱坞明星经纪人。

是因为你认为这是一部喜剧。”

我见到了雅克·塔蒂，他建议我省着点花钱，免得我落得去老年演员之家的下场，他刚去那里拜访了一位朋友。我从未见过费里尼，但我们打过一次美好而漫长的电话。想象一下吧。我在罗马为我某部愚蠢的作品做宣传，当时人在酒店。采访和媒体工作都很忙乱，然后电话响了。我的助理接起来，说是费里尼。我从来没有见过他，也没有和他说过一句话，我想这一定是假冒的。我让她把他打发了。她照做了。几分钟后，他又打来电话。是费里尼，她说。我说，问他要个号码，我再打给他；然后想着在打之前可以先证实一下这是否费里尼的电话号码。我的助手告诉我，他是用街头的电话打的。现在我知道这是个骗局了，我说把他挂掉。五分钟后，他又打来电话，现在我想永远摆脱这个讨厌的人，但他把他家的号码给了我的助手，让我明天早上给他打电话。现在我开始感到有点紧张，我在想，我是不是打发了我的电影偶像？电影界最伟大的艺术家之一？那真的是费里尼吗？我是不是对他太无礼了？但他为什么要给我这样一个从未见过面的笨蛋打电话，而且从电话亭里打？

总之，我向卡洛·迪帕尔马查证了，事实证明的确是他，可我要很早离开罗马，离开前又一定要给他打电话，自然就会把他吵醒。就这样，我发现自己正在与一位非常困倦的电影天才通电话。当然，我很尴尬，脸色像红灯一样。我们聊了很久。他喜欢我的电影（或者说对于一个刚睡醒的人来说，装得很好），觉得我们的背景有很多相同之处。当我离开那里时，发誓下次进城时要打电话并见他，但到那时他已经死了，也许他感觉到了我是认真的。

他们都走了。特吕弗、雷奈、安东尼奥尼、德西卡、卡赞。

至少戈达尔还活着，他永远都会是一个不守成规的人。[1]整个影坛已经改变，所有我年轻时想打动的人，都已经消逝在深渊中，而深渊似乎就在不远处等着我。写到这里，我沉湎于悲观厌世的情绪中，但为了不让读者感到恐慌，我将回来谈谈斯科塞斯和科波拉，以及我们拍的三部短片。

米亚是我短片的女主角，我扮演男主角。斯文摄影。这部电影很可爱，我也成功讲了个故事：一位恃强凌弱的母亲在魔术表演中消失，她的儿子松了一口气，但她又重新出现在曼哈顿的天空中，欺负他，让他当众出丑。米亚扮演甩掉我的非犹太女人，我则与更让父母满意的犹太人朱莉·卡夫娜在一起。大家都玩得很开心。除了为这部电影投钱的人。我想是迪士尼，而且我认为，它再次证明了合集电影不卖座。

来说《罪与错》(*Crimes and Misdemeanors*)。或者就像可爱的小摩西经常说的那样，《罪与故意先生》(*Crimes and Mister Meaners*)。剧本再次出现麻烦。这部电影有两个部分，一半是戏剧性的部分，一半是更滑稽、讽刺的部分。马蒂·兰道[2]演的谋杀部分很顺利，拍摄很愉快。马蒂原本是来为他最终扮演的那个角色的弟弟试镜的。他读了剧本，然后说他想演杀人犯。我们（指我和茱莉叶·泰勒）说："你认为你可以吗？"像所有演员一样，他说可以。他可以，他也做到了。在我合作过的所有演员中，马蒂完全按照我脑海中听见的方式来读我的剧本，每个细微之处和语调的抑扬变化都正确。后来我了解到，他在离我几个街区的地

[1] 2022年9月13日，戈达尔在瑞士自愿选择安乐死，享年九十一岁。根据其家人透露，戈达尔并未患病，只是对人生感到"精疲力尽"。

[2] 演员马丁·兰道的昵称，他常出演反派和重要配角。

方长大，我们俩说话的方式都一样。

我后悔用了两个交织在一起的故事。本来一切应该是马蒂故事的扩展，我那部分的故事应该被抛弃，特别是第一步我就走错了。在这部电影中，我扮演一位纪录片导演，正在做一部关于养老院的“有价值的”纪录片，而我姐夫在制作利润丰厚的垃圾电视节目，却能让他发财并受人尊敬。拍了不久之后，我发现我那一半交织的情节就像被采采蝇[1]咬了一口。它让人昏睡。姐夫由阿伦·阿尔达扮演，我和他合作过几次。如果你需要让一个角色变得有趣，或使一个场景奏效，阿伦不仅能做到，还能加入更多他自己的东西，使电影得到提升。无论你需要一个坏蛋，一个浪漫的主角，还是一个喜剧演员，他总是很真实。好一个奇妙又有天赋的演员。

所以在拍摄了大量我和米亚在养老院的素材后，我们放弃了这个想法，我做了另一个决定：我拍摄的纪录片应该是关于阿伦扮演的自负角色。这个费钱的逆转情节一出现在我面前，电影的质量也就随之飞升了，不过，如果让我再来一次，我还是会抛弃自己的部分，把兰道那一半拍得更长些。米亚演的美丽的电视工作者被阿伦·阿尔达虚伪的名声和成功所诱惑，她演得很好。我有机会与安杰丽卡·休斯顿合作，一个有魅力的女人，我后来再度与她合作。她饰演马蒂情绪化的情妇，很有力量。我以前在电影中见过她，非常期待她会很出色，她也确实如此。她比我高得多，在我们合作的第二部电影中，当我亲吻她时，我得确保让她坐着。她可以演喜剧场景和浪漫场景，也可以扮演被马蒂结果性命的分尸受害者，都演得很好。

---

[1] 以吸食脊椎动物的血液为生，是非洲昏睡病的主要传播媒介之一。

这部电影对我来说有个人意义，因为有一半是戏剧的，我证明了自己可以处理严肃的材料。有一家善意的杂志曾经把我描述为“一位贩卖小玩笑的无聊商人”，就此打住吧。当《罪与错》完成后，有个新的想法出现在我面前：琼·杜马尼安一直热衷于替代医学，而我不喜欢。她经常去看一名中国针灸师，他让她吞下草药和恶心的药水——还收取丰厚的报酬。我将之视为古老的江湖医术，与“纸牌三公”一样的骗局。她总是用醋洗蔬菜，并猛喝《麦克白》开场戏里的那种有毒饮料。如果这都不好笑，那你一定是傻子。

好吧，有一段时间，我开始遭受一种不太要紧的诅咒，但也令人烦恼。霰粒肿，眼皮上的小疙瘩，让人抓狂，需要无休止地浸泡或用针刺破。我不会用细节来烦你，但在我用常规手段试图摆脱这场瘟疫数月之后，琼说，试试她的医生吧，就一次。她说，他很有魔力。他将帮我解除痛苦。想到要屈服于她愚蠢的胡言乱语，我就无法忍受，但随着时间推移，受了更多苦后，我说就试一次吧。特别是她说他会来我家，我就不必沿着摇摇欲坠的楼梯走上他在唐人街的办公室，也不必经过挂在一楼窗前的一排死鸭子。于是，在一个星期六，琼带着一位亚洲绅士来到我时髦的第五大道顶层公寓，他看上去头发花白充满智慧，像直接来自中央演员经纪公司。我把我的伤心故事讲给他听，他看着我的眼睛。

“腺体被堵住了。”他说。我表示同意。“需要猫咪的胡须。”

“你说啥？”

“猫咪的胡须。”他重复道，然后打开一个银盒，里面装着几根猫须，他抽出一根。当他走近我时，我努力不让自己当时就拨通反欺诈警察小组的电话。他熟练地将胡须插入我的泪腺，并来回擦拭，我平静地坐在那里，努力避免失去镇静，按下恐慌按钮。

“完成了，”他说，一边把它拔出来，“完全治好了。”

我把费用付给他，他离开了。唯一缺少的是锣鼓声。当然，我并没有好转，当我把这个故事告诉我的眼科医生时，他说，永远不要让任何人把任何东西放在我的泪腺里，更何况是猫的胡须[1]。我就是这样想到写《爱丽丝》(*Alice*) 的。

突然间，我在给陆锡麒导戏，我小时候看他演陈查理的长子时就被他吸引。《爱丽丝》场景很漂亮，是桑托·洛奎斯多的成果。可怜的桑托，这个设计天才，我总是让他陷入无法克服的问题和没有钱的状况中，而他摆脱了“没有钱”，克服了所有问题，他的工作成果令人惊叹。举个例子：我正在做一部电影，故事发生在纽约、新泽西、洛杉矶，在美国各地的小镇，在好莱坞制片厂的地盘、山丘、农田——都在 20 世纪 30 年代，所有的招牌、汽车、建筑、商店都是那个时期的，但只给桑托很少预算——哦，我不想离开曼哈顿，一天都不想。我自己都没有办法做到，但如果你还没看西恩·潘演的《甜蜜与卑微》(*Sweet and Lowdown*)，就去看看吧。是桑托完成了以上所有工作，他让《爱丽丝》看起来非常漂亮。还有那顶小红帽，是我们从布鲁明戴尔百货公司的柜台上抢来的。

杰夫·库兰[2]，我们的服装设计师，和桑托遇到一样的问题。没钱可用，但请给我们的演员 20 世纪 20 年代、30 年代或 40 年代的漂亮服装。礼服、长袍，一百个临时演员来配合当水手和士兵，另外一百个来配合演夜总会戏里的黑帮分子和歌舞女郎。顺便说一句，他拿到的钱更少，因为我们需要把更多钱花在餐桌额外的

---

[1] Cat’s whisker，在俗语中是出类拔萃的意思。

[2] 杰弗里·库兰的昵称。

丹麦面包上。但他做到了。拍摄时，所有的主角和临时演员都穿着 20 年代的衣服，戴着钟形帽，穿着挡板裙，男人们穿着浣熊皮大衣。杰夫很有幽默感，是个有趣的人，他是少数我在选角和看样片时喜欢有他们在身边的人之一，因为他的反馈很有意义。无论你是否同意他的意见，他的乐观令人欣慰，让人从阴郁的悲观中解脱，这悲观始于我，还会波及我忠实的职员们。在《爱丽丝》中，我第一次与亚历克·鲍德温合作，他一直恭敬地叫我艾伦先生。第一次注意到亚历克是在《嫁入黑帮》（*Married to the Mob*）中，我说这家伙是谁？他令人惊叹。而且他一直令人惊叹。当你想到这一点时，亚历克真的是个奇才。他在光谱两端都演得很好。他可以随你喜欢变得惊人地有力，或狡猾地有趣，或浪漫，或直白地好笑，而且都是一流的。在我看来，《爱丽丝》是一部还不错的电影。它肯定比《公民凯恩》低一个档次。如果你喜欢我这个人，你可以欣赏它。如果你认为我入错了行，它也将证实这一点。

在我人生的这一时刻，我暂停了，不过是短暂的暂停，去出演另一个人的电影。杰夫·卡森伯格[1]问我是否愿意在保罗·马祖斯基将要拍摄的电影《爱情外一章》中与贝特·米德勒演对手戏。这部电影片酬很高，但真正的吸引力，正如我前面提到的，是马祖斯基。他刚刚因《伪情半生》（*Enemies, A Love Story*）获得一个奖项，而且我喜欢他的大部分作品。我们见面讨论这个问题。他承认见到我时很紧张。为什么，我永远不知道。他是一位优秀的导演、好演员、了不起的说书人，聪明，而且博览群书。我是一个安静、有礼貌、体面的导演，但绝非黑泽明，也不是真正有名

[1] 即当时的迪士尼影业首席执行官杰弗瑞·卡森伯格。

望的演员，可我让任何人都精神紧张，更不用说马祖斯基。我想我可能会让人们感到尴尬，因为我自己感到尴尬，就不经意地让他们混乱迷惑。我当然愿意把自己交到马祖斯基手中，服从导演的安排。这意味着要飞往加利福尼亚，而杰夫·卡森伯格知道我不喜欢离开曼哈顿，尤其要升上四万英尺高空，他说会为我提供迪士尼的飞机。我以前从未坐过私人飞机，我问这是否意味着在加利福尼亚拍摄结束后，他们会送我回家。卡森伯格笑着说，当然了。我一直很喜欢杰夫·卡森伯格，和他相处得很好，觉得他是一位言出必行的电影制片人——而这在好莱坞通常是一种矛盾修辞。

于是我乘坐迪士尼湾流号飞往加利福尼亚，如果我没记错的话，是一架湾流Ⅱ号，所有关于安全带和救生衣的飞行安全指南都是从米老鼠的扩音器里传出来的。我想，这真让人不安，有一只啮齿动物在负责操纵。马祖斯基的工作方式与我相反。他会排戏，先是围着一张桌子，然后在有胶带标记的地板上，最后在实际地点。他设计好每一个镜头，每天早上都清楚地知道自己将要拍些什么。相比之下，我从不排戏，没有任何计划，经常不知道我要拍什么，直到来到片场拿到当天的剧本。有时我甚至没有剧本。

我的工作方式也与戈登·威利斯的相反，但我们喜欢对方，都对我们本能的工作方式做出某种妥协，其中主要是我在妥协。和卡洛·迪帕尔马在一起，情况就不同了。卡洛是一位伟大的摄影师，但他和我一样，完全没有纪律；他喜欢到片场感受光线，四处溜达，最后由直觉告诉他该去哪里，用哪种灯光。所以卡洛和我同时到片场时是这样的：早上7点，卡洛就在喝着他的啤酒，我溜达，他也溜达，然后我说：“这又是什么新场景？”而计价器也在以每天十五万美元的速度溜达，最终我会感觉到我想做什么。卡洛会理解我，也许会建议做一些微调——而不是戈登的“我不拍那个该死的镜头，它太做作了”。不知怎么，我们这些人竟聚在一起拍电影。

马祖斯基在排戏中一直让我们笑到岔气，他讲的各种有趣故事都很精彩。他想让我为这个角色扎一头马尾辫，因为当时在一些加利福尼亚人中很时髦。我不想这样做，但他是导演，我希望他能高兴，由他来做所有决定。我扎了马尾辫。

我喜欢贝特·米德特，我越了解她，就越喜欢她。贝特一直在和马祖斯基谈论角色和动机，后者似乎很享受这种不断的分析，我觉得是在浪费时间。马祖斯基应对得很好。我则坐着充耳不闻，看着报纸体育版。演戏的时候，贝特真的很棒。之所以很棒，不是因为对潜台词、背景故事和动机的无休止讨论。她很棒，是因为她人很棒。她从醒来那一刻起就很棒。她不需要所有那些对话。我们在一起演戏很开心，我一贯很好合作，完成了马祖斯基让我做的任何事、所有事，甚至做了贝特让我做的所有事。我准时出现，成功完成目标，服从命令。

我从未看这部电影。我听说它不是很好。我的猜测是，贝特和我都还不错，马祖斯基也是个好导演，它的失败是因为剧本中的弱点没有人发现。也许我错了。也许换成伦特夫妇会成功，但我得到了与马祖斯基和贝特合作的乐趣，加上高额片酬，还有由米老鼠驾驶私人飞机的精彩经历——我之后的个人衣柜就是按照米老鼠这个银幕人物的穿衣风格打造的。当我在纽约着陆时，我发誓除了乘私人飞机之外再也不以其他方式飞行了，此后果真如此。像我这样的无名小卒如何能发出如此昂贵的誓言并实现它，这是“厚颜无耻博物馆”会收藏的故事了。

然后，为了超越我的最低票房纪录，并疏远尽可能多的影迷，我决定要把一部名为《克莱曼的职责》（*Kleinman's Function*）的独幕剧拍成一部名叫《影与雾》的电影，一部黑白片，一个存在主义的小故事，发生在20世纪20年代德国的一个夜里。一切都会在室内场景下拍摄，甚至许多外景也在室内拍。人们只需研究一下破产法的基本原理，就能想象出票房的潜力。于是，桑托·洛奎斯多开始建造欧洲城市，据我所知，这在当时甚至到现在仍然是考夫曼·阿斯托里亚制片厂有史以来建造的最大布景。我发现在摄影棚里工作几个月会引起幽闭恐惧症，开始渴望到外面的街道上拍摄。布莱恩·哈米尔是剧照摄影师，也是和我一起拍了很多电影的朋友，他和我曾经喜欢在纽约街头拍摄。我们喜欢观察路人和所有美丽的女人。那些女人很多会停下来，因为她们认识布莱恩。他为她们拍照或与她们约会。我拍到的大多是男性乞丐。

布莱恩的哥哥皮特·哈米尔是在虚假指控发生时第一个在报纸上支持我的人。他的另一个弟弟丹尼斯也是一名记者，曾一次又一次为我辩护，反对指控。哈米尔兄弟是来自布鲁克林的靠谱的街头爱尔兰人，对虚假的东西一目了然。他们很快就知道发生了什么，丹尼斯在《每日新闻》报上对这个问题慷慨激昂。回到我的电影上，在街头拍摄的缺点是有时天气寒冷，交通嘈杂，过往的人群难以应付。这让我渴望在摄影棚里拍摄，那里的灯光和声音是可控的。但在摄影棚里，我感觉被困住了。多年来，至亲们说我是一个总是感到不满意的人，确实，我总是宁愿待在我此刻不在的地方。我的意思是，假设这是一个美丽的秋天周日，我在上东区散步，也许是和宋宜在中央公园散步，这多么令人愉快。

于是，我开始在想，我的上帝，如果现在在巴黎或威尼斯岂不是美妙极了？在其他地方会更快乐地幻想，还会延伸到拥有一栋海滨别墅的浪漫想法：在海滩上漫步，看着海浪拍岸，凝视着地平线，脑子里充满着宇宙变得更用户友好一些的暗示。

在现实中，很多年前，我确实在南安普顿的大西洋边上买了这栋梦想中的海滨别墅。在搬进去之前，我花了两年时间和一大笔钱把它装修好。我种了树，我挑选每一块地毯，每一件家具，每一个线脚、顶饰和纱门。我挑选墙纸和瓷砖。我把它变成了人们可以想象的最美丽的房子。最后，一切就绪，可以入住了。在一个美丽秋日的周六上午，我和米亚及她的孩子们一起去了那里。孩子们心醉神迷。我在沙滩上散步，星星都出来了。我在海浪拍岸的温柔声音中睡着了。第二天，我驱车回到曼哈顿，卖掉了那个地方，再也没有回去过。在你想睡觉的时候，谁想听海浪拍岸的声音呢？装修两年，住了一晚，我知道了在沙滩漫步、凝视大海的地平线并不适合我。坦白说，我甚至不喜欢地平线，尽管我从来没有真正靠近它来仔细瞧一瞧。

我记得有一次类似的情况，在我们关系的早期，米亚在一个精致的秋日把我拉到她在马萨葡萄园岛的房子里。我们与世隔绝，我盯着她窗外的塔什穆湖，可她犯了一个致命的错误，放了西贝柳斯小提琴协奏曲的第二乐章。在葡萄园宁静的秋日美景中聆听西贝柳斯，那令人难以承受的旋律把我的灵魂带到了芬兰、瑞典、挪威、峡湾、巨大的浮冰和漫长黑暗的冬天，我对只有在第五十四街附近才能得到的鸡肝三明治产生了强烈渴望。

《影与雾》的拍摄没有出现任何差错，除了电影本身。高管们聚集在我的放映室里第一次观看这部电影，这个仪式之后通常会有夸张的狂喜，或礼貌而不真诚地颂扬我作为电影人的能力。当放映结束灯光亮起时，五个西装佬中有四个坐在那里一动不动，好像都被麻醉药麻痹了。想到投资将像字幕淡出一样陷入一片黑暗，他们终于醒过来，设法发出回应的声音。他们中最清醒的人开始尖声说道："好吧，你的每部新电影都让我们惊讶。"话语在他的喉咙里聚起。下一步是他们中的一个从口袋里拿出我的合同，用碎纸机碾碎了它。我确信他们是受过教育的人，期待着他们有不同的哲学观察批评，接着讨论电影中明显的存在主义主题。相反，我听到的声音如同希伯来咒语，其中几个不得不克制住自己。我想我听到了猎户座影业的负责人埃里克·普莱斯科说他就住在附近，家里有一把砍刀。虽然对这部电影的评价有所保留，但关于电影院放映员带着拷贝冲到海边一扔了之的传言并不真实。如果我没有记错的话，《家禽人期刊》上甚至可能还有一篇相当正面的评论。猎户座不想为挽回损失再花冤枉钱，便选择有限的广告宣传，由几个朴素的路边涂鸦组成。

我和米亚一起拍的最后一部电影是《丈夫、太太与情人》，正如你们现在所知，在拍摄结束前，在我的公寓里发现的一系列宝丽来照片将改变西方文明的进程，或者改变的是我的预计寿命。这是我最喜欢的电影之一，因为我不用去理导演的艺术。我不关心所有关于跳接、银幕方向的规则，或其他任何赋予电影光鲜外观的东西。很多部分是手持拍摄的，还有很多即兴创作。最终结果是一部有活力的电影，每个人的表演都很精彩。由于我在完成后从来不看我的电影，这么多年来我从未看它。我是否还能像当时那样为它兴奋，我不清楚。而且，我也不想去弄清。

我带你了解了这场喧闹的细节，米亚在其中开始了亚哈[1]式的复仇之路。我该如何渡过这一磨难？——这的的确确是一场磨难：虚假指控，丑陋的媒体，昂贵的法律费用。我花了几百万试图见到我的女儿迪伦，想得到一个不那么有偏见的法官，但无法搞定。同时，米亚去了另一个法庭，试图使我对迪伦和摩西的收养无效，但那位法官，也是一位女士，立刻就看穿了她。在法庭待了几个星期后，米亚痛苦地发现，这不是她能骗过的法官，于是悄然收兵退去。至于我，除了不戴假鼻子和眼镜就不出门外，只是继续做自己的事和工作。我被人跟踪、诋毁、抹黑时照样工作。作为无辜者，我觉得这不是我的问题。让他们继续吧。我不会为一个误判而牺牲宝贵的工作时间，那无非是野蛮部落在社交晚宴上讲的八卦。小时候在 PAL 打二垒，裁判曾做出一些误判，但我活了下来。所以这又是一次。我会渡过难关的。诀窍是接受误判并继续前进。

我每周都演奏爵士乐，从未缺席过一场。我在外百老汇与大卫·马梅和伊莲·梅一起写了一出戏，并在独幕剧之夜演出。我拍了一部电影，和我的爵士乐队在欧洲巡演，同时，在阅读或听到任何关于我私生活的废话时，我都像一只鸵鸟。我说的“鸵鸟”是指在这一年或一年半不断有猛烈抨击的时间里，我从来没有读过或看过关于我的任何东西。知道自己会被抹黑，所以我限制了从报纸阅读内容，基本上只读货运到达的新闻。电视上到处都是接受采访的人，各种专家就一个从未发生过的事件交换理论和错误信息。他们自信地卖弄自己的见解，说得像真的一样。我迅速放弃了新

[1] 应指《白鲸记》中的亚哈船长，他被鲸鱼咬伤，开始针对鲸鱼的漫长复仇之旅。

闻和脱口秀，只看看体育和电影，并一如既往地工作。还有写作。

我知道，对于任何愿意详细追究此事的人来说，指控的虚假成分会变得显而易见，整件事最终会得到澄清。但仍有一些人不明白这点，尽管有各种逻辑证明，但出于各种原因，他们似乎不想弄明白。没有什么能使他们放弃这个想法，即我强奸了米亚的未成年迟钝孩子或娶了我的女儿或猥亵了迪伦。我相信在适当的时候，常识、理智和证据会降临到即使是最沉默寡言的人身上，不过话说回来，我还认为希拉里会胜选呢。

同时，宋宜和我收养了两个刚出生的女孩，一个韩国人和一个美国人。顺便说一下，在他们把两个孩子，特别是女孩，交给一个被指控猥亵儿童的人之前，两位独立法官会非常彻底地审查你，确保不会把两个婴儿送给掠夺者。而经法官细查，指控显然是毫无根据的，所以我们的收养没有问题。我很高兴地宣布，两个女孩在成长过程中都没有受到她们所谓恶魔父亲的伤害，而且都在上大学，法官准许收养的决定被证明是正确的。在发誓要永远住在顶层公寓之后，我们搬家了，因为多了我们的第一个孩子和保姆，顶层公寓就太小了。我们搬进了九十二街的一栋豪华公寓，一座两万平方英尺的惊人住宅，它不是太小，而是太大了。客厅（至少我们认为它是客厅）是一个巨大的舞厅，我们用家具、沙发、谈话区、一架钢琴填满了它；还有一个台球室、多间卧室、多个厨房、两部电梯——天哪，它巨大无比。

后来，一位在这所房子里长大、如今住在第五大道上的女士，前财政部长的遗孀道格拉斯·狄龙夫人，问我们是否可以来这所房子里走走看看怀个旧，我们当然答应了。直到这时，我们才知道，她的家人当时一直让偌大的客厅空着，门关着，只在大型派对时才摆上桌椅使用。与此同时，我们会请朋友来，在房间里到处逛逛，从一个谈话区到另一个，试图利用这个空间。我们在那里住了几年，然后搬走了。随后在一栋破落的转租房里住了两年，那里以前是两位非法恋人的约会场所，直到情夫谋杀了那个女人的丈夫。情夫是个长岛承包商，趁那个可怜的丈夫睡觉时打爆了他的头。骇人听闻的新闻。电视有过报道。你一定听说过这件事。

最后，我们找到了最适合的别墅，比起离开顶层公寓时，我们更有经验了，知道自己需要和不需要什么。别墅与公寓有很大不同。在纽约的公寓，你有更多便利，但在别墅里，你是自治的。你可以随时随心所欲地改造它，不需要公寓理事会批准才能做出每一步行动。你不会在某天早上醒来，望向窗外，发现搭起了脚手架，挡住你的视线三个月，或者会停水一整天，所以我们建议你储满一些盆盆罐罐。

或者，最重要的是，如果你住在合作公寓[1]里，必须由公寓理事会主席和他的随从来批准你最终找到的想买下它的人。而在别墅里，这些羞辱不存在。无论结果好坏，你都要靠自己，虽然没有门卫在1月份零下五度时为你叫出租车，或为你铲雪（否则，当某个散步者在你因为太疲劳而没有清理的人行道前摔成骨盆骨折时，你就会被起诉），但你不必和一些香水味浓到刺鼻并假装她的狮子狗不让人心里发毛的房客一起坐电梯上上下下。我们拥有一栋你能想象到的最漂亮、可爱、完美的连排别墅，建于一百二十五年前，有很多最初留下的细节，许多壁炉，以及一个可爱的花园。每天早上，我步履沉重地走下楼梯，神秘地带着宿

[1] 合作公寓（Co-Op）一般由大业主或者公司买下整栋公寓，再将公寓单间卖给不同户主，户主拥有合作公寓的股份，而非产权。

醉——因为我不喝酒——打开一楼的百叶窗，那边就是纽约，充满了鲁尼恩[1]式的活力。如果我有天气运，天最好是灰色雾蒙蒙的，我在脑海里听到阿尔弗雷德·纽曼的《公寓街景》（“Street Scene”）的曲调，我告诉自己，我真正拥有了这个传奇岛屿的一小块地方。然后又想到了房产税，我的关节炎就发作了。在《安妮·霍尔》中，我必须决定让安妮和艾维住在哪个街区，我选了一个我认为树木成荫和上镜的街区，现在我就住在这个上东区最漂亮的街区，就在安妮·霍尔的家对面。

所以宋宜和我继续着我们的生活，她现在是母亲，为我们女儿日常生活中的每一个小问题适当地恼火，确保她们成长为艺术、法语和音乐方面的能手，我则教她们如何计算博彩的让分。我继续拍电影，相信所有的调查都是最权威、公认的，虚假指控的磨难已经永远平息。我不知道的是——一旦被抹黑，就永远易受攻击。原本我计划和米亚一起拍摄《曼哈顿谋杀疑案》（*Manhattan Murder Mystery*），但自那以后，关系已经凝结成罗克福奶酪[2]，当然很明显我们不会再一起合作。米亚想拍这部电影，这让所有人都感到惊讶，她威胁说如果我不用她演这个角色，她就起诉我。这是在向全世界发誓我强奸宋宜和猥亵迪伦之后。我猜演戏是她的天性。

总之，我雇用了基顿，她飞来东部，就像以前一样。对我来说，这是一部完全放纵自我的电影。我从小就喜欢谋杀悬疑片，里面的主角会脱口说出一句话笑话，这个好笑的角色通常也是胆小而有趣的，女主角更有冒险精神，结果让他们陷入困境。我喜

---

❶ 指达蒙·鲁尼恩，美国报人、编剧及短篇小说家，擅长书写纽约和百老汇。

❷ 羊奶蓝纹奶酪的一种，表面有明显的霉斑。

欢那些能站起来与男性伙伴互讲一句话笑话、还能经常压制他们的女演员，而基顿总是能胜过我。这是我拍过的最好的电影之一，有趣、故事好、笑话赞、不做作，我一直梦想能出现在一部成长过程中影响过我的电影里，它满足了我的需求。基顿和我扮演一对生活在曼哈顿的有品味的情侣，在一个谜团中越陷越深。没有存在主义的主题，没有悲剧性的高潮，也没有需要咀嚼的信息。它完全是坐飞机时消遣的电影。到现在你很可能已经猜到了，我不是那种导演天才，他们的场景总是充满激情、危机和情感爆发。很可能是因为我的天性安静，而且我同时当编剧和导演，会控制整个作品，从不雇用那些麻烦的演员，不管他们多么聪明。

总之，如果让我说出我生命中的一段幸福时光，我想我会说是接下来的那些年。我很喜欢宋宜，尽管为了追求她，我受到大量责难，但每一秒钟都是值得的。有时，当情况不妙，我到处被恶意攻击时，有人问我，如果知道结果，我是否会希望我从未与宋宜搭上关系？我总是回答说，我愿意立刻再做一次，我一生中最令人满意的成就不是我的电影，而是我能够把宋宜从可怕的状况中解放出来，为她提供成长的机会，实现她的潜力，而她再也不用吃肥皂，渴望拥抱，或再被电话打了。

由于米亚和我一直不是公众想象中的恋人，对我而言，追求一段更有意义的关系的时机已经非常成熟。可能是某位女演员，一位秘书，一位喜欢瑞典电影的牙科保健专家。当然，以我切腹的天赋而言，那就是宋宜。所以，是的，我对她的爱并不符合《罗伯特议事规则》，但我们都很喜欢在一起二十五年里的每一秒钟。我记得她很小的时候，我第一次和她说话，问她想成为什么人，她说，一个老板。我说，什么老板？她说，无所谓，只要我是老板。我不想说我们中的谁说了算，就这么说吧——我是被体谅的那个。她管理别墅，抚养孩子，计划我们的社交生活。我们旅行，在国外待了很长时间，巴黎、意大利、西班牙、法国蓝色海岸，夏天在伦敦、纽波特，听起来不错吧。

可是年龄差异，有人会提到这个。你们俩会聊些什么？一切话题。例如，我没准会问，作为一个未成年时被强奸过并且是弱智的人，你对经济有什么看法？如果她太过年轻，不知道我提到的维加[1]或利奥·杜罗彻[2]是谁，我会向她介绍。那我们会不会吵架？宋宜会第一个告诉你，在二十多年的婚姻生活中，我们有很多分歧，我从来没有在任何一个问题上是正确的。当我刚开始和她约会时，她对我说了一件很伤心的事。她说："在我的一生中，我从来没有被任何人最优先考虑过。"我曾是一个大家庭的首宠，众多至亲的掌上明珠，我试图把自己放在宋宜的位置上，决定把她作为我最优先考虑的人。我决定要溺爱她，伺候她，宠爱她，赞颂她，绝不拒绝她想要的任何东西，以某种方式努力弥补她生命中可怕的前二十二年。她对这种安排没有异议，给予我特权全天候地放纵她的每一个奇思妙想。出于在五岁时街头生存的需要，她已经长成了超级能干的人，我却还不知道如何使用调酒棒。然而，她尊重我，认为我是一个有趣的人，如果没有其他原因的话，把我当作某种学者——我忘了那个完整的术语怎么说了。[3]

---

[1] 原名厄舍·费利格（Usher Fellig），美国最著名的犯罪现场摄影师。

[2] 美国职业棒球运动员及教练。

[3] 原文中的"学者"为 savant，完整术语可能指 savant syndrome（学者症候群），指在某个领域有极高天赋但在其他方面有心智障碍的人。

我们做什么消遣呢？找什么乐子呢？说到纯粹的享受，我想我还得说说宋宜，当她不忙于抚养两个女孩时——她们的由来不明，但显然有祖克斯[1]的血统——她喜欢阅读，去剧院、博物馆、电影院，去购物，去找便宜货或销售样品；以一百美元买到一件五百美元的东西的纯粹喜悦让她兴奋不已，我预计她有一天会带着我们不需要的拖拉机回家，只是因为打折了。至于我，我喜欢去看医生，检查血压，摆好姿势拍X光，听医生说我很好，白衬衫上的黑点来自我的圆珠笔，而不是黑色素瘤。

这是典型的一天。过去还要送孩子们去学校，现在她们上了大学，角色发生逆转，我需要她们帮我把电视画面找回来，因为我会不知不觉地把它弄丢在太空。

宋宜和我一起早起，大约在6点30分。我们吃完早餐，做一些运动。她非常注重运动，在一周时间里，往返于跑步机、瑜伽课、禅柔、健身班和普拉提之间，她的身体就像海豹突击队员一样健康。我在跑步机上跑步，拉弹力带，以保持与贾科梅蒂的雕塑一样的身材。宋宜和我锻炼完身体，接着负责家庭事务：孩子们，她们的学校，暑期工作计划，家务，检查所有的账单，回电话，安排我们的晚餐约会。她差不多会读完整份《纽约时报》。宋宜和我不断为对方剪下我们认为有兴趣或有趣味的文章。我写作，然后我们一起吃午饭，看是否能找到一个新的话题来争吵。午餐后我写作，她要么有更多家务要做，要么，如果她有空闲时间，会和朋友一起去博物馆，或者看一场电影，或者我们去散步。稍后，她戴上机场工作人员用来隔断喷气机噪音的耳罩，我开始练习单簧管。我们经常在餐馆和朋

[1] The Jukes，19世纪末被社会学家发现的纽约家族，其成员多受贫困、疾病和犯罪行为的困扰（二十九名男性直系亲属中有十七人被捕），成为当时优生学的论据。

友见面，如果待在家里，她读书，我看电视上的体育节目或《欲望号街车》，如果它在特纳经典电影频道上播放的话。

《欲望号街车》是我一生中看过的最优秀的艺术作品，每当它播放时，我都不会错过。问题是，电影版如此权威，以至于相比之下任何其他制作都显苍白。电影《绛帐海棠春》（*Born Yesterday*）也有同样问题。最好的版本是朱迪·霍利德和布罗德里克·克劳福德演的那部。我觉得朱迪是有史以来最伟大的银幕喜剧女演员。如果伊莲·梅多拍些电影也许能超过她。当然，黛安·基顿也是其中的佼佼者，但我必须说，与大众口味相反，我喜欢卡洛·朗白，但并不为她疯狂。同样，不是说我不喜欢她，但我看她的表演没有大笑。我发现伊芙·阿登有点好笑，还有艾莉森·斯基普沃思和玛丽·杜丝勒。不管什么原因，我从来没有为一些被高度吹捧的喜剧女明星大笑。当然，珍·哈露非常棒。又让你听我喋喋不休了。抱歉。就这样，我和宋宜在一起后，蘑菇云尘埃落定，我生平第一次享受到真正的婚姻，真正的爱情关系，我继续拍电影，这部分我将会提及，直到这个天堂再次被新的疯狂入侵。

我写了《子弹横飞百老汇》（*Bullets Over Broadway*），我认为这是我最好的电影之一。我和道格·麦克格兰斯[1]一起写的。要不是道格，我永远不会写它。我不喜欢合作，但和米基·罗斯或马歇尔·布瑞克曼这样的人合作，他们既能当好朋友，又是真正有趣的人，就可能会很有意思。马歇尔特别聪明，要求很高，而且充满有趣的想法和绝妙的台词，我们的合作结果相当好。所以我决定和道格·麦克格兰斯一起写个剧本，他也是一位有趣且非

[1] 道格拉斯·麦克格兰斯的昵称。

常精明的朋友。与别人一起写作可以减轻强烈的孤独感。道格与我的前助手简·马丁结婚，她曾与我共事十多年。他们两人是宋宜和我的密友。他们都很风趣，宋宜也是如此，加上我肢体喜剧的天赋，晚餐可以变得相当热闹。我向道格提出几个合作的想法。我个人的第一选择是政治讽刺剧，《子弹横飞百老汇》的想法靠后。我倾向于政治题材，而且我是资深、年长、更有经验的编剧，试图用资历来迫使他同意我的观点，认为政治讽刺剧是最好的。但他没有这样做。他冒出了《子弹横飞百老汇》的想法，始终深信不疑。黑帮分子支持一个节目，但剧作家必须使用黑帮的女朋友。对我来说，听起来有点老套。不过，我还是屈服于道格的狂热自信，而事实证明，我很感激我听了他的话。

像往常一样，茱莉叶帮我找来出色的演员阵容：约翰·库萨克，又一位无法出演不真实戏份的演员，杰克·瓦尔登，詹妮弗·提莉，查兹·帕尔明特瑞，非凡的黛安·韦斯特，哈维·费斯特恩，玛丽-露易丝·帕克，吉姆·布劳德本特，崔茜·尤玛，罗伯·莱纳。我的天，有这样的演员阵容，你怎么可以错过！？他们中的每一个人都表现出色。黛安·韦斯特为我赢得了她的第二个奥斯卡奖，还有卡洛的摄影和布景，以及杰弗里·库兰的漂亮服装。我为那部电影感到骄傲。我甚至有机会与艾伦·阿金合作，一个伟大的演员，可他的戏份不得不被删掉，因为电影的那一部分太长了。我无法相信，我有机会与这样出色的演员合作，却被迫剪掉他的戏。

这种事不止一次发生在我身上，另一部电影中的瓦妮莎·雷德格雷夫也是如此。我可能是唯一一个把瓦妮莎·雷德格雷夫从电影中剪掉的导演。显然不是因为她的演技，而是我无能的剧本。

就此而言，我换掉了约翰·吉尔古德。你能想象吗？这可是世界上最伟大的演员之一。他原来是《西力传》的叙述者，但他太宏大、太洪亮了。把他请来做这件事，又不得不换掉他，这让我很难过。结果发现，他和拉尔夫·理查德森都是《我心深处》的大影迷，这在很大程度上加剧了我的自大。谈到更换演员的问题，我一定保持了最不寻常的替换纪录，当时我换掉了鲁思·戈登，她实在是太难合作了，尽管我们最终成了好朋友，多年后还一起吃过无数顿饭，但，请准备好——我用吉奥菲·侯德替换了她，那个高大、耀眼的黑人卡里普索舞者，你会承认他和鲁思长得一点都不像。

事实上，只要角色具有异国情调，《性爱宝典》中的魔术师长什么样并不重要。鲁思很有异国情调，她的演技激动人心，熠熠生辉。当我发现我们俩都不能为她的服装妥协时，我就去寻找另一个熠熠生辉的、具有异国情调的人，而吉奥菲符合这个要求。鲁思和我友好告别，交换了不真诚的拥抱。几年后，米亚会把鲁思——她们在《罗斯玛丽的婴儿》（*Rosemary's Baby*）中合作——和她的丈夫加森·卡宁带到俄罗斯茶室餐厅，与我们一起吃各种晚餐。我发现他们俩都是极好的伙伴，知道很多关于伟大人物的伟大故事，而且这些故事都有很好的笑点。加森建议我，就像萨默塞特·毛姆建议他的那样，把一切都写下来，因为你会忘记事情。这是一个很好的建议，我没有仔细留意，我肯定已经忘记了发生在我身上的许多最有趣的事情——除了我没有忘的那些，而这件事就是其中之一，伙计们。我确实写下了关于电影的想法，但只是寥寥几个词。

总之，多年后，《子弹横飞百老汇》被改成剧院里的音乐剧。苏珊·史特罗曼出色地将之搬上舞台。起初我不太愿意让他们改编，但当看到苏珊对它的演绎时，我很激动和自豪。我的妻子甚至喜欢它胜过电影。然而，评论界并不认同我的热情，它只演了半年。萨特说："他人即地狱。"我只想把这句话改成："他人的品味即地狱。"

说到百老汇剧场，我曾受邀参演尼尔·西蒙的喜剧《阳光小子》(*The Sunshine Boys*)的电视版[1]。电影版由乔治·伯恩斯和沃尔特·马修主演，是赫伯特·罗斯最好的作品，当然，两位主角非常出色。电视重拍版落在我和彼得·法尔克身上，彼得是一个非常有天赋的演员，与他交谈总是很有意思，他的许多要求和怪癖让导演有点发疯，而我像往常一样当天使。不顶嘴，不提问，记得台词，告诉我站在哪里，告诉我你想要什么，我就会尽我所能。莎拉·杰茜卡·帕克当时还没有成为大牌，但才华一点不少，她的女主角演得很好。有很多备选镜头，这就需要从各个角度、按各种可能的表演区的大小，反复拍摄每个场景。

现在你可能已经猜到了，作为一个导演，我是一个不完美主义者。我没有耐心一遍又一遍地拍摄场景，从不同角度拍摄备选镜头，无论后来在剪辑时多么有价值。我喜欢拍完一个场景，继续拍下一个，完成后就离开那里。我想回家，爱抚宋宜，逗弄孩子，吃晚饭，看球赛。我真的不在乎多一个侧面镜头，多一个额外的特写，或因为也许他们会做得更好，就再拍一遍这些明星吵架。我喜欢拍电影，但我缺乏斯皮尔伯格或斯科塞斯那样的奉献精神，更不用说他们的其他天赋。我只是无法对电影产生足够兴趣，花那么长时间拍摄，也许就会错过开场争球或陪女儿入睡。

[1] 电视版片名也译作《斗气冤家》。

然而，在一部电影中，以及大多数由负责任的成年人制作的电影中，他们会拍备选镜头，到了剪辑室，可怜的剪辑师就不会因为无法使故事连贯，而在地板上痛苦扭动。有些导演把他们的素材交给剪辑师，拼接好后，导演才参与进来。有些导演喜欢剪辑师在素材来的时候就剪，这样，如果有什么遗漏了，或者出现新的想法，所有人都还在一起，没有散落在全球各地。我喜欢按以下方式工作：在拍摄结束前不剪辑。然后，剪辑师和我一起坐在AVID（有电视机大小屏幕的剪辑设备）前，我们都从头开始，按照电影顺序剪辑。

我一直与聪明而有才华的剪辑师合作。在拉尔夫·罗森布拉姆之后，我与桑迪·莫尔斯合作多年，她和我一起解决了很多无法解决的剪辑问题。桑迪之后，我现在的剪辑师是艾丽莎·勒普瑟尔特，我和她合作了二十年。她勇敢地与我一道剪辑电影，有时同意我，有时与我争吵来救我的命，但我们两人的目标始终一致，即实现最初的设想，用我们拥有的素材尽可能地制作出最好的电影。很多时候，我们会从我们收藏的大量唱片中加入音乐。由于我的拍摄方式不事雕琢、不负责任，我们总是面临着问题，但我发现，被迫想出自然而然的解决方案，往往会带来创造性的灵感。我原本不会在《汉娜姐妹》中放那些字幕卡，只是需要一张字幕卡来让我摆脱剪辑的困境，可在影片中只放一张字幕卡很尴尬，所以我回去放入大约六张，让电影有了一点风格化的派头。

我没有看过《阳光小子》，但收到尼尔·西蒙的一封美好的表扬信，我一直很仰慕和喜欢他本人，非常欣赏他的作品。事实上，我认为他的所有成功都被低估了，因为写笑料对他来说似乎那么容易。有趣的台词就这样流淌出来，还能那么好笑。不过，我还是怀疑那封赞扬短信，因为我无法想象，在看过乔治·伯恩斯和沃尔特·马修演他的戏之后，他还能不讨厌我和彼得·法尔克演的戏，但我还是假装被他的好话感动，并寄了一张感谢卡。

我记得第一次看到彼得·法尔克的时候。那是在何塞·昆特罗的《送冰的人来了》（*The Iceman Cometh*）在市中心精彩上演时。我带着哈琳，我的准新娘。我震惊于这部戏及其制作的伟大，这个叫杰森·罗巴兹的家伙是谁？他的演技真是出神入化。彼得·法尔克饰演酒保，他出色地演了这个小得多的角色，是一个非常有天赋的演员。我向与他很要好的演员鲍勃·迪西大肆赞扬他，还告诉迪西："法尔克有轻微的语言缺陷。"迪西说："这就是你注意到的他的特点？他会自杀的。"但我也注意到，他作为一个演员是多么出色，所以并不全是吹毛求疵。多年后，当我与艾玛·斯通合作时，她是我见过的最好、最美、最迷人的女演员之一，我注意到她也有说话的毛病。她的声音不像彼得·法尔克，更像西尔维斯特猫❶，但她一说话我就认出她来了，在她身上这很可爱。

因此，我匆匆完成了《阳光小子》，拿着一张丰厚的演出支票回家，这让我得以再次睡在自己床上，继续拍摄我的第一部下流电影《非强力春药》（*Mighty Aphrodite*）。我感兴趣的是做一个希腊风格的设定，并配有合唱歌队和天外救星❷。我与非常聪明和有才华的米拉·索维诺一起表演。我喜欢和米拉一起工作。如果说她有什么缺点的话，那就是她无法欣赏自己有多大的天赋和吸引力。我想她甚至为自己赢得了一个奥斯卡奖。我曾经嘲笑她，因为当我们一起拍一场戏时，我们会站在那里等待副导演喊出"开

---

❶ 经典动画《乐一通》中的角色，又名"傻大猫"。

❷ Deux ex machina，古希腊戏剧中的情节策略，用突然、牵强的角色或事件改变情节。

拍”，她想立刻开始、马上进入角色，就会在“开拍”喊出之前，开始想象的即兴表演。很好。但她希望我加入她的行列，而我只觉得她在自言自语地发疯。

当然一旦开拍，她就很完美。我们在纽约和西西里岛拍摄。背景是埃特纳火山。人们叫我不要担心，除非火山冒烟。然后它就冒烟了。我很担心。迫不及待地想回家。美丽的编舞工作由格拉谢拉·丹尼埃拉完成，而我终于有机会与海伦娜·伯翰·卡特合作，一位出色而美丽的女演员，聪明而有魅力。我参观了她在伦敦的家，她和父母住在那里，母亲是一位非常聪明的心理医生，这是一次非常美好的经历。现在回想起来，《非强力春药》对我的品味来说太下流了。我愿意重做一遍，把它清理一下，但我所有的电影都可以通过重做一遍而获益。我也想与生命中的一些女人有第二次机会，但可惜，木已成舟。我认为她们不会再对我歌唱。

说到唱歌（以及笨拙的转场），我一直梦想着拍一部音乐片；一部为那些不比我们洗澡时唱歌更好的人准备的音乐片。当我为《人人都说我爱你》选角时，我懒得问男演员或女演员是否会唱歌。我假定他们会尽其所能。我并不希望制作一部华而不实的音乐片，也不是要开辟新天地。我只是想让一群纽约人在上东区经历四季，在精神受到触动时，唱一些美妙的经典老歌。当我告诉戈尔迪·霍恩，她是一位顶尖顶尖的人才——注意有两个顶尖——请她不要唱得像平时那么好时，她有点不高兴。爱德华·诺顿，一个完美的演员，不知道他被雇来唱歌。五音不全的男女演员唱着歌，我在乎的只是这种感觉。

只有德鲁·巴里摩尔断然拒绝，因为我是她的超级影迷，我让步了，不想让她不高兴或紧张。我们找了宋宜的同学奥利维亚·海曼为她配音，效果很好。拍这部电影，我可以在威尼斯、巴黎和曼哈顿工作，还可以亲吻朱莉娅·罗伯茨，那还能说什么呢？从头到尾都是一种享受。约翰·拉尔为《纽约客》写了一篇关于它的好文章，但其他人并不那么热情有兴致，他们批评演员中许多人不会唱歌。当然，这正是这部电影的全部意义，但我赌错了。并没有很多人像我一样，觉得这个想法迷人。这部电影在美国表现一般，但在欧洲，特别是在法国，却很受欢迎。

但我仍然很高兴在我深爱的城市工作，展示曼哈顿的四季，拍摄每一个季节都是享受。因此我说，对我而言，电影事业的乐趣只来自电影的制作。也就是工作，早起，拍摄，享受有天赋的男人和女人的陪伴，解决那些你无法解决也不会致命的问题，运用伟大的时装和伟大的音乐。当这一切结束，电影完成时，我总是通过问自己来判断，我是否接近于实现、完成了我躺在床上狂热创造人物和场景时的那个梦想？我拍出了百分之五十的想法吗？我全然失败了吗？我总是在一部电影之后继续前进。我不再想它，不再看它，不保留纪念品、照片，甚至不拥有视频拷贝。当特纳经典电影频道组成一个小组来放映和讨论《安妮·霍尔》，邀请我作为嘉宾参与他们的小组讨论时——虽然我喜欢特纳频道——我拒绝了，因为我对坐在那里想着过去不感兴趣。

人们问我，你是否曾担心有一天早上醒来后会变得不好笑。答案是不会，因为好笑不像你在醒来时穿上的衣服，你会突然间找不到那件衣服。你只是好笑或不好笑。如果你是，你就好笑，这不是你会丢失的一样东西，或只是暂时的疯狂。如果我一觉醒来就不好笑了，我就不是我了。这也不意味着你不会醒来时情绪不佳，憎恨这个世界，对人们的愚蠢感到愤怒，对空虚的宇宙发怒，我承认我每天早上都会按时感觉到这些，但这有助于激发我的幽默感，而不是抹杀它。像伯特兰·罗素一样，我对人类感到巨大的悲哀。与伯特兰·罗素不同，我不会做长除法。也许我不能把痛苦转化为伟大的艺术或伟大的哲学，但我可以写出优秀的一句话笑话，暂时分散注意力，短暂地从大爆炸不负责任的后果中解脱。

我从不认为，拥有亲生孩子，把他们带到这个世界上，是帮助了他们。索福克勒斯说，从未出生过，可能是最大的恩泽。当然，我不确定如果他听过巴德·鲍威尔[1]演奏的《波尔卡点与月光》，他还会不会这么说。宋宜和我选择收养，这对孤儿早已被放逐到这个绕太阳公转的精神病院，我们想让她们活得更好。这一点我们做到了。我是一个非常有爱的父亲，我喜欢孩子。我总是认为宋宜对女孩们太严格了，而她认为我太宽容了，但宋宜比我更懂得如何使用救生绳。她更实际。例如，如果没有 Buf-Puf 洁面海绵，我无法在集中营里坚持一星期。相反，只要两天时间，宋宜就会让盖世太保送早餐到她的床头。

所有重要的事情都是如此；孩子的教育、夏令营、暑期工作、旅行、医生、家教、课程和在外过夜，她都以普鲁士式的效率完成。缺少的只有决斗的伤疤。我大致来说，会抱抱她们，不断给她们钱，从不说不，只担心有一天她们会在我们睡觉时因某种遗传性精神病而杀死宋宜和我。宋宜参加学校的每一场家长会或活动，我觉得它们很无聊。我是为了展示父母的责任而去的，当老师喋喋不休时，我的脑子飘到别处，发明新鲜的借口来逃避作为陪审员的义务。我的意思是，我们会讨论在即将到来的学期，给曼齐或贝

[1] 美国爵士钢琴乐手。

彻准备什么课程。就好像我知道她会读《织工马南》或解剖青蛙真的很重要。我尽责地坐在那里，徒劳地与老式的厌烦做斗争，同时老师继续喋喋不休，然后当一切都结束时，我正急不可耐地想去唐人街，像吸尘器一样吞下一盘蚂蚁上树，可总有一些你想掐死的家长提问，拖延我去吃大餐的时间。“科学课只教一种繁殖版本吗？还是会同样相信鹳鸟的故事？”“孩子们是否会被要求能阅读和写作才能毕业？”“我的女儿想成为一名自杀式炸弹袭击者，她必须学一种乐器吗？”当然，你不算活过，直到你看到你的孩子在音乐会上表演手铃。但一切都是值得的，因为她们是如此可爱。

因此，作为对你从未问的问题的回答，我从未在醒来时恐慌地认为我会失去幽默感，也从未受困于写作障碍。但是哈里·布洛克，《解构爱情狂》（*Deconstructing Harry*）中的主人公，本人却患有写作障碍症。我喜欢那部电影，如果你看看演员名单，它就像一个天才男女演员组成的全明星阵容，其中有些人我以前合作过，有些我则有幸第一次导演他们。我记得在我们拍摄之前，玛瑞儿·海明威来到我的剪辑室，告诉我她想重新开始表演；她已经恢复单身，而她生命中的高光时刻是电影《曼哈顿》。我当时没有任何可与之媲美的角色，但有一个角色还未定，如果她不介意小角色的话。她不介意，于是我让她出演，她像往常一样出色。很高兴再次见到她，几年后我们在西普里亚尼餐厅吃饭时再次相遇。

她非常着迷于健康生活，为了自己，也帮助他人。我回想起她邀请我去爱达荷州凯彻姆，那里有山有雪，我记得我望向窗外，看见她在冰冷彻骨的院子里的大蹦床上蹦上蹦下，她六英尺高，是一个美丽、健康、有天赋、健壮的金发女神，而我一直在想，真希望莱妮·里芬施塔尔[1]在这里。然后我的思绪转向她的祖父，一天早晨，他在一小段距离外醒来，拿着他的猎枪，对着自己的头，扣动了扳机，我还想起露易丝和我如何以此为借口见面交谈，并盲目相爱，以及露易丝现在是我的前妻，我却在这里拜访玛瑞儿，与欧内斯特的儿子共用一个卫生间，而我不想与人共用卫生间，不管他的父亲看到过多少头优秀勇敢的公牛死去，我不知道这想法要往何处去，只知道生活太过讽刺，我们难以把握。

在《解构爱情狂》中，我得以又一次与朱迪·戴维斯合作。我曾和朱迪在《丈夫、太太与情人》中合作，并觉得这是一次令人不安的经历。为什么不安？因为她显然是一位伟大的女演员，我总是被她吓住。我从不想对她说任何话，怕泄露真相：当你认识我之后，会发现我非常无趣、浅薄和令人失望。因此，我从来没有和她说过话，她也本能地感觉到我没什么有价值的话可说，从未对我开口。所以我们拍了几部电影，我会在试妆时向她点头问好，嘴角挂着勉强的微笑，直到她出现在拍摄现场，才又见到她。电影开拍，她会表演，总是很出色，令人兴奋，性感，无法预测。停。我说，太好了，我们继续吧。她会离开现场，我会在当天晚些时候或下周或下下周在片场再次见到她，我们之间同样保持沉默。我的座右铭是：雇用优秀的人，不挡他们的道。

有人写道，我是一个文艺复兴人[2]。当然，他们指的不是意大利文艺复兴，而是哥文德伽特[3]的文艺复兴，那里的山地牦牛会成

❶ 德国导演、制片人和演员，擅长拍摄体育和自然题材纪录片，曾为纳粹德国拍过《奥林匹克》《意志的胜利》等宣传片。

❷ Renaissance man，原指文艺复兴时期历史人物，现可形容精通多个领域知识的通才。

❸ Govind Ghat，印度山区小镇，锡克教教徒朝圣途中的重要必经地。

群结队地回到冰冷的山坡上。不过，为了保持这种文化形象，我决定带着我们的爵士乐队去欧洲巡演。作为忠诚的业余爱好者，我的风格效仿（也读作“偷窃”）伟大的新奥尔良单簧管演奏家，如乔治·刘易斯、约翰尼·多兹、阿尔伯特·伯班克、西德尼·贝彻。我的问题不仅仅是我的演奏没有感觉，没有鉴赏力，也没有节奏，我反而从不谦虚，无所畏惧地演奏，好像我真的有什么要抒发。然而，观众还是来了，当埃迪·戴维斯，我们真正的领头人和一流的班卓琴演奏家，建议我们去欧洲巡回演出时，我就像一个愚蠢的傻瓜，没有意识到自己有多糟糕，带着真正的一无所知者的自信直接跳上了车。我不停练习，试验不同吹口和簧片，从来没有意识到不是设备让我的声音像吃了安非他命的公鸡。我记得是琼·杜马尼安决定要记录我们这次巡演。琼雇用了电影界最优秀的纪录片人之一芭芭拉·卡颇陪我们巡演，拍摄我们的台上台下，制作一颗时间胶囊，说不定史密森学会❶会用到。

结果拍成了《野人蓝调》(*Wild Man Blues*)，可以预见的是，除了我的演奏，卡颇拍了一部非常好的纪录片。我看了这部电影，我觉得它敏锐、有趣、准确。我想这部电影对我有成见，因为我个人在片里并没有表现出完全的狰狞。我的演奏就像我在生活中一样，无害，略有趣，芭芭拉小心翼翼地去芜存菁，并押上这少量之“菁”，转化为还过得去的几段舔音❷。

任何学过海森堡不确定原理的学生都知道，当摄像机几乎每秒都在跟踪你，你又仅仅是普通人类时，你的行为会有所不同，有时不得不失去镇定，被发现表现得像一个无能的小丑。幸运的是，

❶ 美国多家博物馆和研究机构的联合组织。

❷ Lick，音乐术语，音乐演奏中常用的短音符段落。

通过剪辑的奇迹，我的粗鲁被控制在最低限度。宋宜表现得很好，在《纽约时报》关于这部电影的一篇文章中，记者消除了这样一种观点：我，作为年长及更知名的一方，应该是在我们的关系中定下基调的人。但实际上是宋宜，用记者的话说，她像一个处于支配地位的女性。诚然，宋宜有非常外向和强大的个性，在影响我们生活的问题上做出所有决定，比如我们住在哪里，有多少孩子，见什么朋友，如何花钱，但关于太空旅行的任何决定仍然要听我的。

爵士巡演本身取得了巨大成功。每一个场地都售罄。所有场地都巨大而美丽：歌剧院、音乐厅。人群聚集在我的酒店外，在检查确保该团体没有携带任何柏油和羽毛[1]后，我亲自迎接了他们。我们每场演出都表演很多安可曲。有一次在米兰发生了电力故障，灯光熄灭，我们在黑暗中继续演出，得到很多掌声。第二天晚上，我收到当地消防部门颁发的奖章，好像我做了一件勇敢的事。当然，我以完美的鲍勃·霍普的方式扮演了英雄，当消防队长把奖章递给我时，我说："我想知道那些胆小鬼今晚在做什么？"没有笑声，但我确信这是语言差异。

看到纽约的天际线总是令人兴奋，我回来后立即与茱莉叶一起选角。我为新影片取名为《名人百态》(*Celebrity*)，用黑白胶片拍摄。当你说要拍黑白片时，所有西装佬都会严重内出血，但随后你就会提及《愤怒的公牛》《辛德勒的名单》《曼哈顿》等，这只是其中几个例子。观众不知何故觉得黑白片意味着减价产品，但这其实是一个艺术上的决定。它的成本一样高。《名人百态》的拍摄很顺利，我记得大约在最后一天，梅兰尼·格里菲斯，一位

[1] 指起源于12世纪的一种酷刑，将人浑身涂满柏油并粘上羽毛作为惩罚。

有天赋的女演员，不得不和扮演她丈夫的男人坐在电影院里。丈夫只是在她身边坐几秒钟，没有任何台词，也不会出现在电影的其他地方。我们用人填满了电影院，挑选了合适的临时演员坐在她旁边，扮演她的丈夫。但到了拍摄时，她不喜欢我们的选择。她说她绝不会嫁给这样的人（我没有告诉他）。我解释说她不必真的嫁给他并与他共度余生，但她无法领会这一点。我觉得这很美妙，也很典型，说明演员对角色如此投入。所以我们换掉了他，让她和一个不同的临时演员结婚，他们从此幸福地生活在一起。这次很荣幸与肯尼思·布拉纳合作，也终于有机会与乔·曼特纳合作，我曾在马梅的舞台剧《拜金一族》（*Glengarry Glen Ross*）中见过他，也喜欢他。朱迪·戴维斯当然很出色，由于我们现在已经一起拍了几部电影，我决心去打招呼，但她不记得我是谁，我就失去了勇气。

好吧，多年来，西恩·潘总是发来信息，说他很想和我合作，可每次我问他时，他都会拒绝我。然后有一天，我给他发了一个剧本，讲的是一位性格复杂的爵士吉他演奏家的故事，终于，他喜欢这个剧本。萨曼莎·莫顿扮演一个哑巴小女孩，西恩扮演的角色爱上了她，西恩也凭此角色获得他的第一次早该到来的奥斯卡提名。桑托必须让这部《甜蜜与卑微》看起来像是我们在全国各地拍摄的电影，但我其实从未离开曼哈顿。并不是说我介意离开家睡在酒店里，当然，不介意的前提是床单是最柔软的薄纱棉，而且在就寝时，我的妻子将她的所有细胞压在我身上，用一种索尔·贝娄曾聪明地描述为“勺子相叠”的姿势。自从宋宜和我成为夫妻，从她搬进来和我一起住的第一天起，二十五年间我们从未分开过一个晚上。我们也没有分开吃过几顿饭。我们几乎每天都在一起吃早餐、午餐和晚餐。你会认为我们早就没话可说了，但由于天气一直在变化，我们从来不会无话可聊。

晚饭几乎总是与孩子们或朋友们在某个餐厅吃，宋宜点菜，无视卫生署署长的所有建议。而我，为了健康，则小心翼翼地不吃任何令人愉悦的东西。然后回家，在床边祈祷，恳求上帝给我一些信号，比如赛马场上的两三个赢家，以证明他的确存在。宋宜当然是在浴室里，做她的夜间沐浴，这是一种包含一个大缸和一些蝾螈之眼[1]的仪式。最后，熄灯了，我拥抱着她，微笑入睡，想着如果我早六千年出生在北极，喜欢吃鲸鱼肉，事情会有多大不同。

在我的一生中，我为夜店的喜剧演员写笑话，为电台写，为自己写了一幕夜店剧并做了表演，为电视写，在俱乐部、音乐会和电视上表演，编导电影，编导舞台剧，在百老汇表演，导演歌剧。我做过了一切，从在电视上与袋鼠打拳击到把普契尼搬上舞台。这使我能够在白宫用餐，在道奇体育场与大联盟球员打球，在巡演中、在新奥尔良典藏厅里演奏爵士乐，在美国和欧洲各地旅行，见国家元首，遇见各种有天赋的男人和女人，机智的家伙，迷人的女演员。我的书已经出版。如果我现在就死了，我也不会抱怨——还有许多人也不会。

唯一让我感兴趣的其他职业是犯罪生涯，比如当赌徒、老千和骗子，在我的电影喜剧《业余小偷》（*Small Time Crooks*）中，我有机会来扮演小罪犯。

《业余小偷》让我有机会与崔茜·尤玛演对手戏，她极具喜剧

[1] Eye of newt，西方传说中女巫合成魔药时会使用的原料。

天赋，我相信我不夸她你也知道。还和一群傻瓜合作了，包括一些真正搞笑的人。看看谁在演我写的笑话：迈克尔·拉帕波特，我最喜欢的演员之一，加上乔恩·拉威茨，当然还有伊莲·梅。自从伊莲和迈克·尼科尔斯来到纽约时起，我就认识她了。我们有同一个经纪人，杰克·罗林斯。在我成为喜剧演员之前，我想为他们写作,但他们不需要我。当我拍我的第一部电影《傻瓜入狱记》时，我请伊莲出演，她把我打发了，说："我不能，我戴着颈部支架呢。"多年来，我们的道路多次交叉，我们都在剧院工作，为大卫·马梅的独幕剧之夜创作独幕剧，多年后又与伊桑·科恩合作。总之，她同意出演《业余小偷》，此后我们又在我做的一个电视作品中合作。我的观点是，她是为数不多的真正有趣的人之一。

我的意思是，有很多人做喜剧为生。许多人都很有趣。有些被认为是天才，其实他们远非如此。有些所谓的天才甚至根本就不行。总之，还是有一些真正好笑的人。当然，这是品味问题，我们都为自己做决定。我没有兴趣把我认为真正有趣的人强加给别人。我也没有兴趣听他们觉得谁有趣。让我们每个人都享受自己最喜欢的喜剧表演者，不被多余的冲突玷污。因为这是一份个人文件的书面记录，我就直说了，对我而言，格劳乔·马克斯、W. C. 菲尔兹和伊莲·梅是无可争议的好笑，而 S. J. 佩雷尔曼是我的时代里地球上最搞笑的人。哦,别忘了《Pogo》——这部沃尔特·凯利的连环画有着天才的手笔。还有其他人，但让我继续吧。

总之，《业余小偷》中的坏人由休·格兰特出色地扮演。他是如此优雅地讨好人，工于心计，如此潇洒，是一个完美迷人的反派。这部电影拍得很好。我的犯罪故事似乎很受公众欢迎。

在田纳西·威廉斯所说的“这种黑暗的行进”[1]中的某处，我接到杰夫·卡森伯格的电话，他问我是否愿意为一部名为《蚁哥正传》(*Antz*)的动画片里的主角蚂蚁配音。几年前，我扮演过一个精子，不知为何，在讨论谁适合扮演昆虫时，我的名字出现了。杰弗瑞[2]告诉我，这将会是我做过的最简单的工作，而且很有趣。我所要做的只是在录音室里朗读，他们给我录音。我一直很喜欢杰弗瑞，很高兴能帮他一个忙。结果是，这并不容易，我也不觉得有趣。它困难而乏味，我感到很无聊，结束时，我发誓我再也不做这个了，也确实再没做过。虽然我很喜欢杰弗瑞，但当他再次提出为另一个花园里的害虫配音时，我放弃了。那时，我担心会成为扮演同一类型角色的人。

我曾帮过不少人，在他们认为我可以帮忙的时候，去客串或演过一些小角色。我客串过的小角色，一次是为斯坦利·图齐，一次为我的朋友道格拉斯·麦克格兰斯，还有一次是为一个完全陌生的人。巴黎的某个法国女孩需要我在她导演的一部法国电影中扮演自己，由于这是她的处女作，整个客串露面只需要一个小时，我在巴黎时赶去她的片场，按指示做了。我不喜欢在电影中看到自己，所以从来没有看过这些电影，当然也没有看过一部我完整出演的电影，那部影片叫《雷霆穿梭人》(*Picking Up the Pieces*)，我相信它会赢得2000年奥斯卡最难以置信浪费胶片奖。

有趣的是，我在那部电影中与莎朗·斯通一起表演。莎朗在《星尘往事》中短暂出场，并将出演约翰·特托罗的电影《色衰应召男》

---

[1] 出自田纳西·威廉斯《欲望号街车》：“在这场黑暗的进军当中，不管我们在走向何方……都不要——千万不要自甘堕落，跟那些野蛮人一起退缩不前！”

[2] 即杰夫·卡森伯格，此时已成为梦工厂影业首席执行官。

（*Fading Gigolo*），我在其中扮演一个重要角色。我和莎朗·斯通一起演过三部电影，但她是第一个告诉你我们永远不会发生浪漫关系的人。我一直认为她是个好演员，非常漂亮，我想知道为什么每当她听说我会在电影中出现，就会拿着那根十英尺长的柱子[1]来工作。我很喜欢被约翰·特托罗导演，因为他是一个出色的演员，知道如何指导演员，我觉得自己被认真对待。我看了那部电影。我不得不这么做。特托罗坚持要看，他就在放映室里坐在我旁边。灯光亮起时，我给了他一些当之无愧的鼓励之词。

试图为《玉蝎子的魔咒》（*The Curse of the Jade Scorpion*）选角是非常困难的，我邀请担任主角的每个演员都拒绝了。我被迫自己来演，结果我成了电影中的薄弱环节。演员们都很出色。丹·艾克罗伊德和海伦·亨特出演重要的角色，可以预见他们演得很精彩。查理兹·塞隆有很强的个性，戏路也很宽广。可接着还有我。这个角色需要杰克·尼科尔森，汤姆·汉克斯可以是另一种思路，但我做了努力，还是不适合。尽管我的表演有缺陷，这部电影还是取得了一定的成功。但有趣的是，在不同的国家，同一个人的电影受到的欢迎往往非常不同，在西班牙，它非常卖座。各种文化如何对相同的材料做出反应是很迷人的。一部电影会在阿根廷卖座，却在英国不怎么样。另一部在德国大受欢迎，但死在澳大利亚。一部在日本成功，但在巴西完蛋。正是这样的映后评价，使我被邀请共进晚餐的次数始终保持在最低水平。所以《玉蝎子的魔咒》，不管出于什么原因，在西班牙人中引起很大反响。

[1] 俗语 wouldn't touch something with a ten-foot pole 的变形，意为不想参与某事。

对我来说，最令人失望的电影是《好莱坞式结局》（*Hollywood Ending*）。我觉得那部电影很有趣，但它没有做好。故事设定是有趣的，我执行得很好，我的女主角蒂娅·里欧妮很出色，配角们也很出色，这个想法充满潜力。一位电影导演心理性失明，因为不愿失去执导复出电影的机会，于是一直假装自己能看见。在卓别林或巴斯特·基顿的手中，这将是一部杰作。即使在我手中，它也很有趣——或者说我就一直这么告诉人们。

在那部电影中，我解雇了哈斯克尔·韦克斯勒。我一直认为他是个天才摄影师，但我发现他很幼稚，像个纠缠不休的孩子一样烦人，而且我很早就意识到，如果我们每个镜头前后都要进行塔木德式[1]的争论，我就会比计划多花几个月时间。我很抱歉这样做，因为我一直期待着与这样一个有天赋的人合作，但化学反应很糟糕。

伙计们，这么多年过去了，事实证明，我仍然在写露易丝。《奇招尽出》（*Anything Else*）是这部电影的标题，克里斯蒂娜·里奇扮演这个欲望的隐晦对象[2]，她非常性感。贾森·比格斯非常迷人地扮演了年轻版的我，我则扮演了夸张版的大卫·帕尼奇，那位与我在塔米蒙特一起度过几个夏天的作家。帕尼奇当时在那里工作，他的才华影响了我，我们花时间思考生活、爱情、艺术、死亡；两个敏感的诗人，相比这个悲惨星球充斥的狂飙突进[3]，我们太脆弱了，两个迷失的灵魂寻找答案或一种奏效的哲学，并在缪斯塔

❶《塔木德》为犹太教经典文献，犹太人会聚在一起逐字逐句研读和辩论。

❷ 挪用了路易斯·布努埃尔 1977 年的电影《朦胧的欲望》（英译名为 *The Obscure Object of Desire*）。

❸ 原文为德语 Sturm und Drang，指 18 世纪德国文艺从古典主义向浪漫主义的过渡阶段，来源于剧作家克林格的同名戏剧，《少年维特的烦恼》为该流派代表作。

利亚[1]的帮助下找到某种分心的办法，可惜时间太短，无法阻止我们精神上不断流血。（我开始像少年维特不断抱怨了。）但我们两个误入歧途的无聊人类在争相抓牢点什么东西，一个已经在约束衣中度过一段时间，另一个呢，可以想象也将会穿上约束衣，却被更粗糙的基因拯救了。

我可以把生命看成悲剧或喜剧，这取决于我的血糖水平，但我一直认为它毫无意义。我觉得我是一个悲剧演员，只是被锁在单口喜剧演员的身体里。一个缄默的、不光彩的弥尔顿。但希望你是指弥尔顿·伯利。[2]

同时，《奇招尽出》在票房上没有什么表现，我继续拍了电影《双生美莲达》（*Melinda and Melinda*），希望从喜剧和悲剧两个角度审视故事和人物。这部电影还不错，不是很好，也不糟糕。同时，我的电影已经用完了资助，因为它们不怎么赚钱，但我仍然像托斯卡尼尼[3]一样要求控制权。电影公司，甚至那些以前想与我合作的公司，都不想投资了。他们说，我们不是银行，我们想要给一些建议。故事是什么？你认为谁来出演？至少要听听我们的想法。但不，我不会这么想。我宁愿不拍电影。电影公司的人，业务主管们，对创作的了解比一无所知还少。这不是罪过。我们这些拍电影的人也几乎一无所知。这不是一门精确科学，每部电影都是一种新的体验，有独特的问题。你使用你的大脑、你的经验，大部分时候是在使用你的直觉，直到让电影有

[1] 希腊神话中掌管喜剧的缪斯。

[2] 第一个“弥尔顿”应指著有《失乐园》的英国伟大诗人约翰·弥尔顿，弥尔顿·伯利则为美国喜剧演员（通常翻译为米尔顿·伯利）。

[3] 指阿图罗·托斯卡尼尼，意大利指挥家。

了某种意义。

但至少艺术家们充满不安全感，知道自己一无所知。大多数投钱的家伙什么都不知道，没有直觉，却经常认为自己懂行，甚至比艺术家更懂。他们粗暴对待并糟蹋了正在进行中的工作，通过任何必要手段都难以讨好，最终结果往往比让艺术家独自完成还要糟糕十倍。让他沉没或自己游泳吧。企业高管做出比艺术家更好的选择，项目又获得丰厚回报，可谓千年一见，纯粹因为偶然，后来却被当作智慧来炫耀。这是很罕见的，更多时候，项目会被西装佬的干涉毁掉。

我在这里谈的是一般的商业电影。如果导演是艺术家，比如说伯格曼或费里尼，那么除了艺术家本人的灵魂以外，任何来源的建议都是不可能的；即使是西装佬，也能感觉到这一点并走开。虽然我配不上，却总能像艺术电影人的同班同学那样工作，拿我和他们比是个错误，但我不妥协的要求为我赢得了更适合那些真正大师的尊重。尽管如此，我坚持认为，如果你想投资我的电影，你就把现金放在牛皮纸袋里，然后走开，我会带着一部完成的电影出现，你有权按你认为合适的方式发行。但是好莱坞正在发生变化，我的业绩记录虽然扎实，但无法跟上激增的大片心态。所以我当时带着《赛末点》（*Match Point*）的剧本，以纽约、汉普顿和棕榈滩为故事背景，可没人拿着现金和牛皮纸袋出现。

然后我接到一个来自伦敦的电话。某些家伙说，如果我的下一部大作能在伦敦拍摄，他们将为我提供资金支持。与美国大亨们不同，他们声称不懂电影制作，而且不耻于被视为银行家。转眼之间，我把笔放在纸上，纽约很快变成伦敦，汉普顿变成科茨沃尔德，所有汽车上的引擎盖都变成了发动机盖[1]，人们不再点巨无霸，而是点干果布丁[2]。

我选了凯特·温斯莱特担任主角，与乔纳森·莱斯·梅耶斯演对手戏。在拍摄前一周，凯特打电话说她不能演了。离开孩子太长时间，她很疲惫，需要一些家庭空间。我理解她的权衡，希望我们有一天能再次合作，我们也确实这样做了。突然间，我们急于寻找最后一刻的替代者，有人提到一个叫斯嘉丽·约翰逊的年轻女孩有档期。我看过她在泰利·茨威戈夫的精彩影片《幽灵世界》（*Ghost World*）中的出色表现，于是给她发去了剧本。不到二十四小时，她就加入了。她拍《赛末点》时只有十九岁，但她当时展现了一切：令人兴奋的女演员，天生的电影明星，真正的智慧，敏捷而有趣，当你见到她时，你必须奋力在费洛蒙中找到一条出路。她不仅有天赋和美丽，而且具有放射性般的性魅力。你有一种感觉，她随时都要拉着你的手，微笑着说，如果你真的想让我们试试，我可以安排。我在几部电影中使用了她，她的表现非常出色，我只希望能再次与她合作，在我死之前，或在衰老来临、我流口水（但不是为她而流）之前。

在伦敦拍电影就像学生拍电影一样，从最好的意义上而言。每个人都热情参与帮忙。端盘子的人会搬椅子，没有人罢工。如果你需要额外的几分钟而不进入加班状态，那也不是世界末日；化妆师可以很快地演一个小角色，他不需要属于什么演员协会。还有天气。那些极好的灰色天空，完美适合摄影。就算我想，我也

---

[1] 原文中的 hood 和 bonnet 都意为引擎罩，分别为美式和英式表达，这里以引擎盖和发动机盖作为区分。

[2] 英国传统小吃，一种由羊牛油脂配上干果做成的布丁。

不可能毁掉《赛末点》。我需要一个最后时刻替代凯特·温斯莱特的人，我得到了谁？斯嘉丽。我需要下雨的天气，我得到了。如果我需要一个晴天，我就得到了阳光。这就像电影之神们在试图弥补他们对我的多次坑害。

我永远不会忘记拍摄的前一天，我走进录音室录制乔纳森·莱斯·梅耶斯的开场画外音。我和我的助理萨拉·艾伦塔奇一起听他读，我问她："这些话是我写的吗？"我的意思是他的爱尔兰声线如此美丽，让我听起来像是一个作家，而且不是普通的作家。我说的是迪伦·托马斯或詹姆斯·乔伊斯。在家里，我试着用同样浑厚抒情的声调读我的台词，但宋宜说我听起来像爱发先生[1]。我还得以与艾米莉·莫迪默合作，她接下的角色要是其他人来演会很不显眼，但她使之出彩。令人惊奇的是，在《赛末点》中，每位演小角色的男女演员都做出了真正的贡献。那部电影对我来说是一种快乐。这是我拍过的少数几部超越我的雄心的电影之一。

因此，三个夏天之后，我回到伦敦，与斯嘉丽一起拍了《独家新闻》(*Scoop*)，与伊万·麦克格雷格和科林·法瑞尔一起拍了《卡珊德拉之梦》(*Cassandra's Dream*)，在那里我第一次发现了莎莉·霍金斯。我说"发现"，是因为她出现在一个视频中，视频主角才是我们在考虑的女演员，但我只在想，另一位是谁？她很不错。与激动人心的休·杰克曼和斯嘉丽在《独家新闻》中合作很有趣，我和她都决定让她看起来傻傻的，缺少魅力。当你像她一样美丽时，你就不会担心把自己呈现为一个戴眼镜的傻子。我扮演英雄，但真正的英雄是伊恩·麦柯肖恩演的记者。我总是很喜欢记者。除

[1] 动画《乐一通》的猎人角色，兔八哥的死敌。

了牛仔、爵士乐手、联邦调查局特工、私家侦探、赌徒和魔术师之外，我还幻想成为一名新闻记者，一名打击犯罪的记者，通过不懈的挖掘，找到了揭露市政厅腐败的故事，或者将一个无辜的人从绞刑架上救下来。要不就是当体育记者，我可以像我的偶像吉米·坎农一样，记录竞技体育的诗意。

唉，命运对我另有安排，但我最美好的记忆之一就是和记者伦纳德·莱昂斯一起在百老汇巡游的那个晚上。莱昂斯是一位纽约专栏作家，他不依赖于媒体公关的新闻稿，而是自己报道城市夜生活，积累了数以百计城中名人的精彩轶事。一天晚上，他和妻子邀请我到他们位于贝雷斯福德的公寓吃饭，当时我是一个新人喜剧演员。晚上 10 点左右，他开始工作。他吻别妻子，我们走进曼哈顿夜色中的街道。他带我去萨尔迪餐厅，去广场饭店里的橡树餐厅，去托特·肖尔餐厅，去华尔道夫和林迪餐厅，他聊着天，听作家、演员、女演员和制片人说话。我度过了一个在布鲁克林 J 大道上长大时一直梦想拥有的夜晚。有时，当我夜里躺在床上无法入睡，又难得不去想象我的死亡——被汽车轧死或被蟒蛇吞掉——我就会怀念与伦纳德·莱昂斯在城里的那个夜晚。

那是一个消逝的年代，百老汇会在晚上 8 点 40 分拉开帷幕。第一批夜游神身着黑色领带，有趣的戏迷们填满音乐盒、布罗德赫斯特、朗埃克尔和布斯剧院[1]。演出在一个文明的时间开始，你可以先吃饭，也许在 11 点的高潮之后再去一个晚餐俱乐部。这是纽约中产阶级逃离时报广场并将之交给游客之前的城市。那时候大量黄色出租车有加座，还没有那条可怕的步行街，没有自行车

[1] 均为位于曼哈顿的百老汇剧院。

的侵袭。（如果你仔细阅读逾越节故事，在关于十灾的部分，他们紧接着蝗虫、青蛙和疖子之后提到了自行车。）纽约是一个步行之城。但在那个年代，你可以花两百美元买到一套新衣服和一张管弦乐队演出门票，而不单单是门票。顺便说一句，伦纳德·莱昂斯是第一个也是唯一一个敢于刊登笑话的专栏作家，当时菲利普·罗斯的《波特诺伊的怨诉》（*Portnoy's Complaint*）[1]一书被买走电影版权，大家都不敢相信地问：如何把这本书拍成电影呢？一些机智的人说："用手持摄像机。"当时还是一个谨慎的时代，但伦纳德·莱昂斯忍不住刊登了这个笑话，我不怪他。

在《卡珊德拉之梦》之后，我在伦敦稍事休整，然后回来拍了《遭遇陌生人》（*You Will Meet A Tall Dark Stranger*），在其中有机会与乔什·布洛林合作，我看到他在好几部电影中都表现出色，还有杰玛·琼斯和娜奥米·沃茨。娜奥米是一位真正出色的女演员。我从未见过她，也没有和她说过一句话。在我们需要她拍摄的那天早上，她在拍摄时间表的中段出现了。她要做的第一件事是最难的一场戏，非常情绪化。她进来，不紧张，不恐惧，一副理直气壮的自信样子。匆匆打了个招呼，我们握手，她就迅速而完美地拍完了那场困难的戏。她经历了全部激烈的情绪。然后是剪辑、洗印，而她微笑着奔去午餐。我不得不说，纳奥米不仅是一位出色的电影明星，非常漂亮，而且她有演艺界最性感的两颗门牙。

我在伦敦拍摄那第四部电影之前，先拍了另外两部电影。（我知道，我在跳来跳去，但请试着跟着我。）我在西班牙待了一个夏天，与斯嘉丽、佩内洛普·克鲁兹、丽贝卡·豪尔、派翠西娅·克拉克森、

[1] 这部小说充满大量色情描写和辱骂性语言，在当时引起了巨大争议。

克里斯·梅西纳和凯文·杜恩一起拍摄了《午夜巴塞罗那》(*Vicky Cristina Barcelona*)。更不用说哈维尔·巴登了,他是电影界最好的演员之一。阵容相当强大。除了有一次我精神崩溃,听到有声音叫我在奥尔良[1]征服英国人,我看上去还挺不错。佩内洛普是优秀而丰富的表演人才,更是地球表面最性感的人类之一,将她与斯嘉丽结合在一起,使女人的情欲效价呈几何级数增长。当之无愧地,佩内洛普因其表演获得奥斯卡奖。我们想给这部电影定为R级,但委员会只给了我们PG级[2],因为他们说这两个女人之间的性爱处理得很有品位。这是我一生中唯一一次被指责为有品位从而影响了我们的票房。

我和家人在巴塞罗那度过了一个美好的夏天,有幸在人类允许范围内尽可能多地在Ca L'Isidre餐厅就餐,仅此一点就使整个经历非常愉快。我们在奥维耶多拍了几场戏,这是一个有着伦敦般天气的小镇,让人欣喜。我第一次访问奥维耶多时,被告知入围了阿斯图里亚斯亲王奖。我拒绝了,首先,我对奖项没兴趣,其次,虽然我从不喜欢侮辱任何愿意颁给我奖的人,但从不接受任何以我在场为条件的奖项。

几年后,金球奖想给我一个终身成就奖,但这意味着我必须到场接受奖项。我拒绝了。两天后,他们说会把奖给我,我不必到现场。那我可以。我从来不看颁奖礼,如果我不用去也不用看,他们还想给我颁奖的话,我当然不会粗鲁地提出异议。黛安·基

❶ 应指法国奥尔良市,法军15世纪在该地打败围城的英国人,成为英法百年战争的重要转折点。

❷ R级为限制级,十七岁以下不得观看;PG级包含部分家长可能认为不适合儿童的内容,建议家长观看时进行指导。

顿为我代领了奖。艾玛·斯通友好地介绍了她。我没有看这个秀，但由于她们在生活中完美无瑕，就相信她们在典礼上也都完美无瑕。所以原本我拒绝了阿斯图里亚斯亲王奖。我从未听说过奥维耶多，也不打算去，请让我一个人待着吧，有一场球赛正在进行。突然间，我接到我们的西班牙电影发行商打来的一个惊慌失措的电话。我不能拒绝这个奖。这是西班牙的最高奖项，放在整个欧洲都算是大奖。它由亲王和王后颁发。这是他们的诺贝尔。现在，我开始想这应该是一个文书错误。某个可怜的、沾满墨水的可怜虫会因为错把我的名字放上获奖名单而下地狱。

但是，不；经过进一步调查，这不是一个错误。切到未来，我穿着晚礼服，与发明互联网或撰写经济理论的人一起受到表彰，在艺术方面有丹尼尔·巴伦博伊姆，古典音乐代表人物，还有阿瑟·米勒。是的，我将获得与《推销员之死》的作者相同的荣誉。这一定是哪里搞错了。这幅图景有什么问题？我的家人见到了王后，也见到了西班牙王子，他后来到纽约我们家来吃饭。我能和这些人在一起做什么呢？事情已经不是我能控制的了。于是，我们位于东九十二街的房子前面停了辆汽车，特工正在检查我们的地下室、屋顶和花园。毕竟最终会有西班牙的王子来吃晚饭。但那是后来的事。

我在奥维耶多期间，阿瑟·米勒提议我们共进午餐，就我们两个人，聊个几小时。突然间，我得以和这位作家共进午餐，他和田纳西·威廉斯分享我布鲁克林公寓里的专属神龛。伙计们，就好像生活还不够不公平，我得到了和他一样的艺术成就奖。与阿瑟·米勒共进午餐是我作为男孩、年轻人时，甚至一周之前还只能幻想的事情。我问了无数问题，我清楚地记得，他向我证实，生命确实是没有意义的。我告诉他我对生命有限的感受。我把它比喻为，当你习惯于每天早上固定在某个时间段醒来，比方说8点，而在某个特定日子，你有一个7点的约会，就必须在6点醒来，做好准备，准时到达那里。那我整晚都会睡不好，因为我知道我必须早起，闹钟会在6点响起。这完全破坏了我晚上的睡眠，如果我还能入睡的话。就这样，我的生活被毁了，被破坏了，因为我知道有一天闹钟会响，我必须会离开，想到这一点使我的思想无法安宁，令我在尚存的所有日子里辗转反侧，等待那一刻的到来。我向这位伟大的剧作家解释了这一点，当我编造着我的隐喻时，他的思绪早已飘到了他的泡芙上。我想起多年前，他曾问我是否愿意在他的电视剧《集中营血泪》（*Playing for Time*）中指导瓦妮莎·雷德格雷夫。可我与联美签订的独家合同禁止我这样做。但他喜欢我的作品。我非常幸运，几乎所有我崇拜的人好像都喜欢我做的东西。格劳乔、佩雷尔曼、英格玛、田纳西·威廉斯、米勒、卡赞、特吕弗、费里尼、加西亚·马尔克斯、维斯拉瓦·辛波斯卡，仅举几例。要不然这就是某个他们都参与其中的玩笑。嗯。就像奥维耶多人民在他们的城市广场上为我竖雕像。他们从来没有问过我，只是告诉我竖起了一座雕像纪念我。我有一种感觉，这就像在《巴黎圣母院》里有某种愚人婚礼，人们通过公开庆祝来取笑某只可悲的生物，你猜，那一年谁是那只生物。

也许我听起来愤世嫉俗、悲观、反人类，那我接下来将与一位愤世嫉俗的大师拉里·戴维合作。在《怎样都行》（*Whatever Works*）的拍摄现场，我们聊了一些关于单口喜剧的问题。想起我在夜总会表演的那些年，我不得不说今天的有趣男女们把我远远地抛在后面。我唯一的批评是，第一，许多人都无端地肮脏。记住，我说的是“无端”。我不介意脏话，如果它有助于搞笑的桥段，但自从语言在60年代被解放后，听到表演者用老式的所谓粗口来加强他们的材料令人尴尬。显然，喜剧演员认为这给了他们一种时髦、尖刻、骇人或自由的感觉，事实上他们可以表演同样的材料，清晰地说话，而不是如此明显地努力尝试和实现他们认为粗口能达到的效果。它往往是牵强和笨拙的。其次是新的陈词滥调介绍语。我年轻时陈词滥调是，喜剧演员上台说——晚上好，女士们，先生们。他们大多是男人，通常穿着晚礼服。他们都是华而不实、衣着光鲜的家伙，表演的笑话都是买来的，甚至可能以一首歌结尾。“这就是为什么我说——当你微笑的时候……”

如今老一套的喜剧演员一出场，就把话筒从支架上拿下来，这样他们就可以在舞台上走来走去，大声喊出他们的台词，然后上帝啊，他们走向放在舞台中央的椅子或桌子，上面放着瓶装水，让喜剧演员不时喝一口。所有这些口渴的喜剧演员都是从哪里来的？我从不认识有单口喜剧演员会因脱水而跪下。演员们演几个小时莎士比亚、哈姆雷特或李尔王也不会偷偷躲到窗帘后面喝一口波兰矿泉水。但在电视上，你会发现某些滑稽的家伙前前后后跑来跑去说道：“你知道我烦什么吗——你有没有去过那种该死的加勒比海游轮？它们他妈是最糟糕的。”现在他需要以某种方式弄到一点水，否则他干枯的遗体将在舞台上被发现，就像沙漠中的一具骷髅。在等待他润泽干涸的扁桃体时，我总是把频道切换到更引人入胜的内容，比如英威塔手表频道。

最近我不得不做一次单口，因为我被拉去参加美国电影协会向黛安·基顿致敬的活动。她说：“你要来。”“我会把祝贺词录下来。”我恳求道。“不，老兄，你要来。不仅如此，你要给我颁奖。”

“但是……”我咕哝道。“对不起。请把你的正装从樟脑丸里翻出来。”就这样，我去表演了几个笑话，得到了笑声，我明白，如果我再做单口，我不会再犯我起步时犯的错误了，比如安于许多没什么价值的笑话，急于脱口而出，矫揉造作地坐立不安。我就是这么个骗子。不过，既然我不再做单口了，我们到底在谈论些什么？

在国外拍摄的几部电影获得成功后，各个国家开始打电话邀请我去拍电影，他们会毫不犹豫地支持。我很乐意这样工作，我的妻子也很高兴有机会和孩子们一起在国外生活，真正吸收不同的文化。所有这些都很好，只要东道主城市是一个我可以舒服地住三四个月拍完电影的地方。伦敦是一种享受，巴塞罗那却是一个梦想。如果收到的邀请来自比如说提鲁瓦南塔普拉姆[1]，那我肯定会放弃。当巴黎向我招手，承诺给予充分合作，让我在那里拍电影变得容易时，你可以想象我是多么迅速地从身后的口袋里掏出一份合同并签了字。

结果是《午夜巴黎》(*Midnight in Paris*)，这意味着在布里斯托酒店的大套房里住四个月，除了可颂、松露和那些街道和屋顶之外，什么都没有。我写了一个东方知识分子角色，但当有机会让欧文·威尔逊出演时，我重新写了这个角色，使之适合他。我有机会与另一位伟大的女演员玛丽昂·歌迪亚合作。我不认为她喜欢这段经历，但我喜欢。她非常可爱，显然从未意识到自己有多了不起。她是我合作过的唯一一个在片场哭泣、但我永远不明白是为什么的女演员。她所做的一切都很出色。也许我没怎么和

[1] 印度南部城市，喀拉拉邦首府，是一个信息技术中心和旅游胜地。

她说话，但只是因为没有什么可告诉她的；她每件事都做得很好。但不知为何，她对自己不满意。至于我，我在片场很友好，待人亲切，敬畏她的才华，一直认同她的表演。总之，很荣幸能和她合作，没有更好的选择。

欧文也很出色，导演他是一种乐趣。他会坐在那里大口喝一种微咸的玩意儿，颜色是绿的，我猜是为了延长他的寿命，但如果不得不一直喝那种碧绿的汁液，谁会想活得更久呢？我成功地让艾德里安·布洛迪扮演年轻的萨尔瓦多·达利，这是影片的亮点之一，寇瑞·斯托尔扮演的欧内斯特·海明威同样如此。然后有瑞秋·麦克亚当斯，这位女演员扮演欧文不那么好的未婚妻，她令每一句台词都很真实，从任何角度看都像一百万美元。对我来说，锦上添花的是蕾雅·赛杜。我从没有听说过她，电影拍到一半时，我们意识到需要快速雇用一个小但关键的角色。我收到了一盘带子，里面有很多女演员供我选择，而我就有了那种“那是谁”的瞬间。蕾雅很有魅力。她显然是一流女演员，多年来通过扮演各种角色证明了她值得被称赞。我们很快雇用了她，第一次见到她时，我就一直盯着她看。这不仅因为她很美——她能得超过十分，而且她以一种完全抓人的方式特别美丽。她的个性如此迷人，照亮了她如同由雷诺阿和拉斐尔合作完成的脸。当我们在深夜拍摄时，在冰冷的室外站了几个小时，她的鼻子开始流鼻涕，但她仍然是我见过的最美丽的女人之一。多年来，我一直关注她的作品，几乎要选她出演另一部电影，但她的法国口音对那个美国角色来说太重了。也许如果我幸运的话，在我的某一部电影中会有一个适合她的角色，比如说她可以扮演一个缺乏爱情的孤独家庭主妇，而我可以扮演她的私人教练。

我喜欢拍摄城市。尤其是熙熙攘攘的街头生活。而在雨中，它们如此有情调。我可以用一段巴黎蒙太奇开场，伴奏是西德尼·贝彻，他吹的号完美再现了法国精神。我愿意只拍城市蒙太奇，用我喜欢的音乐伴奏。在巴黎工作。住在巴黎。为什么《风流绅士》拍完后我没有留下来？我或许会拥有截然不同的生活。可能不会成为单口喜剧演员。不可能遇到宋宜。为了爱宋宜，我付出了巨大代价。一切都值得。漂亮、性感、聪明、有趣，一个完美的妻子。只希望她记得把我火化。在为《午夜巴黎》做前期准备时，我们受邀去见尼古拉·萨科齐总统和他的妻子卡拉·布鲁尼。我们在爱丽舍宫吃了早午饭。我太紧张了，忘了带我的欢乐蜂鸣器❶。接着我们一起聊了一会儿，最后，因为卡拉·布鲁尼讨人喜欢又令人着迷，而且我知道她在演艺界做过一些唱歌的工作，我就鼓起勇气问她是否愿意在电影中演个角色。她看了看丈夫，想知道他对与一个肮脏的平民扯上关系有什么看法，他说这没什么不好，于是她答应了。从媒体上看，你会认为有一艘宇宙飞船着陆了。整个欧洲都是头版新闻。到了拍摄时，她非常专业。她准时到场，表演得很好，给所有人留下深刻印象。她记得自己的台词，演得漂亮，并能快速切换，在一时冲动间增删台词。人们就该都这么好合作——我妈没准会这么说。

自然，她丈夫萨科齐总统有一天晚上来看我们拍戏，你可以想象法国工作人员是多么兴奋，他们还得全力以赴，以免一不小心没抓牢掉落的东西，最后被送上断头台。这部电影非常成功。我在很多年前就有了这个想法，因为每次碰到斯威夫特·拉扎尔❷，

❶ 一种戴在手掌上的恶作剧装置，握手时，蜂鸣器会振动，对方有被电击的感觉。

❷ 美国明星经纪人。

他都会告诉我加里·格兰特很想和我合作，问我是否有什么想法。在我最初的想法中，一辆汽车在午夜时分停在当代纽约，加里·格兰特说上车。我上了车，我们回到20年代的纽约去参加一个派对，有黑帮分子和歌舞女郎，剧场界的偶像。而当巴黎诱人地隐现时，打字机上的按键自然而然从萨顿广场跳到了旺多姆广场。

欧文·威尔逊和加里·格兰特本可以组成伟大的二人组。有一次，我真的邀请加里·格兰特来演，但斯威夫特·拉扎尔其实一直在撒谎，他说加里想和我合作，而当我们问加里是否可以把剧本发给他时，他说："你在开玩笑吗？我已经退休了。"加森·卡宁后来告诉我，如果斯威夫特告诉你一些事情，还叫你尽管放心，那他说的就是谎言。

我必须说，我有理由相信我可能会让加里·格兰特演我的电影，因为他是我的大影迷。我无意吹嘘，但如果不先告诉你们这个事实，我就无法讲这个故事。格兰特必须是我的影迷，否则故事就说不通。所以在这些剧本的事发生之前，加里·格兰特，大名鼎鼎的加里·格兰特，来到纽约的迈克尔酒吧看我演奏爵士乐。他独自前来。一个人坐在一张相当近的桌子前。他带来了我所有的书。他让我为他签名。我在两场演出之间和他坐了一个小时。他还坚持要留下来听第二场。自然，我们谈到电影。他很了解我的电影。现在，令人惊奇的事情来了。他在那里待了几个小时，房间里挤满了人，却没有一个人上前跟他打招呼，问"你是加里·格兰特吗？"并要求签名。那晚结束时，我们说了再见，我得到一个小小的拥抱。几年后，当斯威夫特·拉扎尔告诉我，他很想和我合作时，你不能怪我相信了。可他已经退休，虽然他人很热情，使我深感荣幸，但他也是出了名的节俭，于是我想到，也许他让我在书上签名，这样就可以在 eBay 上出售它们了。

《爱在罗马》(*To Rome with Love*) 是一个糟糕的片名。原本的片名是《尼禄乱弹琴》(*Nero Fiddled*) ❶,但那些把宝都押在这部罗马电影的人们都很反感。他们恳求我至少为罗马修改一下。毕竟，贝卢斯科尼 ❷ 可能会产生错误的想法。起初，我在美国保留了原名,但这不是一场值得打的战斗。我本可以仗势欺人,坚持下去,但意大利的资助者都是好人，如果我可以用一个小小的片名改动让他们远离贝卢斯科尼的打击名单，为什么要让他们的生活变得悲惨?

就这样，现在我又和佩内洛普 · 克鲁兹以及朱迪 · 戴维斯在罗马合作了。朱迪和我仍然不说话，但这次是不说意大利语。我得以与亚历克 · 鲍德温合作，这总是一种荣幸，还有艾伦 · 佩吉和格蕾塔 · 葛韦格，格蕾塔后来自己导演了一部精彩的电影。艾伦和格蕾塔后来都会告发我，说他们后悔与我合作，我将会说到这一点，但我喜欢和她们俩合作，认为她们非常了不起。这部电影有一半是意大利语，我有两个很大的兴奋点。第一，我在导演一部意大利电影。我是在德西卡、费里尼和安东尼奥尼的作品中长大的，现在在给意大利演员导戏，电影会讲意大利语并配有字幕。我知道这将减少票房收入，许多美国人不喜欢看有字幕的电影，但这只是一半的字幕。第二，我有幸导演伟大的罗伯托 · 贝尼尼，我对他赞不绝口。他不会说英语，我也不会说意大利语，

❶ 尼禄为罗马帝国皇帝，热爱艺术，也以压迫基督徒而著称。传闻说他在罗马大火期间仍在弹琴，后将大火归咎于基督徒，借此逮捕和迫害教徒。原片名中的 Fiddle 有弹琴之意，也有篡改、伪造的意思。

❷ 当时的意大利总理，以傲慢个性、混乱私生活和民粹主义政治风格而闻名，常发表耸人听闻的争议性言论。

所以我不会用我的导演来毁了他。如果你看过这部电影，你就会知道我在大肆吹捧什么了。我印象非常深刻。顺便提一句，你不必懂那门语言就能辨别表演的好坏。它在空气中，在身体动作、面部表情和说话的语气里。电影拍完时，我给贝尼尼买了一本珍本书作为告别礼物，因为他喜欢这些东西。我想是《爱情神话》(*Satyricon*)❶。我不确定。书是意大利文的。

好吧，那么现在我来告诉你们一个秘密。一个明显的秘密。我一直想成为田纳西 · 威廉斯。我年轻时心中另一位伟大的美国剧作家是阿瑟 · 米勒，作品总是具有社会性，深度涉及政治、伦理和道德选择，尽管《推销员之死》不仅限于这些主题，《都是我的儿子》(*All My Sons*) 里也有一些我喜欢的诗意。《桥头眺望》(*A View from the Bridge*)❷只有在列维 · 施瑞博尔扮演主角、斯嘉丽演对手戏的时候才变得伟大，我看过它四种不同的制作，包括原作。电影版也相当扎实，但是因为它有玛伦 · 斯塔普莱顿，而且是由我喜欢的导演西德尼 · 吕美特执导的。

但是田纳西 · 威廉斯可不一样。让我们暂停一下，以便我可以抒发喜悦之情。我成长阶段的偶像就是田纳西·威廉斯。阿贝·伯罗斯在我十八岁时问我，是否有什么人是我想见的，可以讨论我对写作的兴趣。我说田纳西 · 威廉斯。他说，田纳西不是那种可以轻易坐下来就聊天的人。我读了他所有的剧本、所有的书。在我那个年龄段，我最自豪的两样东西是《一只手臂》和《硬糖》的漂亮精装本。我看过很多次他的戏。我有最喜欢的剧作和演出。

---

❶ 古罗马作家佩尼托奥的小说作品，意在嘲讽罗马暴君尼禄奢华、荒淫的一生，后被费里尼改编为同名电影。

❷ 舞台剧一般译作《桥头风景》。

正如我之前所说，《欲望号街车》这部电影对我来说绝对是完美的艺术。除了结束时的废话，向D. H. 劳伦斯所说的“删改白痴”鞠躬的一刻。这是我见过的剧本、表演和导演最完美的结合。我同意理查德·什克尔的观点，他称该剧完美。人物也写得如此完美，每一个细微差别、每一种本能、每一句台词都是已知宇宙中所有可选项的最佳选择。所有的表演都无比精彩。费雯·丽无与伦比，比我认识的真人更真实、更生动。马龙·白兰度是一首活着的诗。他是一位登场就能改变表演史的演员。魔术、环境、新奥尔良、法国区、潮湿的雨天下午、扑克之夜。艺术天才，天马行空。

好——现在我们切到我，一个笑料传播者，一个停车位笑话传播者，无解地从二流创作者上升到导演行列，这依靠努力工作、惊人的运气，以及在正确的时间出现在正确的地点。所以才能经历了相当多的成功。那么，如果你渴望与埃斯库罗斯、奥尼尔、斯特林堡、田纳西·威廉斯并肩创作，这意味着什么？我对戏剧的第一次尝试是受到伯格曼的影响。伯格曼是我的电影偶像。我渴望能拍出《第七封印》和《野草莓》。相反，我却在《傻瓜大闹科学城》《爱与死》《安妮·霍尔》中踉跄前行。有趣，也许是，但没达到我的目标。《我心深处》。好吧，不错的尝试。那不是一部卖座的电影，我自己显然也还没有准备好在黄金时段登场。这种与我的自然天赋相对立的徒劳创作尝试一次次发生。《情怀九月天》《另一个女人》也是一样。可每次我面对特纳经典电影频道和《欲望号街车》的放映时，我都对自己说，嘿——我可以做到。于是又去尝试，但我做不到，于是有了《蓝色茉莉》(*Blue Jasmine*)。还是功亏一篑。我拥有非常伟大的女演员凯特·布兰切特，尽我所能为她创造一种具有戏剧性的情境。这个想法来自我的妻子，这是个好主意。但它太倚重于田纳西·威廉斯。人们以后会在《摩天轮》（*Wonder Wheel*）中再次看到这种情况，那是我迄今最好的作品，但我必须从南方的影响中走出来。

无论如何，《蓝色茉莉》成功了，凯特获得奥斯卡最佳女主角奖。哦，凯特·温斯莱特在《摩天轮》中的表现同样强大，但在可怕的虚假猥亵指控的第二波强劲冲击中，她也受到了损害，我们马上就要谈到这一点。同时，我只想说，我不是田纳西·威廉斯，永远也无法接近他的水准，虽然我相信你们已经注意到了，我只是想承认这一点，并向你们保证，你们没有错。

补充报道：一天晚上，我在伊莱恩餐厅买单，正要出门时被人叫住，你猜是谁？是的，田纳西·威廉斯。他正在那里和朋友吃饭。他喝了几杯，在我出门的时候叫住我，他告诉我，我是个艺术家。我环顾四周，看是否有一个真正的艺术家站在我身后，但没有，他指的是我。我想知道他把我误认作谁。品特？克里斯托？[1]我脸色涨得通红，喃喃说了几句语无伦次的客套话，然后退到门口，像一个太监一样一遍遍鞠躬。我把他的赞美归结为喝了太多薄荷酒，认错了人，演艺界的常规套路。切到几年后，有人写一本关于他的书，在他身边待了几个月，做了大量的谈话笔记。威廉斯去世后，这位作家非常友好地把他对我的评价笔记寄给了我。我不好意思引用这些话，我只知道，这位传记作家把这一切作为恶作剧编造出来，但就像相信自己的配偶是忠诚的一样，我宁愿不去深究。我把这些笔记放在家里。我把它们读了一遍，就像莫斯·哈特对待《一期一会》（*Once in a Lifetime*）的评论一样，然后就收

[1] 应分别指英国剧作家哈罗德·品特和美国建筑师克里斯托·弗拉基米罗夫·贾瓦契夫。

起来，再也不看了。

从好的方面看，在伯格曼和威廉斯的影响下，我为女性写了很多角色，包括一些相当生动有趣的角色。事实上，对于一个受到 #MeToo 狂热分子指责的人来说，我在异性方面的记录一点也不差。

我的媒体代表莱斯利 · 达特曾向我指出，在五十年的电影制作中，我与数百名女演员合作，提供了一百零六个女主角的角色，获得了六十二个女演员奖项提名，从未与其中任何一位有过不正当行为。或与任何一位临时演员。或与任何一位替身。此外，自从独立于电影公司以来，我已经雇用了两百三十名女性作为摄影背后的主要工作人员，更不用说女性剪辑师、女性制片人，而且每一位在我的电影里总是与男性同工同酬。

顺便说一句，莱斯利 · 达特是一位专业顶尖的媒体公关，几十年来负责我的宣传。当她与我签约时，并不知道自己签的是什么，以为与我共命运只是安排采访和宣传我的电影。她没有想到我会爱上一个比自己年轻三十五岁的女人，这个女人恰好是我女朋友的女儿。从这一喜讯传来的那一刻起，她就一直处于紧张状态，最近她对朋友们说起，有幸做我的媒体公关会少活几年。

总之，《蓝色茉莉》来了又去，我又有机会和亚历克 · 鲍德温、莎莉 · 霍金斯以及两位伟大的凯特[1]中的第一位合作。我的生活向前发展，宋宜仍然一直令人愉快，我的孩子们不断长大，当我试图帮助他们做作业时，我提醒他们，只有把我的三次考试成绩加在一起时，我的代数才有 98 分。于是夏天来了，我带着艾伦一家

[1] 指凯特·布兰切特（Cate）和凯特·温斯莱特（Kate），这里的第一位指凯特·布兰切特。

去法国南部，第一次体验到艾玛·斯通的魔力。

简单来说，艾玛拥有一切。她不仅美丽，而且以一种有趣的方式美丽，只要看着她就很有意思，这使她成为真正的电影明星。此外，她不仅能演戏，而且无所不能。她真的很好笑，也是一名优秀的戏剧演员。她是少数几个我在片场花很多时间交谈的人之一。那是因为她特别有魅力，我们在一起很开心。她教我发短信，电影结束后我们来回发了很多短信。我总是嘲弄她，她总是胜过我。当人们问起拍电影时，我试图说明这不是钱的问题，不是为了赞誉，不是想上通告，不是想得奖项；那些都是垃圾，或者说是“芜”[1]。我一直重申，只有电影的制作才是最重要的。你创造，让你的创作活起来，我在法国南部清晨醒来，在那里迎接我、与我一起工作一整天的是艾玛·斯通这样的人。这对你的新陈代谢有好处。还有科林·费尔斯，他是那么儒雅和有天赋，以及艾琳·阿特金斯、西蒙·迈克伯尼，和非常搞笑的杰基·韦佛。

这是我又一部情节里有魔法的电影[2]。一位敏锐的评论家多年前写了一本书，关于我的电影中反复出现的魔法主题。此后，历史为她作了证。在我看来，人类的唯一希望在于魔法。我一直很讨厌现实，但这是唯一能吃到美味鸡翅的地方。法国南部阳光明媚，对摄影来说很困难，所以我们清晨拍摄，再等一整天，晚上6点左右再继续。这部电影花了更多时间才完成，花费也更多，但只要我在艺术上得到满足，投资者就不会介意——如果你相信这

---

[1] 此处呼应本书第303页的“去芜存菁”（原文为美国俗语 winnow out the wheat from the chaff）。

[2] 这里指《魔力月光》（*Magic in the Moonlight*），伍迪·艾伦2014导演的电影。

一点，我这儿还有座桥，你可能会想买。[1]

我的下一部电影关于哲学。我在罗得岛拍摄的《无理之人》(*Irrational Man*)，没有赚到多少票房。不知道为什么。这似乎是一个有趣的商业谋杀故事，艾玛·斯通的角色拥有令人愉快的个性，出色的华金·菲尼克斯则相反。华金是一个可爱的人，我们可以说，他有一种另类的个性。他非常专业，非常讨人喜欢，你只需要看看他这些年的电影，就会知道他是个了不起的演员。艾玛的功劳是，在最戏剧性的场景中，她与他的激情相匹配。我对观看该片的人数之少感到惊讶。电影的一个好处是，它是一大块有形的赛璐珞[2]，它存在并总有机会被那些错过它的人看到。它可能有一天作为一部被忽视或误解的杰作而被欣然接受。自然，这种情况从未发生在我身上。我那些上映过的电影，当初觉得被误解或忽视的，现在依旧如此，尽管有一两部成功的电影可能会被重估——被认为是高估了。拍摄《无理之人》的另一个乐趣是，我得以在新港[3]度过一个夏天，那里如人们想象的那样愉悦。我们一家住在租来的巨大房子里，宋宜为电影工作人员做了几顿晚餐，利用大厨房和可用的美食。我如果说她的烹饪是仇恨犯罪，那就太挑剔了，因为她是可以处理一些菜的。让我这样说吧：如果你喜欢一天三顿吃浇上一罐番茄酱的意大利面，那她可以做你的大厨。天气很好，考虑到是夏天，我可以理解为什么所有世纪之交的超级有钱人都选择新港来停放他们的游艇。

---

❶ “我有一座桥要卖给你”，典出诈骗犯乔治·C. 帕克，他于 20 世纪初出售不属于他的地产以骗取钱财，包括麦迪逊花园广场、自由女神像和布鲁克林大桥。

❷ 一种合成树胶，常被制成乒乓球、吉他拨片等，也是胶片的制作材料。

❸ 指罗得岛州南部的新港，又称纽波特。

回想与艾玛拍的两部电影，以及我们频繁的短信如何减少到几乎没有联系时，我想知道是不是溏心蛋事件让她对我冷淡下来。我们一直在聊天，不知怎的，话题就转到了溏心蛋上。我告诉艾玛我是这么吃的：在一个普通咖啡杯里装入一半米花糖。接着，把两个鸡蛋煮三分半钟，从锅里取出，敲碎，把里面的东西装进米花糖杯里。加盐搅拌，直到它形成一种浓稠但又不太过浓稠的混合物。然后用调羹趁热吃。艾玛不敢相信自己的耳朵，觉得这太荒谬，我竟然将这样的玩意儿视为适合人类食用的东西。此后，我们之间的关系迅速冷却，虽然出于礼貌，她勉强同意一试，但我猜她从未试过。

最后，我们之间的短信停止了。多年后，当我偶然遇到一位共同的朋友，想知道艾玛是否说了什么时，那个人笑着说："哦，可怜的孩子，你难道不知道这是因为溏心蛋的事吗？这是她生活中的敏感区域。"可惜了。我对她只剩美好的回忆了。

在法国南部的一个周末，宋宜和我与我们的朋友拉里·高古轩共进午餐。宋宜在拉里的画廊工作过，那时她刚从学校出来。总之，我们在聊天，拉里碰巧提及他最近和罗曼·波兰斯基聊过，罗曼计划明年在布拉格拍一部电影。拉里和罗曼是非常好的朋友，而我认识他吗？是的，我认识他，但已经四十年没见过他了。我与他度过的最后一个社交时刻是他和莎伦·泰特❶，还有我和查理·约菲及维克·劳恩斯❷去伦敦看穆罕默德·阿里打亨利·库珀的拳击大奖赛。拉里说，我们今天要离开法国，但几周后就回来。

❶ 美国演员，1968 年与罗曼·波兰斯基结婚，1969 年被犯罪组织曼森家族残忍杀害，当时已有八个半月身孕。

❷ 维克托·劳恩斯的昵称，他是《花花公子》的联合创始人之一。

到时为什么不和罗曼·波兰斯基共进晚餐呢？好吧，我说，我相信就像我答应的所有社交计划一样，那一天永远不会到来，尽管我很喜欢要见的人，但到关键时刻，我总是想留在家里。我们吃完甜点告别。现在切到三周后。拉里开船回城，打来电话。我和宋宜愿意去罗曼家吃顿便饭吗？宋宜一如既往地渴望参加社交活动，已经在翻出整个衣橱了。好吧，我想，我已经几十年没见过罗曼了，他是个了不起的导演，我们可以谈论电影，回忆60年代我们在伦敦的时光，这有什么不好呢？只是这一天到来时，我立刻变得社恐，但还是忍住了。自然，作为一个导演，我觉得自己比罗曼逊色，这也无济于事。现在我们开车到了他在昂蒂布角的家里，我必须承认这是个引人注目的地方。很大，很美，建在俯瞰地中海的茂盛土地上，气势磅礴。当仆人们围着我们的车时，宋宜对我说："《罗斯玛丽的婴儿》票房有多高？"我向她保证，这种面积规模不可能仅仅来自高票房，他一定是投资很精明。宋宜帮我克服了我的进门恐惧症，现在，一个非常漂亮的女人来迎接我们。

"嗨，"她说，"我是罗曼的妻子。"对了，我看过那部讲他们相遇的电影，我记得她非常漂亮。"罗曼马上就下来，"她说，"喝香槟吗？"为了与我天生的笨拙做斗争，我反应过度，过于激进地成为焦点，开始一连串紧张的胡言乱语。"我和罗曼是老朋友了。"我说（我需要的只是一支雪茄）。"真的吗？"这位性感的妻子说。"是的，我们在伦敦有一些共同回忆，我不会用任何东西来交换。"我含混地说，因为我是个傻子。现在有几个人加入我们，我不太确定，因为我的助听器不太稳定，神经节颤抖，还有遗传的愚蠢，但我想我听到了罗曼这个名字。宋宜从未见过他，不知道他长什么样子，伸出手说："你好吗？"这群人之间的谈话转到其他话题，比如游艇或私人飞机。与此同时，妻子轻轻推了一下我，小声告诉我："那是罗曼·波兰斯基，你这样对一个老朋友太奇怪了。""那不是罗曼·波兰斯基。"我的看法完全不同，就像赛马场的情报贩子。"是的。"她说，隐秘地捏了我一下，那是我们夫妻间的专属动作。"别告诉我，我认识罗曼已经五十年了。""他的妻子刚刚介绍了他。你没听到，因为你像贝多芬一样聋了。""那不是罗曼·波兰斯基。"我向她保证。"别让我难堪。"她说。

与此同时，他们都在叫他罗曼。结果发现，那是罗曼·阿布拉莫维奇，俄罗斯的寡头大富翁，这就解释了他昂贵的住所。天哪，他家的园艺账单看起来都比《罗斯玛丽的婴儿》票房收入高。当拉里·高古轩出现时，我们向他讲述了这个故事，他似乎不明白我们怎么可能弄错。我向他解释说，我们聊过罗曼·波兰斯基，商量好在拉里下次进城时与他共进晚餐。所以现在，你来到城里，打电话说："我们去罗曼家吃晚饭吧？"我怎么知道你是指罗曼·阿布拉莫维奇？我都分不清罗曼·阿布拉莫维奇和亚当。亲爱的读者，你们会怎么想？保证你们会和我想的一样。你们可能发现得更快，因为你们没有我的听力缺陷，但这是一个自然的错误。总之，这个故事像霍乱一样传开，我成了蓝色海岸社交圈的傻子，更不用说我在演艺界所有的敌人也都嘲笑了我，他们数量众多。宋宜和我从来没能让别人忘记这个尴尬的故事。这是发生在我身上最糟糕的事情吗？不，最糟糕的事是得了胃炎，或者在没有阿得拉尔[1]

[1] 一种用于治疗注意力不足过动症和发作性嗜睡病的药物，亦被用作运动员兴奋剂、益智药或享乐时的春药。

的情况下不得不看完《飞翔的荷兰人》[1]。总之——来讲下去。

我一直想拍一部发生在30年代末纽约的电影，在《咖啡公社》（*Café Society*）中我得到了这个机会。我与克里斯汀·斯图尔特、杰西·艾森伯格和史蒂夫·卡瑞尔合作，他们出演主要角色。桑托再现了1939年的曼哈顿和好莱坞，而我终于有机会与维托里奥·斯托拉罗合作，他是又一位天才摄影师。我是如此幸运。从大卫·沃尔什开始，然后是戈登·威利斯、斯文·尼科维斯特、赵非、维尔莫什·日格蒙德、哈里斯·萨维德斯、卡洛·迪帕尔马、哈维尔·阿吉雷撒罗贝、莱米·阿德法拉希恩和维托里奥·斯托拉罗，他们把我的电影拍得很好看。如果你对电影摄影有所了解，我刚刚就像是列出了1927年的洋基队阵容。我喜欢《咖啡公社》。我试图用小说的形式拍一部电影。最初的标题是《多夫曼：小说》。由于某些原因，我们不能使用它。

我也改掉了我下一部电影的片名。它原本并不叫《摩天轮》。正是那时，麻烦又开始了。随着《摩天轮》的拍摄，我回到了田纳西·威廉斯的领域，但多亏了演员，还有维托里奥和桑托，我做得更好了。我就在离康尼岛不远的地方长大，在那里我有足够多熟悉的元素，再加上黑帮分子戏份和一个讨厌学校、适应不良的孩子角色。我们决定诗意地运用色调，维托里奥将会在场景中间改变灯光，以强调情感，使戏剧风格化。然而，尽管有很多原创性工作，我还是有一只脚趾或整只脚在法国区。[2]这部电

[1] 德国剧作家瓦格纳的歌剧作品，该作品打破传统，没有设置幕间休息。

[2] 法国区属于新奥尔良市，被视为爵士乐的起源地，此处应指伍迪·艾伦2017年拍摄《摩天轮》时也致力于其爵士乐队的巡演。

影由于当时的舆论环境得到了不公待遇，特别是凯特和维托里奥（不过我认为整个演员阵容也都一样），我现在将要来谈谈这个问题。但首先，你要知道原片名是《康尼岛白鱼》（*Coney Island Whitefish*）。那些不熟悉当地命名系统来源的人请注意，它指的是夜里很多人在木板人行道下做爱。然后，避孕套被扔进大西洋，不料随着涨潮又漂回岸上，于是它们被称作康尼岛白鱼。解释这部分鱼类学的场景从电影中剪掉了，剪辑师艾丽莎用《摩天轮》这个片名拯救了这一切。

然而，不幸的是，我当时就要被迫回到乏味的虚假指控话题上。不是我的错，各位。谁知道她的报复心这么强？这一次，主要的受害者是这部电影中极具天赋的演员和它的天才摄影师。我没有把自己包括在内，因为我非常荣幸地拍摄了这部电影，得到丰厚报酬，习惯了八卦小报和无耻的指控，也不得不接受这样一个事实：无论有多少证据或常识，都无法将情形引向真实的方向。情节现在出现了意想不到的转折，因为迪伦不再是七岁，而是一名三十多岁的成年女性。请注意，二十三年来，我一直都没有被允许见她、与她说话，或与她通信。她从刚满七岁起听到的关于我的每一件事都是米亚教给她的。

同时，正如摩西心酸地描述的那样，米亚将她对宋宜和我的愤怒作为每个人家庭生活的中心，她滋养这种愤怒，不断向迪伦强化我曾虐待她的想法。我一直希望当迪伦长大后，她总会意识到她的母亲是如何利用她，充分利用她的年龄和脆弱来使她远离她的父亲，知道这是对我最切实的报复。我曾希望迪伦能像她哥哥摩西那样向我伸出手。我以为她肯定会记得我有多爱她，有多宠她，多么积极地争取去看她或只是和她说话，而她也会想见我。

她至少会想讨论所发生的一切，正确处理这件事。我觉得事情迟早会变得更清楚，她至少可能愿意审视性侵的故事。我希望，也许在她丈夫的支持下，或者仅仅出于好奇，她可能会想听另一方的说辞，花一点时间看看是否说得通。我想，如果在迪伦和她丈夫在场的情况下讨论，或者在心理医生在场的情况下——如果她有——那会有什么坏处呢。只要回顾一下她母亲教给她的版本和每项调查中所有矛盾的结果就可以了。现在，我意识到拉斯维加斯的赔率制定者会为我们能见面开出一块钱赔一百万的赔率。不仅如此，人们还会一直将这事说成迪伦是在自由地做出她喜欢的选择。她是一名成年女子了。她选择不去见她的父亲，因为这对她来说太令人痛苦了。

米亚甚至可以说她实际上是鼓励迪伦来见我的，但可以想象给予迪伦的鼓励或自由选择权听起来是什么样子。摩西三十岁时告诉他的母亲，他想与我联系，却付出地狱般的代价：他被逐出家庭。“我的哥哥对我来说已经死了。”迪伦说，让人想起米亚在家里发狂地拿着剪刀，把宋宜的头从每张挂在墙上的家庭照片中剪下，于是它们看起来诡异地超现实。幸运的是，摩西不顾欺凌，也不管米亚坚持认为他必须永远回避我，哪怕我是他的父亲，他也对我有感情。米亚明确表示，任何接触都会构成背叛。她的顽固使摩西产生挥之不去的想法，又一个被收养的孩子想要自杀；最后，在他的治疗师的建议下，他打电话重新联系了我。可想而知，在他母亲眼里，他马上就成了一个被忽视的人，当然，黑名单成了必要的家庭政策。因此，“我的哥哥对我来说已经死了”。你会从中了解到米亚对孩子所要求的邪教式服从。总之，想象一下我的悲伤，迪伦不仅不想见我，反而写了一封“公开信”说我猥亵她。这种“公开”很重要,因为公开背后的策略不是为了解决什么,而是为了抹黑我，这是她母亲的目标。随着 #MeToo 时代的出现，这封信可以被搪塞为“说出口”，并利用一个合法的运动。利用真正被虐待和骚扰的女性来推销虚假的指控，这一点似乎并不重要。

很长时间以来，人们劝宋宜说出自己的故事，但宋宜太忙于养家，也不想沦落到去回应那样一个母亲，她叫宋宜“弱智”，散布谎言说宋宜被她所爱的丈夫强奸，并编造故事说宋宜的生母是妓女。我们将会看到，宋宜最终的确开口了。补充报道：尽管米亚对所谓强奸未成年女孩的行为假装愤怒，她还飞到伦敦为罗曼·波兰斯基作证，后者实际上已经承认与未成年女孩发生性关系并入狱（那女孩是一个真正的受害者，现在已经长大并原谅了罗曼，但这展现了米亚的本性。当米亚在推特上对自己为波兰斯基作证而向那个女孩道歉时，该女子写道：“我不需要她的道歉，也不希望她道歉。我觉得自己被某人利用了，她只是为了自己与伍迪·艾伦的宿怨。”）罗南·法罗总是公开敦促女性公开表明意见，但当宋宜真的说出她的故事时，他并不喜欢他听到的东西。他对女性说出真相没有意见，只要是他妈妈的真相版本。

不管怎么说，迪伦在电视上哭泣的样子对媒体和公众来说是很有分量的。请记住摩西写的东西，他描述了米亚会让他一遍遍排练说谎。还记得在乡间别墅做管家的朱迪·霍利斯特问迪伦为什么哭，迪伦说：“因为妈妈要我撒谎。”让我感到有意思的是，没有人关心当时的详细调查，它明确断定迪伦没有受到骚扰。由于某些原因，这个事实一直是人们不愿面对的真相。我觉得这太有趣了，如此多的人选择无视事实，宁愿相信猥亵的说法，几乎是渴望相信。为什么把我认作恋童癖如此重要？鉴于我清白的一生和这一指控完全不符合逻辑，为什么它没有受到更多怀疑？

这个故事的新内容是一处新鲜的、创造性的手笔，它在所有几个月的调查和迪伦的众多采访中从未出现过。迪伦突然声称，她在盯着阁楼上的电动火车转圈时受到了猥亵。就好像我让她盯着玩具火车转圈，仿佛它是一个催眠魔盘。摩西写道："那个阁楼上当时没有电动火车。事实上，就算我们想，孩子们也没有办法在那上面玩。那是一个尚未修缮完成、仅可爬行的空间，在一个倾斜的坡型屋顶下，有裸露的钉子和木地板，很多玻璃纤维绝缘层，充满捕鼠器和昆虫的粪，还有樟脑丸的臭味，阁楼里塞满箱子，里面装满穿过的旧衣服和我母亲的旧衣服。这个空间可容纳正常运转的电动火车组并在阁楼上绕来绕去的想法很可笑。"很明显，这个情节转折是后来加上去的，试图给这个编造的故事增添一丝特殊性，希望这个细节能让它看起来更可信。

迪伦刚满七岁差几周时，她或许会出于实际考虑而受贿，参与这场进行中的丑陋诽谤，收取一个新娃娃或她最喜欢的"小马宝莉"。但是，如果说米亚想出的故事没有离谱到极限的地步，那我就不追究了。我的意思是，她声称我要为迪伦提供巴黎之旅和一个电影角色。我的上帝，仅仅几周前，她还是六岁的孩子。她哪知道或在乎什么巴黎啊？是的，巴黎和一份表演工作对米亚来说可能是一种富有刺激的诱惑，但这个可怜的被剥削的小姑娘肯定不会渴望去欧洲，追求电影事业。

当迪伦背诵她关于虐待或看着火车转圈的叙述时，别以为我会指责她故意撒谎。如同我跟几个医生谈及这个可怕的故事一样，我确信她相信这么多年来人们向她暗示和灌输的内容。她和她的弟弟萨奇是无辜的孩子，迪伦尤其脆弱。正如一位前检察官所说，对她这样做才是真正的犯罪。当我告诉这些不同的心理医生，迪伦已经结婚并有了孩子，所以有可能她没有被灌输的东西所伤害时，他们都说这肯定会产生恶果。

与此同时，不仅媒体对迪伦在电视上的表现更加信服，而且男女演员们在不知道我是否虐待她的情况下，纷纷起来支持她并谴责我，说他们后悔拍了我的电影，他们再也不会这样做了。有些人甚至出于原则捐掉了支票，不接受有污点的工资。这种姿态并不像它看起来那么英勇，因为我们只付得起工会的最低工资，我猜想如果我们付更多符合常规、往往也相当高的电影费用，这些演员可能还会义正词严地宣布永远不与我合作，但可能会略去捐赠工资的这一部分。这些男女演员从未调查过案件的细节（他们不可能调查之后还如此肯定地得出结论），但这并不妨碍他们以坚韧的信念公开发表意见。一些人说，现在他们的政策是永远相信女性。我希望大多数有思想的人拒绝这种头脑简单的做法。我的意思是，讲给斯科茨伯勒男孩们❶听吧。

善意的公民，充满了道德愤慨，非常乐意在一个他们完全不了解的问题上勇敢地站队。尽管这些运动斗士其实知道，我也许是和阿尔弗雷德·德雷福斯❷一样的受害者，又也许是个连环杀手。但他们不愿意承认这二者的区别。（即便米亚自己的律师也公开表示，她不知道是确实发生了猥亵行为，还是迪伦想象出来的。）然而，这并没有阻止男女演员们争相表现自己的勇气。上帝啊，他们反对猥亵儿童，而且不怕说出来，特别是在物理学的最新科学发现

❶ 20 世纪 30 年代，九名非裔男孩在斯科茨伯勒被控强奸，其中八人被判死刑，后被证明无罪。

❷ 法国犹太裔军官，1894 年被误判为叛国，引发德雷福斯事件。

证实了女人总是对的之际。

这里值得思考的一点是，在整个过程中，这个法罗小分队并没有忙着帮助那些性侵受害者——米亚·法罗的哥哥还为此被关进监狱，而是忙着打电话，催促男女演员们把我列入黑名单，并威胁说不然就公开羞辱他们。我必须说，让我惊讶的是，有多少从事我这份职业的人，像多米诺骨牌一样屈服了。也许是个人的确信，也许出于恐惧，或是为了抓住时机，在一个看似安全、没有风险的政治正确问题上沾一点光。我曾出演过一部关于麦卡锡时代的电影《出头人》，非常清楚莉莲·海尔曼[1]所说的“卑鄙的年代”，当时有那么多受惊吓或投机的男人女人表现得很糟糕。我提出这一点，只是因为不少演员和演艺界人士私下对我和我的朋友们说，他们对我受到的明显不公正、令人恶心的宣传感到震惊，他们坚定地站在我这边，但当被问到为什么不公开表明意见、说些什么时，他们都承认自己害怕对职业产生不良影响。我觉得这很有讽刺意味，因为这正是女性多年来不公开表明意见反对各种骚扰者的理由：她们的职业生涯会受到影响。对一些人来说，整个事件的细节是模糊的，并不那么有趣，因为演艺界人士有他们自己的生活和问题，但他们听说，不与我合作已经成为该做的事情——就像每个人都突然喜欢上羽衣甘蓝一样。

同时，媒体将我与许多被指控、被定罪或承认性犯罪、多次骚扰大量女性的男人混为一谈，哪怕对我的指控已多次证实并未发生。不仅我的演员同事抵制我，亚马逊也撕毁我的合同，不想与我合作。学校不再开设关于我的电影的课程。我的镜头从一部

---

[1] 莉莲·海尔曼（Lillian Hellman）为美国知名剧作家，曾出版回忆录《卑鄙的年代》（*Scoundrel Time*），以私人角度回顾了麦卡锡时代。

关于卡莱尔酒店的纪录片里剪除。我被公共广播公司（PBS）从一个诗歌系列节目中删除。我已经完成的电影《纽约的一个雨天》（*A Rainy Day in New York*）被晾在一边，没有在美国发行，不过，令人欣慰的是，世界上其他地方的人没有这么疯狂。当我退后一步，我必须说，看到所有这些人为了帮助一个疯狂女人执行复仇计划而仓促地乱跑，是很有趣的。如此引人入胜，正如我所说，不失为一出讽刺剧的巧妙想法。

与许多在麦卡锡时代被黑名单毁掉的可怜人不同，我没有那么脆弱。首先，我没有挨饿的危险，而且作为作家，我自己创造项目。经历过这一切，我必须承认，由于我喜欢做浪漫的白日梦，而通常自己是主演，我现在就成了一部关于无辜的人被错误指控的戏剧的现实主角。这种恶毒的困境呼唤我的电影英雄幻想，我看到自己是一个被诽谤的灵魂，肯定会在最后一卷胶片中取得胜利。当然，与好莱坞不同，没有吉米·斯图尔特[1]或亨利·方达会突然出现，为我打抱不平，纠正错误。但在现实生活中，还是有些人站了出来，无畏地采取有原则的立场。

亚历克·鲍德温是极少数有勇气站在我这边、勇敢地公开表明意见的人之一。哈维尔·巴登也非常坦率，对他称作“公开私刑”的东西感到愤怒。布蕾克·莱弗利为我辩护，冒着社交媒体谩骂的风险。斯嘉丽·约翰逊明确地为我辩护，她在不公正的话题上总是很有勇气。在电视上，乔·贝哈支持斯嘉丽，坚定地为我辩护。沃利·肖恩很早就看到事情的真相，并在事件招来谩骂时，热情而勇敢地写下报道。事实上，尽管担心来自社交媒体的炮轰，但

[1] 詹姆斯·斯图尔特的昵称，他和亨利·方达都是好莱坞知名男演员，常出演英雄角色。

没有人因为站在我这边而得到任何惩罚。我生命中的女性都站在我身边。我的第一任妻子哈琳，当然还有基顿、露易丝、斯泰西。你必须想一想，她们亲密地了解我，甚至和我一起生活了这么多年，如果我有能力或兴趣虐待一个婴儿，她们会有一些预感。我必须说我对《纽约时报》的反应感到失望。我猜是因为我从小就喜欢这份报纸，每天早上都期待在早餐时读到它，并为他们理性、富于同情心的勇气感到骄傲。

总之，《纽约时报》非常反对我，显然是相信了我虐待自己女儿的说法。愚蠢的男女演员突然露面并不动脑筋地大肆宣扬他们后悔与我合作是一回事，但那可是《纽约时报》，我觉得它由严肃的男人和女人组成，在我关心的话题上总站在正确的一边，所以当然令我吃惊。然而，他们一次又一次地刊登文章，暗示或假定我做了一件坏事，总是写我被指控猥亵我的女儿，有时会加上我否认这点，甚至说我从未被指控。尽管他们知道但从未提及的是，我已接受彻底调查，并在两次独立的重要调查中完全洗脱了指控。因此，新闻报道中只留下了指控，就好像我的清白从未得到确认，而事实上真相已然大白。我的意思是，“他否认了这点”——这是什么意思？阿尔·卡彭[1]否认了这一点。纽伦堡的被告们也是如此。如果是我干的，我也会否认的。而正如我所说，他们知道高度负责的调查已经确定没有发生过猥亵行为。《纽约时报》几年前曾允许我做出回应，但从那时起有过无数次攻击，除了布雷特·斯蒂芬斯最近写的一篇对我有利的文章外，他们没有兴趣接受任何支持我的文章。但回到问题上：为什么在新闻界和我这一行中，有

[1] 活跃于20世纪二三十年代的美国黑帮分子和商人，芝加哥犯罪集团首脑，绰号“疤面”。

那么多人如此愿意、如此坚决地伤害我？我只能想到，这些年来，我一定比我意识到的更多地惹恼了人们，他们在表达压抑的愤怒或恼火。否则，为什么不对这个违反常识、非常有问题的指控先保持中立，姑且相信我的无辜呢？我不知道我到底是如何积累起这些恶意的，但是，狗是看不到自己的尾巴的。

在结束这个原则立场的话题前，我要特别谈谈鲍勃·维德[1]。亚历克·鲍德温和哈维尔·巴登看上去就像是英雄，并会在电影中本色出演，维德则像一部老战争电影中近视的捷克爱国者，他被纳粹拖走并枪杀，因为他喋喋不休地谈论民主的最终胜利。事实上，他是《消消气》（*Curb Your Enthusiasm*）的制片人和导演，我第一次见到他，是他为一部正在拍摄的格劳乔纪录片简短采访了我。我再也没有见过他或和他说过话，直到多年后，他为 PBS 拍了一部关于我的《美国大师》（*American Masters*）纪录片。不管出于什么原因，维德从一开始就看出了我所在困境中的欺骗和丑陋，勇敢地公开表明意见，因为他的 PBS 纪录片已经成功完成，也成功被消失。他在这个问题上的写作在给予我极大支持的同时，也遭到了粗俗的谩骂，甚至是来自怪人的死亡威胁，但总会有那样的人。在拍这部纪录片时，维德仔细研究了我的生活，深入调查这个案子。他阅读所有的笔录，对这种不公正深感愤怒。

他写了关于此情形的文章，用冷静、有据可查的事实揭露正在进行的骗局。由于他不是左拉[2]，很少有人听他说话，他也被拒绝给予阵地，来回应那些无耻和诽谤的文章。他只能在自己的博

[1] 罗伯特·维德的昵称。

[2] 在德雷福斯事件中，法国作家左拉率先发表支持德雷福斯的文章《我控诉》，此举致使左拉本人遭受当局迫害，流亡国外。

客中坚持不懈，除了知道自己在追求正义之外，没有任何回报。由于我们关系不深，交情尚浅，他不像是来帮助一个朋友的。不过，纠正错误的满足感还是让他着迷。这种行为体现出优秀的公民意识、良知、单纯的体面，而不是暴民的暴风雨，后者愿意而且似乎急于相信一个谎言。如果有一天真相深入人心——请注意，我不是说变得众所周知，因为它已经为人所知很多年了——维德至少会有一种个人的良好感觉，他在一个麻烦的问题上站在了正确的一边，而不像许多他曾徒劳试图说服的人，他们无疑会被各种有创造性、听上去合理的解释所淹没。如果真的有天堂，我相信维德会得到一张好桌子——在非吸烟区。

在写这整个事件的过程中，我试图记录我所能记录的一切，这样事实就不会仅仅是我的版本，而且是调查人员记录在案的内容，摩西所见证的，以及宋宜所经历的并与摩西相印证的经验。我逐字逐句引用了耶鲁和纽约调查的报告，加上法院指定的监督员的证词，这与上诉法官的证词完全一致。有两个在米亚家工作的女人证明了一些骇人听闻的事件，她们亲眼看见了一些遭遇。她们也证实了摩西的说法。但即使没有这一切，我也恳请人们诉诸简单常识。然而，我并不幻想这一切会改变人们的想法。我相信，如果迪伦和米亚今天反悔，说整件事是一场大型恶作剧，仍然会有很多人坚持认为我虐待了迪伦。人们相信对他们来说重要的东西，每个人都有自己的理由，有时甚至他们自己也不知道是什么理由。因此，当我写这个案件时，便体现了艾伦·德肖维茨在他的书《被指控的内疚》（*Guilt by Accusation*）中的观点，因为我在写我的生活时，这件事竟起到了如此戏剧性的作用。希望它能给那些站在正确立场上公开发表意见的、非常正直的人一些信心。他们做出了正确的选择。

而我是如何接受这一切的？为什么在受到攻击时，我很少公开表明意见，或显得过分不安？好吧，鉴于盲目的宇宙的恶性混乱，在这样的大格局中，一个小小的错误指控算得了什么？其次，当一名厌恶人类者也有可取之处——人们永远不会让你失望。

最后，当你作为一个无辜的人看待事物时，会有非常不同的视角，不同于一个有罪的人所经历的。你乐于接受审视和调查，而不是害怕它们，因为你没有什么要隐藏的。你渴望接受测谎仪测试，而不是躲避它。这就像坐在牌局上，拿着同花顺。你急不可待地等着所有赌注下完，筹码全部押上。但如果我永远没有机会出牌呢？如果我在一把捞起筹码前就离开了呢？好吧，作为一个从未对遗产有任何兴趣的人，我还能说什么？我已经八十四岁了；我的生命几乎已经过半。在我这个年龄，就像在用从赌场赢来的钱继续赌。我不相信有来世，所以我真的看不出人们记得我是一个电影导演、一个恋童癖或根本不记得我之间有什么实际区别。我只要求将我的骨灰撒在药店附近。

一个疯狂的问题：被错误地指控犯罪这件事有什么幽默感吗，而且还是性犯罪？有一则有趣的补充报道，那就是路易 · C · K 带来的惊慌。路易是一个非常好的人，我在《蓝色茉莉》中与他短暂合作过。我一直想拍一部大银幕喜剧，我们两个一起演。如果有合适的剧本，我认为我们互相演对手戏会很有趣。他同意了。我们都绞尽脑汁，试图想出一个主意。我花了很多时间，但没有满意的结果。他也试了，但没有出现任何可供创作的作品。现在几年过去了，他联系我说他有一个写好的剧本，希望我加入；有一个很好的角色给我。于是我读了它，我很震惊。并不是说这个故事不好——它是个好故事——但是我将扮演一位著名电影导演，他曾经猥亵一个孩子或者被指控猥亵，而且这个导演与他的女儿关系太过密切。

我说："路易，我不能演这个。""为什么不能？"他说。"因为我一直在和这种错误的指控做斗争，人们总是在对此写东西、发表言论，而这会正中那些粗人的下怀。""这对你有好处。"他告诉我。他在想什么呢？"这将有助于你的形象。"虽然我很喜欢路易，我知道他认为他在帮助我，但他到底抽错了什么烟？我祝他好运并拒绝了。我永远不会说，不要这样做，这会伤害我，因为这个人花了几个月写它，并且有机会执导它，我有什么资格因为个人的不快而试图破坏另一个人的项目？自然，如果影片上映前被媒体看到时，我和迪伦的情况会成为一切的焦点，电影会被各方用作诋毁我的素材。然后，天有不测风云，可怜的路易突然有了自己真正的骚扰问题，他的电影被撤销发行。他遭到广泛指责，并在处理大量抨击。我们很难想象欧·亨利会怎么处理这样的转折，如果不是欧·亨利，肯定也得让巨蟒剧团❶来。

尽管会遭遇所有的诽谤和糟糕的公关，但作为一个被社会遗弃的人也有一些实际好处。首先，你不会总被要求坐上某个讲台，为一本书写广告词，拯救鲸鱼，或在毕业典礼上发表演讲——一个对宪法的了解仅限于第二十一修正案❷的人，并不是激励学生的好人选。希拉里·克林顿甚至不接受宋宜和我对她竞选总统的捐款，我们不禁要问，如果多了这五千四百美元，是否能帮她拿下宾夕法尼亚州、密歇根州或俄亥俄州？

伟大的莫斯·哈特在他迷人的自传《第一幕》(*Act One*)中写道，

❶ 英国超现实喜剧表演团体，擅长荒诞讽刺的素描喜剧。

❷ 美国宪法第二十一条修正案废除了在全国范围内禁酒的第十八条修正案。

一个剧作家遇到第一幕的问题和最后一幕的问题是不同的。第一幕的问题更容易处理。最后一幕的问题、结尾、总结和高潮才是把男人和青春期前的少年区分开的东西。就这样，在写下概述我生命的琐事之后，我发现自己有了最后一幕的麻烦。我的黄金岁月。冬天里的蟑螂。

像往常一样，我继续工作。我拍了一部电影叫《纽约的一个雨天》。我一直想拍摄雨中的曼哈顿，拍一个发生在雨天里的完整故事。我不知道我和雨发生了什么关系。当我早上醒来，打开百叶窗，看到下雨或灰蒙蒙的小雨，或至少是阴天时，我就会感觉良好。当天气晴朗时，我感到很压抑。在雨中，在有云的天空下，这个城市如此美丽。不知道为什么。有人暗示说，这是我内心状态的客观对应物。我的灵魂是多云的。

于是我雇用了艾丽·范宁、赛琳娜·戈麦斯、蒂莫西·柴勒梅德、列维·施瑞博尔、迭戈·卢纳、裘德·洛和极优秀的切莉·琼斯，制作了这个不可能的浪漫故事。关于两个大学毕业生在纽约的一个周末和他们之间的罗曼史。

自然，这部电影是《纽约的一个雨天》，可在我们需要灰暗的天空和下雨时，太阳每天都出来，电影中所有的雨都是由我们自己的雨塔和水箱提供的。海伦·罗宾负责协调这一切，她使整部电影得以实现，从预算到组建剧组，协商拍摄场地的协议，与工会搞好关系，让每个人都有饭吃，处理所有需要完成的后期制作工作：剪辑、音乐、印刷品、评级。她甚至为我的剧本打字，她已经做了四十年。这真的是一份全年无休的工作，充满了危机和麻烦事，别无其他，但如果没发生什么麻烦事，她就不会担心。而如果她不担心，她的生活乐趣就会消失。在她之前，鲍比·格林赫特做了很多年，也做得很好，我记得他总是对预算、超期和重拍充满焦虑。要不是因为他的焦虑，他根本就不会做有氧运动。

《纽约的一个雨天》中的三位主角都很出色，合作起来很愉快。蒂莫西后来公开表示后悔与我合作，并把钱捐给慈善机构，但他向我妹妹发誓，他需要这样做，因为他要为《请以你的名字呼唤我》（*Call Me by Your Name*）争取奥斯卡奖，他和他的经纪人认为如果他谴责我，他有更大的机会获胜，所以他这么做了。总之，我不后悔与他合作，我也不会把钱还回去。赛琳娜很可爱。她得完成所有困难的部分，而且完成得很出色。像基顿一样，艾丽·范宁是绝妙、自然的天才。当记者向她施压，极力想让她说她后悔与我合作时，她告诉他们，指控发生时她甚至还没出生，她没有观点。一个诚实的回答。更多的人本应该说，我真的不知道所有的事实，所以我只好不予评断。上帝保佑不会有人说："这项指控已经过彻底调查，并被发现不是真的。"虽然我被告知，乔·贝哈确实在电视上说出了这点。我应该提一下我所知的公开站出来为我辩护的其他人。雷·利奥塔、凯瑟琳·德纳芙、夏洛特·兰普林、裘德·洛、伊莎贝尔·于佩尔、佩德罗·阿莫多瓦、阿伦·阿尔达，我相信还有更多人，只是我不知道罢了。至少我希望如此。但还是要感谢所有人，因为他们能公开表明意见是非常好的，我向他们保证，这不是他们做了之后会感到尴尬的事。

截至目前，除非某个美国发行商在此地发行，否则《纽约的一个雨天》将不会在美国被看到。[1] 幸运的是，世界上的其他地方

[1] 2019 年，伍迪·艾伦指控亚马逊未按照合同发行《纽约的一个雨天》，最终双方和解，有媒体称亚马逊将美国发行权归还伍迪。2020 年 10 月（在本书出版之后），该片在美国发行上映；2021 年，该片在亚马逊流媒体上线。

仍然是理智的，它已经在各地上映，而且相当成功。想到我拍的电影在每个国家都有放映，在美国却没有，这很好笑。这么看吧：如果我拍的电影是一部烂片，公众就不会受骗把他们辛苦赚来的钱浪费在一部失败之作上。另一方面，如果这部电影是他们喜欢的，他们就会错过。无论哪种方式，他们都会活得好好的。我无法否认，作为一名艺术家，作品由于非正义在他自己的国家无法被看到，而在国外拥有观众，这正符合我的诗意幻想。我想到了亨利·米勒。D. H. 劳伦斯。詹姆斯·乔伊斯。我看到自己挑衅地站在他们中间。就在这时，我的妻子把我叫醒说，你在打呼噜。

在《纽约的一个雨天》之后，我着手拍下一部电影，我发现选角很困难。男女演员们一个接一个地拒绝与我合作。我确信有些人真诚地相信我是一个捕食者。（我仍然想不出来他们为何可以如此确信。）显然，一些演员认为，他们拒绝出现在我的电影里是在做一件高尚的事。如果我真的有罪，他们的姿态可能是有意义的，但由于我没有罪，他们只是在迫害一个无辜的人，帮助证实迪伦被植入的记忆。无意之中，他们已经成了米亚的帮凶。然后有一些演员私下向我保证，他们已经更密切地关注这个案子，并说他们意识到我受到了不公的待遇。他们抨击刑事犯罪的血祭诽谤❶，援引《美狄亚》、麦克马丁的学校审判案❷、萨科和樊泽蒂案❸——就差莫斯科审判秀了。然而，尽管他们说我的困境很不合理，他们还是不能与我合作，因为反作用力会使他们最终在失业办公室的 E 行列中排队。有几个人说："我一生都在等待这个电话，可现

❶ 一种反犹太人谣言，声称犹太人会谋杀基督教儿童，用他们的血来进行宗教仪式。
❷ 20 世纪 80 年代发生的冤案，一所学校受到猥亵儿童的诬告，最终被证明是清白的。
❸ 20 世纪 20 年代发生的冤案，两位意大利移民被误判电椅死刑。

在我不能接受这份工作。”我很同情他们，因为他们真诚地相信自己有可能被列入黑名单。实际上，正如那些公开表明意见的人可以告诉他们的，他们没有任何风险。私下说，我曾设想得到更多同行的支持，没什么太过头的，也许会有几场有组织的抗议，也许会有一些愤怒的同事手拉手游行，有一些骚乱，也许会烧毁几辆车。毕竟，我一直是创意社区的优秀成员，并且确信我的困境会激怒我的工会兄弟和艺术家伙伴。由于当天的海滩天气很好，数百名市民为我精心策划的示威活动也没有实现。当茱莉叶·泰勒提到沃利·肖恩这个名字时，我脑子里的一个铃声响起。我一直很喜欢沃利这个演员，觉得他真实而有趣，让人心酸，而且他的知识分子气质恰到好处，适合在我正准备在西班牙拍摄的电影里担任主角。

即使在理想情况下，拍一部像样的电影也有一连串无尽的地雷。一旦遇到额外障碍时，球门就会被推得很远很远。除了我通常的微薄预算之外，正如我所描述的，愿意与一个有毒的人打交道的演员少之又少。幸运的是，沃利不在其中。不过，我在西班牙拍摄，而西班牙税法要求我使用大比例来自欧盟的演员。虽然他们中的许多人都很出色，但很少有人能像林迪餐厅里的人那样用一口好英语讲一句话笑话。还有一个事实是，我在与亚马逊的诉讼中处于劣势，再加上媒体不断地写我，就好像我真的犯了什么罪。引用通常有理性而头脑冷静的《纽约时报》的说法，我是“一个恶魔”。某处，卡夫卡在微笑。不管怎么说，马鞍上就有那么多障碍，还能跑出像样的比赛吗？ 我的意思是，一个被诋毁的、心不在焉的导演，他又不是伯格曼，在如此多的反对声中，能交出一部令人愉快的电影吗？突然间，拍这部电影的挑战变得更加令人激动。那么，《里夫金的电影节》（*Rifkin's Festival*），我在西班牙的项目，会有怎样的结果？谁知道呢？但我的确知道，拍起来很有意思，听到沃利说我的台词也感觉很好。我想，这里的教训是，有些人可以在压力下茁壮成长。当然，我不是他们中的一员，如果电影效果好，那将是一个奇迹。

除了在美国这个国家——我是此地诚实、正直、逃税的公民，我那些“黄金年份”的电影现在是否还会到处放映？谁会知道？谁会在乎？不是我，当然也不是那些观众，他们有很多其他好电影用来娱乐。

就这样，夏天来了，我和我的爵士乐队走遍了欧洲，为各地可爱的听众演出。来看演出的人非常多。不要问我为什么，因为我也没有答案。这是来自新奥尔良的音乐，多年来我也一直没有进步。可仍然有成千上万的人夜复一夜来听我们的演出，我们简直不能下台。如果有人告诉我，有一天我会站在八千名歌迷面前演奏《麝鼠漫步》❶，我一定会怀疑他们的理智。然后我继续去了米兰，在那里我导演了一出歌剧，或者我应该说，我重新上演了我为洛杉矶歌剧院成功完成的普契尼作品。同样，当初我在夫拉特布什的两个下水道里打中一只斯伯丁高弹球时，若有人来告诉我，我会在斯卡拉大剧院❷上演普契尼后谢幕，我可能会把他和那个告诉我我将演奏《麝鼠漫步》的人扔进同一家帽子工厂。第二天，就去圣塞巴斯蒂安拍了几个月的电影，在那个迷你天堂里与沃利、吉娜·格申、埃伦娜·安纳亚和路易·加瑞尔一起工作到劳动节。我的两个女儿都在为这部电影工作，宋宜则在整个夏天

❶ 路易斯·阿姆斯特朗的爵士名曲。

❷ La Scala，世界上最著名的剧院之一，位于意大利米兰。

平均72华氏度[1]的气温下，每天到处徒步旅行和观光。与此同时，《纽约的一个雨天》已在欧洲和南美成功上映，不久将在远东地区放映，并将在美国引起对这部电影的强烈需求，就像埃德赛尔汽车[2]亮相时一样。宋宜、孩子们和我飞回巴黎令人愉快的布里斯托酒店，像音乐剧中的美国人一样，踏上那些马路和林荫道。实际上，是我所爱的人踏上了马路。我自己待在酒店里为《纽约的一个雨天》做宣传。

那么对于写这本书，我还能说什么呢？这是一本与阿曼达·麦克基特里克·罗斯的杰作《艾琳·伊德斯利》(*Irene Iddesleigh*)或斯托克的《白蛇传说》(*The Lair of the White Worm*)[3]一样对大众读者来说必不可少的书。我很遗憾不得不用这么多篇幅来讲述对我的错误指控，但整个情况对作家来说是可发挥的材料，为原本相当常规的生活增添了吸引人的戏剧元素。对于一个把在上东区散步作为一天中最重要事情的人来说，肮脏的小报丑闻肯定会让他的肾上腺素上升。我同意弗朗辛·杜·普莱西克斯·格雷多年前采访我时所写的内容："伍迪·艾伦这人没什么伟大的故事。"

对我来说，校对样稿时最精彩的部分是我的浪漫冒险，以及写到那些让我入迷的美妙女人。我把职业生涯中所有有意思的东西都写进去了，而我的职业生涯太过顺利，以至于没有产生许多闪光的轶事。我没有纳入我电影制作的技术细节，因为我觉得它们很无聊，我现在对照明和摄影的了解也并不比开始时多，因为

[1] 相当于22.2摄氏度。

[2] 福特公司车型，上市之初投入大量宣传，但反响糟糕，成为寿命最短、口碑最差的车型。

[3] 分别为爱情小说和恐怖小说，常出现在"史上最糟糕作品"的评选行列。

我从未足够好奇到想学习。我确实知道在拍摄之前必须把镜头盖从相机上取下，但我的技术专长到此为止。当我做导演时，我知道想要什么，或者更重要的是，我知道我不想要什么。

对于电影专业的学生来说，我没有任何有价值的东西可以提供。我的拍摄习惯是懒惰、无纪律的，是一个失败的、被开除的电影专业学生的技术。至于写作，那些感兴趣的人请注意，我起床吃完早餐后，横躺在床上在黄色便笺上用手写。我一整天都在工作，通常每一周的每一天至少都会花些时间在工作上。我并不是工作狂，只是工作让我不必面对这个世界，这是我最不喜欢的场所之一。我去抽屉里捞出一些笔记，都是我一年来积累的想法。如果这些想法在我思考一番后结果都不令人满意，那么我就强迫自己想一个故事来写，即使要花几个星期。这是整个过程中最糟糕的部分，因为它导致我日复一日独自坐在房间里或在其中踱步，试图集中注意力，不分心去思考性和死亡。最终，一个灵感来了，或更有可能的是，我勉强接受了某个可行的设定，我觉得我最好有些进展，因为宝宝需要一双新鞋了。

我更喜欢写作而不是拍摄，因为拍摄是艰苦的体力劳动，在炎热和寒冷的天气里，在不适当的时候，需要对我不了解的主题做出无数决定。突然间，我必须对摄影机的角度和节奏、女性的时尚和发型、房屋家具、汽车、音乐和色彩等做出决定。更不用说一旦开始拍摄，计价器就一直在运转，每天大约要花十或十五万，所以如果你慢了一星期，你就会损失五十万美元。当拍摄最终结束，与你一起日夜紧张工作几个月的人立刻四散离去，让人感到悲伤和空虚，并发誓要有无尽的爱和再次合作的欲望。我通常以握手的方式与演员们告别，而不是用更华丽的脸颊吻或矫情的外国双颊吻。到了第二天早上，所有的情感和亲近都烟消云散，人们已经在说某些其他人的坏话了。

我喜欢和我的剪辑师坐在一块儿，把片段粘在一起，而最主要的是我喜欢从收藏的唱片中挑出几张，把它们丢进电影，让音乐使电影看起来比实际上好得多。我喜欢拍电影，但如果我再也不拍另一部电影，那也没关系。我很乐意写剧本。如果没有人愿意制作它们，我很乐意写书。如果没有人愿意出版它们，我很高兴为自己写作，我相信如果写得好，有一天会被人们发现和阅读，如果写得不好，最好没有人看到它。我死后我的作品会发生什么，对我来说完全无关紧要。在我死后，我怀疑很少会有东西让我感到不安，哪怕是邻居用落叶清扫机发出的恼人噪音。对我来说，乐趣总是在做事的过程中，我的报酬不错，而且在有天赋、有魅力的男人和有天赋、美丽的女人身边工作。我很庆幸自己有幽默感，否则我可能最终会从事一些奇怪的职业，如哭丧人或马戏团怪人。我认为自己主要是作家，这是一种福气，因为作家从不依赖被雇用，而是自己创造工作，安排自己的时间。有时我想，如果能再次站在舞台上表演单口喜剧会很有意思，但随后这种想法会逐渐消失。

与此同时，我忙于我的中产阶级生活。我练习我的喇叭（或者像我母亲常说的那样，“唉，他坐在卧室里用他的横笛啁啾，弄得我头疼”）。我写东西，溺爱宋宜，并抽出二十元钱，让我的孩子们去看电影，那些电影还不如我以前花十二分钱看的好。我如何总结我的生活？幸运。运气帮我摆脱了许多愚蠢的错误。我最大的遗憾？只遗憾：有人给我数以百万计的钱拍电影，完全的艺术控制权，而我从未拍出一部伟大的电影。如果我可以用我的才华换取任何其他人的才华，不管在世还是已故的，我会选谁？没有争议——巴德·鲍威尔。不过弗雷德·阿斯泰尔也相差无几。历史上我最崇拜的人是谁？肖恩[1]，但他是虚构的。有崇拜的女性吗？我崇拜的人太多了，从埃莉诺·罗斯福和哈莉特·塔布曼[2]这样的水平到梅·韦斯特和我的表姐丽塔。我最后会说，宋宜。不是因为如果我不说，她就会用擀面杖把我的膝盖打断，而是因为她五岁时就流落于残酷的街头，努力争取更好的生活，尽管有可怕的障碍，她还是为自己创造了更好的生活。我最嫉妒的事？有人写出了《欲望号街车》。我最不嫉妒的事？在草地上嬉戏。如果我的生活可以重来，我会做出任何不同的选择吗？我不会购买电视上宣传的那个神奇蔬菜切片机。我对我将留下什么也没有兴趣，是真的吗？我以前就被引用过这句话，我就这样说吧：与其活在公众心中和记忆里，我宁愿活在我的公寓里。

❶ 1953 年的电影《原野奇侠》（*Shane*）的主人公。

❷ 美国废奴主义者和政治活动家。

著作版权合同登记号：01-2022-2704

图书在版编目（CIP）数据

毫无意义：伍迪·艾伦自传 /（美）伍迪·艾伦著；
btr 译. -- 北京：新星出版社，2023.1（2025.1 重印）
ISBN 978-7-5133-4960-4
Ⅰ. ①毫… Ⅱ. ①伍… ②b… Ⅲ. ①伍迪·艾伦-自
传 Ⅳ. ①K837.125.78
中国版本图书馆 CIP 数据核字（2022）第 104280 号

毫无意义：伍迪·艾伦自传

[美] 伍迪·艾伦 著
btr 译

出版统筹 杨静武
责任编辑 汪　欣
特约编辑 郑科鹏
营销编辑 陈　文　金子茗　闫砾心　朱雨清
封面设计 韩　笑
内文制作 王春雪
责任印制 李珊珊　史广宜

出　　版 新星出版社　www.newstarpress.com
出 版 人 马汝军
社　　址 北京市西城区车公庄大街丙 3 号楼　邮编 100044
电话（010)88310888　传真（010)65270449
发　　行 新经典发行有限公司
电话（010)68423599　邮箱 editor@readinglife.com
法律顾问 北京市岳成律师事务所

印　　刷 山东韵杰文化科技有限公司
开　　本 880mm × 1230mm　1/32
印　　张 11.5
字　　数 260千字
版　　次 2023年1月第一版　2025年1月第七次印刷
书　　号 ISBN 978-7-5133-4960-4
定　　价 69.00元